"十二五"国家重点图书出版规划项目

中国社会科学院创新工程学术出版资助项目

中/国/社/会/科/学/院/重/大/课/题/成/果

中国企业创新政策研究

A Research on the China's Policy for Firm Innovation

黄速建 王 钦 等/著

经济管理出版社
ECONOMY & MANAGEMENT PUBLISHING HOUSE

课题组成员和写作分工

课题负责人：黄速建

课题组成员：王 钦　刘湘丽　贺 俊　刘建丽　余 菁
　　　　　　　张小宁　王 欣　邓 洲　肖红军　胡文龙

写 作 分 工：

　　总　论（黄速建、王钦）

　　第一章（肖红军）

　　第二章、第五章（贺俊）

　　第三章（刘建丽、刘湘丽）

　　第四章（张小宁）

　　第六章、第十三章（王欣）

　　第七章（余菁）

　　第八章、第十章（邓洲）

　　第九章（刘建丽）

　　第十一章（胡文龙）

　　第十二章（刘湘丽）

目 录

总　论：中国企业创新政策的生态观：平台、主体与商业化 …………… 1

  一、研究问题的提出 ……………………………………………………… 1
  二、研究的基本视角和框架 ……………………………………………… 3
  三、创新平台政策研究 …………………………………………………… 7
  四、创新主体政策研究 …………………………………………………… 10
  五、商业化政策研究 ……………………………………………………… 12
  六、小结 …………………………………………………………………… 15

第一章　中国企业创新政策的现状评析 …………………………………… 19

  一、中国企业创新政策体系构成 ………………………………………… 19
  二、中国企业创新政策重点剖析 ………………………………………… 22
  三、中国企业创新政策特征分析 ………………………………………… 40
  四、中国企业创新政策效果评估 ………………………………………… 42

第二章　共性技术平台政策研究 …………………………………………… 49

  一、区域"创新近视症"与共性技术供给不足 ………………………… 49
  二、区域共性技术供给不足的根源 ……………………………………… 53
  三、共性技术供给的网络结构和机制 …………………………………… 54
  四、不同网络结构和供给机制的效率比较 ……………………………… 63
  五、政策含义和政策建议 ………………………………………………… 66

第三章　集群背景下企业技术创新平台政策研究 ………………………… 69

  一、技术创新平台建设现状及面临的问题 ……………………………… 69
  二、构建集群公共技术平台的四大政策目标 …………………………… 71
  三、构建产业集群技术创新平台的制度与政策工具选择 ……………… 74

第四章 军民融合的创新政策研究 ……… 81
一、军民融合现象与启示 ……… 81
二、军民融合的问题界定与路径分析 ……… 85
三、军民融合创新政策研究与建议 ……… 89

第五章 产学研合作政策研究 ……… 95
一、问题的提出和概念界定 ……… 95
二、产学研合作研发基本模式的理论比较 ……… 98
三、共同研发的制度安排：知识产权归属及其他 ……… 102
四、政策含义和建议 ……… 110

第六章 企业创新联盟政策研究 ……… 113
一、企业创新联盟的形成、定义与理论基础 ……… 113
二、企业创新联盟的发展现状与主要挑战 ……… 118
三、创新联盟对企业创新能力提升机制分析 ……… 122
四、企业创新联盟政策体系的梳理与改进建议 ……… 129

第七章 国有大企业创新政策研究 ……… 139
一、国有大企业创新现状 ……… 139
二、国有大企业创新的特征分析 ……… 145
三、国有大企业创新政策工具 ……… 149
四、制约国有大企业创新政策发挥作用的因素 ……… 154
五、国有大企业创新政策工具的选择机制与综合使用 ……… 159

第八章 中小企业创新政策研究 ……… 163
一、中小企业发展现状和创新制约 ……… 163
二、中小企业发展的新阶段与政策需求 ……… 168
三、中小企业创新的服务体系 ……… 172

第九章 跨国公司技术溢出与创新导向的外资政策研究 ……… 175
一、FDI技术溢出效应及其影响因素：相关理论研究 ……… 175
二、跨国公司技术溢出的作用机制及其发生机理 ……… 180
三、促进技术溢出的外资政策调适目标 ……… 184

四、建立基于创新能力培育的外资政策 ………………………… 185

第十章　企业创新技术标准政策研究 ………………………………… 191
  一、技术标准的商业意义 ………………………………………… 191
  二、当前技术标准政策存在的主要问题 ………………………… 193
  三、中国企业制定自主技术标准的基本思路 …………………… 196
  四、促进企业自主技术标准发展的政策措施 …………………… 200

第十一章　企业技术创新商业化的融资政策研究 …………………… 207
  一、融资需求分析和融资工具选择 ……………………………… 207
  二、中国支持企业技术创新的融资政策现状 …………………… 209
  三、中国支持企业技术创新融资政策存在的主要问题 ………… 214
  四、完善企业技术创新融资政策的建议 ………………………… 217

第十二章　技术转移政策研究 ………………………………………… 221
  一、中国技术转移的现状 ………………………………………… 222
  二、中国的技术转移政策 ………………………………………… 228
  三、促进技术转移的思考与建议 ………………………………… 233

第十三章　战略性新兴技术商业化的配套政策研究 ………………… 241
  一、战略性新兴技术商业化过程与挑战 ………………………… 241
  二、战略性新兴技术商业化政策体系梳理 ……………………… 248
  三、战略性新兴技术商业化政策体系建构与政策建议 ………… 258

后　记 …………………………………………………………………… 267

总论：中国企业创新政策的生态观：平台、主体与商业化

以创新为导向的激励政策不仅是中国企业由技术引进和技术学习向技术赶超转变的必然要求，同时也是构建创新公共政策新体系的重要内容。党的十七大报告中明确指出，要"提高自主创新能力，加快建立以企业为主体、市场为导向、产学研相结合的技术创新体系，引导和支持创新要素向企业集聚，促进科技成果转化为生产力"。

一、研究问题的提出

（一）特定的研究情景

国内已有关于企业创新的研究主要集中于两个方面：一是创新的必要性，如路风（2006）和高旭东（2006）等学者认为，应该摒弃技术依赖和过度的技术引进，本土企业技术能力的发展是提高中国国际竞争力的主要途径；二是概括和提炼中国本土企业自主创新的行为特征，如谢伟（1999）总结的中国彩电业的A-U技术创新模式、柳卸林（2004）提出的中国造船业的开放创新模式，以及慕玲等（2004、2006）提出的VCD行业的集成技术创新和柴油发电机燃油系统的转型技术创新模式；等等。

上述研究大大推进了国内学术界对企业创新问题的理解，而与这两个方面的问题至少同样重要但迄今为止仍然没有受到应有关注和系统研究的问题是，创新是不是转型市场经济下本土企业利润（抑或股东价值）最大化的内在要求和必然结果？如果不是，未来中国需要什么样的公共政策措施来激励和加速中国企业由技术引进和学习向创新的转变？

因此，深入研究促进企业创新行为选择的激励机制，进而得出相应的政策含义，对中国企业实现"技术赶超"和完善相应公共政策体系具有十分重

要的意义。

(二) 研究理论基础:"披露困境"和"可收益性"

创新的激励问题最早是由 Arrow 在 1962 年的经典文献中正式提出的。Arrow 认为,技术创新面临所谓的"披露困境"(dilemma of disclosure),披露困境导致企业技术创新的激励不足。Teece（1986）和 Winter（2006）将 Arrow 提出的技术激励问题更一般化为"可收益性"(appropriation) 问题。国外后续对技术激励问题的研究基本上都是基于信息披露悖论和可收益性这两个视角来推进的。例如，Tassey（2004）将由可收益性问题导致的企业技术投资不足原因归结为：技术复杂性、研发时间与市场时机的不一致性、技术溢出，以及通用技术研发的规模不经济和范围不经济。而作为激励手段的技术政策（体系）是矫正市场失败、提高企业创新动机的主要方式。

基于"披露困境"和"可收益性"的分析视角，Spence（1986）认为，用庇古税的方法解决可收益性问题的好处在于可以降低进入壁垒、促进竞争、降低企业的利润率，以及提高静态的配置效率；Stoneman（1991）提出了一种公共基金政策——"征收/给予制度"(levy/grant system)，该制度的基本内容是竞争者之间设立一个俱乐部基金，然后根据知识溢出产生的外部性的程度对受益者和创新者进行征收或补贴，这种补贴机制可以避免资源配置的二次扭曲；Cohen（1995）研究发现，市场需求和技术机会是较成本和市场结构更为重要的影响本土企业技术创新行为的因素，并直接决定了本土企业创新的强度和方向；Gallini 和 Scotchmer（2002）给出了专利优于奖励机制的一个必要条件，即政府和企业存在关于技术项目的成本和收益方面的信息不对称；Wright（1983）指出，在政策实施者可以获得技术的社会价值的情况下，奖金制度是优于专利制度的技术激励政策。

国内学者也开展了一些关于创新政策的研究，但多侧重于研究创新政策本身的内容，而在揭示政策与企业创新的激励机理方面显得薄弱（柳卸林，2007）。有些则侧重于研究个别政策的作用机理，而忽略了揭示各项创新政策所构成的政策体系所具备的整体特征。

(三) 研究的两点特殊性

既有研究是我们研究中国企业创新激励问题的重要参考，但相对于准确理解中国企业创新激励问题，并进而提出切实可行的创新激励政策要求而言，这些研究仍然存在以下不足：

一是不能解决和回答中国现有政策体系存在的"短期"和"分割"的问题。

过去几十年，中国创新政策体系缺乏连续性和系统性的问题十分突出，因而强调系统视角和持续能力建设就成为中国企业创新政策研究的出发点。但是，国外对创新激励政策的研究更多的是针对某个特定技术政策展开分析的，没有将各项技术政策作为政策体系对其整体特征加以概括和描述。

二是没有契合中国"技术赶超"和"制度转型"的特定背景。既有研究关注的问题实际上是发达国家成熟市场经济条件下企业的投资激励不足问题，而不是制度转型发展中国家后发企业的创新激励不足问题，即没有考虑到技术差距形成的战略不对称对本土企业技术创新行为的影响（Beath，1995）。而我们认为，分析中国企业的技术创新活动不能脱离中国企业"技术赶超"（新的技术路径的开辟或既有技术路径上的技术跨越）和"制度转型"的特定背景。

从实践出发，这就提出了在构建创新公共政策体系实践中两个必须解决的问题：一是如何激励企业成为创新投入的主体、创新活动的主体和创新成果应用的主体？二是如何建立市场导向的创新激励机制，实现创新资源的有效配置？

总之，对上述问题的回答需要在准确刻画中国企业创新行为和政策特征的前提下，创造性地借鉴既有的演化经济学和创新管理文献，以及新产业组织理论和激励理论的相关内容，提出能够包容中国现实的、逻辑一致的分析模型和分析框架，同时在细致的案例研究和恰当的计量分析基础上，对命题和假说进行小心论证。

二、研究的基本视角和框架

对中国企业创新激励问题的深度分析首先需要对创新的概念加以准确的理解。我们认为，企业创新的完整过程不仅包括新技术的探索和创造，同时还包括企业将新技术成功商业化的过程。如果没有借助自有的或外部的资源将新技术商业化的能力，企业必然缺乏技术创新的动机。因此，与国内既有研究单纯强调技术维度的自主创新不同，本书将企业创新行为界定为企业控制的、拥有自主知识产权的技术发明及商业化活动。

（一）基本视角：从创新链视角走向创新生态观

企业总是在自身能力和政策环境因素的互动作用下，在特定阶段做出相应的创新行为选择，创新政策的主要目标就是要使企业创新活动更加便利，使创新的风险性更低，使创新的成功率更高。可以说，企业创新活动与政策环境是一个"动态演进"过程。就创新活动本身而言，更多具有"非线性"的特征，具有"多主体参与"、"网络化"和"开放性"的特征。如果仅仅是从"创新链"的角度去思考，从基础研究、应用研究、研究开发、产业化和商业化的创新过程去思考，将会同创新活动的规律产生一定偏差，并将进一步导致公共政策选择上的偏差。

创新生态系统论是从企业仿生学角度解释企业创新的一种理论，是基于网络创新和开放式创新理论的进一步发展。Harman 和 Freeman（1977）提出了"组织种群生态学"的观点，认为在一个特定边界内的、具有共同形式的所有组织构成种群，同一个种群中的组织对环境的依赖程度的不同影响着这些组织的活动方式及其结构。Moore（1996）认为企业生态系统是以组织和个体的相互作用为基础的经济联合体。Adner 等（2006）提出了创新生态系统的观点，他认为企业创新往往不是单个企业可以完成的功绩，而是要通过与一系列伙伴的互补性协作，才能生产出对具有顾客价值的产品。李湘桔和詹勇飞（2008）认为创新生态系统的实质在于融合知识使创新主体具有完备性，并提出创新生态系统管理矩阵的概念。从知识获取渠道看，可分为内部知识和外部知识；从创新所需的知识性质看，可分为创新主体知识和创新协作知识。

总之，创新生态系统论认为，企业自身的创新系统是一个生命系统，它与其他企业的创新系统构成了产业创新系统的多样性，同时它又是产业创新系统的有机组成部分。

（二）创新生态系统的结构：以平台为中心

创新生态系统是由多种不同主体相互交织在一起形成的开放的、多维的、复杂网络结构。每一个生态系统都是一个开放的、与社会有着全方位资源交换而且不断在做内部调整的动态系统，具有自身所在系统没有的特性和功能。创新生态系统研究逐渐从个体到种群范围，最后扩展到种群之间的关系层次。杨忠直（2003）总结了企业生态学的理论体系，认为企业生态学的研究范畴可以分为个体、种群、产业集群和生态系统四个层次。具体到技术创新战略层面，创新系统主要侧重创新平台的研究。

陈斯琴（2008）则提出了基于创新平台的技术创新系统模型，其结构由核心层、开发应用层及创新平台构成。如图 0-1 所示。

总论：中国企业创新政策的生态观：平台、主体与商业化

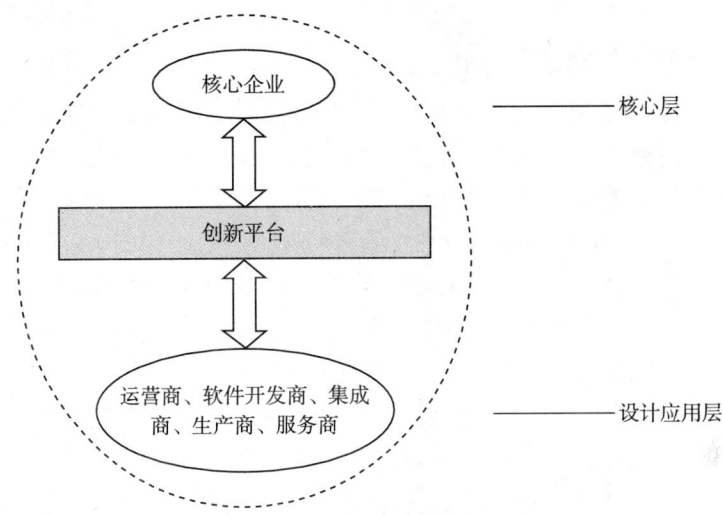

图 0-1 企业技术创新生态系统的结构

资料来源：陈斯琴.企业技术创新生态系统研究［D］.北京工业大学硕士学位论文，2008.

（三）创新生态系统的主体：多主体参与

创新生态系统由各种各样的生物物种（成员）所组成，成员相互间存在各种复杂关系。生物物种主要包括企业个体及同质企业（相同的技术、供应商、用户等）所形成的种群，如消费者、供应商、市场中介、金融机构和投资者等；相互间的各种复杂关系既有垂直关系，如供应商、消费者、市场中介机构等关系，又有水平关系，如竞争对手、其他产业的企业、政府部门、高校、科研机构、利益相关者等关系。这些主体分别形成了核心生态系统、扩展生态系统和完整生态系统三个层面。Christoph 等（2009）提出了服务创新生态系统，认为系统的主体包括平台提供者、服务提供者、客户以及中介组织（见图 0-2）。

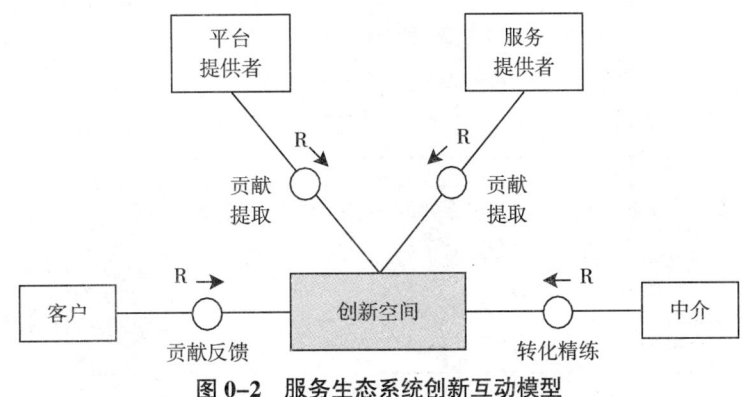

图 0-2 服务生态系统创新互动模型

(四) 研究基本框架

"十一五"以来，我国出台和实施了大量企业创新政策，这些政策的重点主要集中在推动创新的系统部署、加强技术创新平台建设、开发关键和共性技术、推动产业技术创新战略联盟发展、促进技术创新成果转化、扩大创新产品需求、构建技术创新服务体系、加强知识产权创造和保护、加强创新人才队伍建设以及支持特定企业创新十个方面。上述政策总体上呈现六个方面的明显特征：政策设计系统化、政策主线明确化、政策手段多元化、政策视野国内化、政策出台多门化和政策执行偏颇化。

从中国企业创新政策的现状出发，我们发现：一方面政策的引导和激励作用得到发挥，大大促进了我国企业创新能力的提升；另一方面则是政策体系本身仍然有诸多待完善之处，政策效果的显现尚不充分。其中，技术创新平台建设滞后、企业研发效率不高、合作创新深度不够、研发活动质量较差、研发产出水平较低、核心技术受制于人等一系列问题仍然较为突出。总体上讲，加强中国企业创新政策的系统性和协调性将是未来研究的一个中心问题。

以企业创新生态理论作为指导，如何形成中国企业创新生态系统，使企业创新更加便利，降低企业创新风险，提升企业创新成功率就成为未来的重要政策目标，平台、主体和商业化就成为未来企业创新政策研究的核心要素（见图0-3）。

对于企业创新平台政策的研究主要包括共性技术平台、产业集群技术创新平台、军民融合平台、产学研结合平台和企业创新联盟五个方面。对于创新主体政策的研究主要涉及国有大企业、中小企业、外资企业三类。对于创新商业化政策研究主要从技术标准政策、创新的融资政策、技术转移政策和战略性新

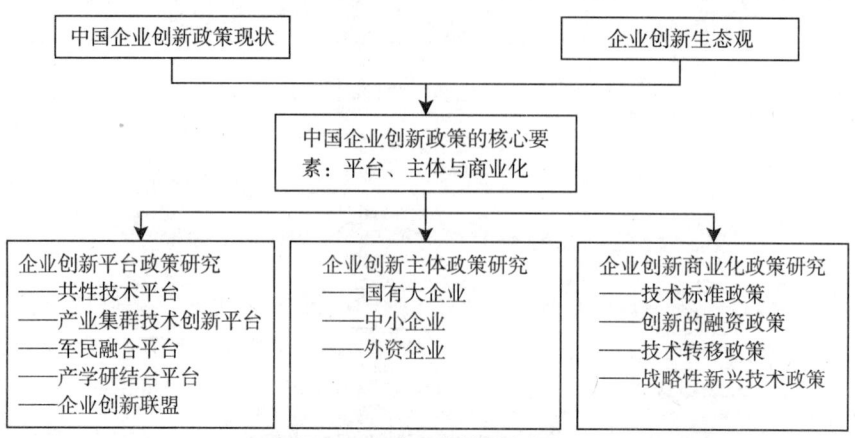

图0-3 本书研究的基本框架

兴技术政策四个方面展开。

三、创新平台政策研究

对于中国这样一个工业部门完整、区域差异显著的发展中大国，技术创新平台不仅是一个包含多层次、多维度内容的技术创新基础设施概念，同时还是多主体之间相互合作的制度安排问题。在这里我们从企业技术创新活动公共技术基础设施出发，重点研究共性技术平台、产业集群技术创新平台、军民融合、产学研结合和企业创新联盟五个方面的问题。

（一）共性技术平台：功能、政策设计与效率判断

对于共性技术平台政策的研究，除了国家层面需要考虑前沿共性技术平台外，我们重点界定在区域层面展开，并试图探索性地回答以下三个问题：政府在共性技术创新中的功能是什么？与这些功能相适应，最优的制度和政策安排具有哪些特征？如何对这些不同的共性技术供给组织方式和政策安排做出效率判断？共性技术供给不足是区域被技术锁定的重要原因，共性技术特殊的技术属性决定了共性技术创新和扩散所面临的市场失灵和区域创新系统失灵要较一般的技术创新更加严重，因而制度设计的复杂性也更高。优势企业供给、地区企业技术联盟、独立研发机构和外部获取是区域共性技术供给最常见的四种机制。在不同的机制下，创新网络的结构、主体的功能和相应的制度设计都存在显著的差异。从有利于共性技术创新和扩散的效率标准判断并没有绝对占优的共性技术供给机制，最优的共性技术供给机制受到区域市场结构和共性技术范式的影响。

目前，国内各地区普遍采用的优势企业供给型和外部获取型的共性技术供给方式虽然符合我国市场结构相对分散、多数企业技术研发水平落后的现状，因而具有经济上的合理性，但是从多维度的经济效率判断，这两种模式存在诸多效率上的损失——在前一种模式下，优势企业在项目选择上更有利于企业自身私人收益而不是区域社会收益的最大化，共性技术研发过程缺乏本地区企业的充分交流和互动，共性技术扩散受到优势的策略性阻碍；在后一种模式下，由于缺乏技术投资的连续性和制度的持续性，区域创新能力的培育和提升受到制约。因此，无论从共性技术创新还是从共性技术扩散的角度看，优势企业供给型和外部获取型都存在严重的缺陷，我国区域共性技术供给策略需要根据竞争环境的要求逐渐向适合自身条件的技术联盟型或独立研发主体型模式转变。

从不同的行政区域角度看，我们认为，省级层面区域在供给和协调技术资源、技术应用领域范围等方面都具有明显优势，因此更加适宜采用独立研发主体型的共性技术供给方式。目前，各省正在大力建设的工业技术研究院正是该理论合理性的呼应和践行。在市、县层面，由于可以投入的资金和技术资源有限且产业规模相对有限，因此更应当根据本地区的经济发展阶段采取更加多样、灵活的共性技术供给方式。对于这些地区，地区共性技术机构应该以整合外部科技资源、促进技术扩散和服务本地企业而不是共性技术研发本身为核心功能。

（二）产业集群技术创新平台：目标与工具

产业集群是促进企业集体学习、互动创新的重要平台和组织形式。从世界各国推动技术创新和区域创新的实践来看，在产业集群内部建设技术创新平台是突破共性关键技术的重要手段。在这里，创新平台指的是有具体的机构、设备和人员的实体性创新平台。

从性质来看，集群内的公共技术平台应该具备三大特征：首先，产业集群的公共技术平台要具备公共属性，需要修正"市场失灵"，承担微观经济主体所不可能承担的公益性目标，获得规模经济的好处。其次，该平台需要具备直接服务于技术创新的职能，从技术的转移、扩散到创新种子的商业化，都需要技术平台来加速创新的实现过程。最后，公共技术平台应该是一个多主体交互的载体，切实发挥"平台"的资源集结和桥梁作用。

产业集群技术创新平台的政策目标，主要包括四个方面：一是建立产学研合作平台，加速科研成果转化和技术难题突破；二是建立技术转移平台和技术孵化平台，促进新产业创出；三是提供公共研发平台，降低企业创新成本；四是提供行业交流平台，加速行业关键共性技术攻关。

产业集群技术创新平台政策工具具体包括四个方面：一是技术创新平台的组织管理体制创新。可以考虑借鉴日本采取以"政府引导、民间实施、官民合作"模式，相关政策均在官民结合运作的管理体制下展开。二是技术创新平台建设的财政投入。其中，最为关键的是在产业集群发展初期阶段的财政投入。在初期阶段，技术中介市场相当薄弱，以致影响到大学、科研机构和企业的技术创新需求和技术创新活动，这时国家对集群管理机构提供资金，让这些机构承担技术中介职能，加速构建技术合作平台，可以起到弥补技术中介市场不足的作用。三是技术创新平台评价与激励机制。评审不应是"形式上的评审"，而是"实质性的评审"，评审结果对外公布，主管部门还应根据评审结果决定是否调整对研发项目的后期资金支持。评审重点应该放在是否实现了技术转移以及技术转移程度。四是科技攻关项目带动平台作用发挥。

（三）军民融合：目标与政策架构

军民融合的创新政策目标，包括两方面内容：一是国防项目研发生产要利用全社会的力量和资源；二是国防项目研发生产过程中，不仅要关注技术的军事特性，同时要关注技术的非军事特性，使之不仅能够为全社会服务，而且还能够转让两用技术获得收益，并将收益再投入到国防项目。

军民融合的推进过程中的政策架构涉及三个层面，即战略层、结构层、运行层。战略目标与战略路径属于战略层面；组织体制属于结构层面；管理与运作属于运行层面。在战略目标与战略路径确定后，军民融合创新政策就可以分为两类：一类是组织体制政策；另一类是管理运作政策。组织体制政策具有外生的性质，而管理运作政策具有内生的性质。

笔者在研究中发现，在政策推进过程中，从战略目标到战略路径再到组织体制是单向推进过程，不能反复试错，需要理智的逻辑分析，所以体制政策具有外生性，其中的首要问题就是由谁来牵头组织军民融合。从组织体制（承包商与人员外派）到管理方式再到运作方式，是循环推进过程，可以反复试错，更需要实践过程来完善政策，即管理运作政策具有内生性。

（四）产学研合作：利益冲突与制度安排

合作研发是研究型大学和科研院所等公共科研机构科技成果转化最重要的机制之一，但经验研究也表明，产学研合作研发面临严重的利益冲突，因而需要复杂多样的制度和政策安排来解决。

从企业政策的角度看，企业应该学会充分地利用公共知识资源，同时寻求产学研合作研发与企业的战略和技术能力的最适匹配。对于那些已经具备技术赶超能力的本土企业，除了利用本土研究型公共科研机构的学术资源外，也要积极主动地寻求与境外科研机构的研发合作，更快地提升在前沿技术领域的竞争力。在共同研究过程中，企业与大学的共同研发要求更加灵活多样的创新性的制度安排。企业对知识产权的争取必须配合其他的支付机制，例如与产出或其他绩效挂钩的可变支付，以尽可能地激励大学提高在共同研发中的努力。即便在弱知识产权保护的环境下，基于合作契约（而不是合资企业），同时企业向公共科研机构支付一个固定支付价（类似于版税的）与产品产出或利润挂钩的可变报酬仍然是产学研共同研发中最优的制度安排。

（五）企业创新联盟：作用机制与政策激励

在全球化和知识经济时代，知识更新速度日新月异，技术复杂度与日俱增，企业逐渐认识到，仅靠自身有限的资源和能力已经无法满足技术创新的要求。日渐复杂的新技术大幅提高了研发成本，信息的快速流动增加了研发的外部性，预期的研发收益难以保障。因此，越来越多的企业开始建立创新联盟，充分利用外部创新资源，以开放式创新模式展开新一轮市场竞争。

创新联盟是企业创新战略的重要组成部分，对战略的实施有支持作用；企业创新联盟组织模式必须与其创新战略相匹配，才能对战略起到支撑作用；在企业创新的全过程中，创新联盟能够使企业内外部创新要素实现有机融合，并且能够显著提升企业的创新能力，其作用机制的实质是"外生要素通过创新系统平台转化为内生能力的过程"。通过研究我们提出以下政策建议：第一，在国家层面，政策激励作用主要体现在研发方向引导和平台设施建设方面；第二，在产业层面，政策激励作用主要体现在知识信息共享和共性技术突破方面；第三，在企业层面，政策激励作用主要体现在研发资金支持和知识产权保护方面。

四、创新主体政策研究

如何充分调动企业创新的积极性是中国建立创新体系的关键。在这里我们从不同主体创新行为和所面临问题的特殊性出发，重点研究了国有大企业、中小企业、外资企业和企业创新联盟的相关政策。

（一）国有大企业创新政策：效率提升的导向

改革开放30多年来，国有大企业经营活动的市场化程度得到了显著的提高，在这个过程中，这些企业的经济增长与发展以及竞争力的提升，越来越多地依赖于创新活动。国有大企业创新活动呈现出以下四个特征：一是在技术研发资源投入上，重"硬"轻"软"；二是在技术研发领域选择上，重"用"轻"研"；三是在创新活动的水平上，呈现出"高不成，低不就"的特点；四是在创新活动的形式上，"离散的"、"阶梯式"创新相对常见，而"连续的"、"系统性"创新却相对少见。

与其他企业相比较，国有大企业拥有一定的技术资源优势，在享受国家创新政策工具时也处于相对有利的地位；但尽管如此，始终有一些制度性因素制约了创新政策在国有大企业身上发挥应有的作用，企业的整体创新效率仍然偏低。这个问题又与两个方面的因素有关：一方面，国有大企业研发投入占企业拥有资源总量的比重仍然较低，其水平需要进一步提高。这也意味着，技术创新在国有大企业经营活动中的地位仍然有待提升。只有当技术资源在企业内部的积累达到一定的"厚度"后，它们才有可能变得更有效率和竞争力。另一方面，国有大企业的管理和技术骨干需要更多的激励去开展创新活动。解决上述两个问题需要双管齐下，既需要国有资产监管部门在引导企业制定科技发展战略、调整业绩考核机制、推行新的激励制度安排、改善国有大企业的创新文化等方面的有力政策的推动，同时也需要各种间接政策工具。比如，以税收优惠来促进企业R&D经费支出占营业收入比重这类指标的水平的提高；再如，加强知识产权保护、营造有利于企业开展创新活动的法制环境。

（二）中小企业创新政策：服务体系导向

"十一五"期间，在市场推动和政府引导的双重作用下，我国中小企业快速发展壮大。中小企业在繁荣经济、增加就业、推动创新、改善民生等方面发挥着越来越重要的作用，成为我国国民经济和社会发展的重要力量。扶持性政策和援助性政策是当前中小企业创新政策主要特征，同时也存在三个方面的弊端：一是从政策的特征来看，扶持性政策和援助性政策缺乏长期性、协调性和可操作性。二是从政策的制定实施来看，扶持性政策和援助性政策缺乏有效的运作机制。三是从政策的效果来看，扶持性政策和援助性政策在一定程度上干扰了市场机制的运转。

为了克服当前扶持性和援助性中小企业政策的弊端和问题，满足中小企业对创新支持政策新的需求，中小企业政策转型是我国中小企业发展新阶段提出的新要求，我国的中小企业政策必须由扶持性政策向完善服务体系和服务功能转型。从我国中小企业创新的现实特点和需求出发，我们提出，未来我国中小企业创新服务体系建设和服务功能完善要从服务主体培育、服务机制形成、服务队伍建设、服务方式改革等几个方面有重点、有层次地推进。

（三）外资企业创新政策："增溢性"与"索源性"

在经济全球化的背景下，跨国公司已经成为一国经济增长与技术进步的重要推动力量。从国家创新体系考察，跨国公司主导的外商直接投资（FDI）是中国工业创新的重要源泉之一。毫无疑问，外资企业在相当长的时期内都是中国企业技术学习的对象，外资企业的行业内技术溢出是客观存在的。

从知识获取的方式以及外资促进本土企业技术创新的过程来看，FDI对中国企业创新的作用机制主要有竞争机制、示范机制和知识流动机制。从现实出发，按照创新生态观要求，我们不仅需要设计"增溢性"政策工具，更需要强化"索源性"政策工具，以获得更多的知识来源和知识溢出。索源性政策工具主要包括三个方面：一是建立重点产业的鼓励性政策；二是优先保障"智力输入型"外资进入；三是建立基于竞争格局、技术差距和产业链竞争力的选资政策。增溢性政策工具需要与索源性政策工具搭配使用。在获得"溢出源头"的情况下，增加溢出的政策目标可以通过改变跨国公司的行为以及提高本土企业的创新意识和投入来实现。

五、商业化政策研究

商业化是企业创新全过程一个不可或缺的环节。在这里，我们重点研究了技术标准政策、融资政策、技术转移政策和战略性新兴技术商业化政策。

（一）技术标准政策：用户基础与互补性

技术标准是指由固有技术轨迹形成的、在使用上具有排他性的、供有条件通用和重复使用的技术或格式类型。对于具有强技术关联性的行业，采用统一的技术标准是实现产品间兼容、降低运营成本、发挥网络外部性的必要条件。随着信息技术的广泛使用，越来越多的行业越发地表现出强网络性，这会不断扩展技术标准的适用范围。由于技术标准一旦形成，将成为一定范围内产品技术所必须遵循的规格，掌握技术标准的企业或企业联盟能够通过转让、认证、许可等多种方式垄断行业技术市场，获得高额利润。因此，从某种意义上讲，技术标准是创新活动在商业化阶段的最高形式和终极目标，掌握或控制行业技术标准也成为企业创新的重要激励。技术标准的形成是企业创新成果商业化的具体手段，与工艺类标准相比，技术标准一方面锁定技术发展方向，另一方面成为标准发起者的垄断资本。

在技术引进的大环境下，标准的制定和颁布很多时候是技术的供给引致的，即在引进某项技术的同时也就引进了对应的标准。具体而言，我国现阶段标准化工作中存在四类问题：一是政策对形成技术标准的推动作用大于市场机制；二是重视标杆企业但忽略联盟力量；三是混淆市场容量和用户基础；四是技术标准的战略地位有待提高。从目前中国的国情出发，以提高技术水平、扩大产品市场和加强产业安全为基本目的，我们提出企业制定技术标准的基本思路包括培育和保护用户基础、提高制造能力、提高标准互补性、提高和利用专利开放度、关注产品成熟度低的行业、设置"转化器"和提高国内市场独立性。

（二）创新的融资政策：风险与差异化

良好的融资环境、便捷的融资渠道、高效的融资效率和较低的融资成本，能够激励企业技术创新尝试、降低企业技术创新风险、提升企业技术创新成功几率，是支持企业技术创新必要的融资制度保证。技术创新企业的不同生命阶段在企业规模、市场开拓以及企业成长等方面都具有不同的特点，各个阶段面临的风险程度、资金需求量及类型、收益状况也存在差异，这导致了企业技术创新不同阶段融资方式的差异。

我国在金融政策和融资工具上不断创新，采取了一系列措施。综合起来，可以概括为以下三个方面：一是通过政府直接投资或利用基金、贴息、担保等方式支持企业自主创新；二是鼓励和推动创业风险投资规范发展；三是建立支持自主创新的多层次资本市场，中小企业板和创业板市场先后建立。中国企业技术创新融资方面还存在四个方面的问题：一是以政府为主导的资金投入模式亟须提升资源配置效率；二是融资体制缺陷是造成企业技术创新融资难的根本原因；三是风险投资生态系统不完善限制了技术创新的融资来源；四是金融工具创新不足致使满足不了企业技术创新商业化所需的多样化融资手段。

从企业技术创新所处不同阶段融资方式差异性角度出发，我们提出以下四条政策建议：一是建立符合企业技术创新特点的多层次融资体系，积极发展场外交易市场，拓展企业技术创新直接融资渠道；二是完善配套政策措施，促进风险投资业快速发展；三是设立政策性中小企业科技银行；四是加强政策支持力度，完善担保体系，充分发挥金融租赁等其他金融服务体系的作用。

（三）技术转移政策：产业化与市场导向

技术转移包括产权化和产业化两个方面。产权化是指把科研成果转化为专利等知识产权，产业化是指把知识产权转化为产品并投入市场。专利数、技术交易量是考察科研成果产权化和产业化程度的两个重要指标。目前，中国技术转移具有四个方面的特点：一是专利申请及授权量大幅度增加，但专利技术转移水平低，专利技术交易量在专利授权量中只占很小的比例；二是技术转移以开发和服务为主，技术转让较少；三是大专院校和科研机构的技术转移能力远比企业低；四是公共财政支持项目的技术转移规模较小。

我国技术转移中存在的主要问题不在企业间技术转移方面，而在大学、科研机构与企业间的技术转移环节，如何促进大学、科研机构向企业转移技术是需要重点解决的问题。另外，使用了大量公共资源的国家科研计划项目，其成果转化水平低，说明国家科研计划项目管理是我国技术转移中存在的薄弱环节。为了避免公共资源的浪费，需要提高国家科研计划项目的成果转化效率。

当前的技术转移政策主要内容包括：界定知识产权；明确收益分配；鼓励产权单位或个人积极参与技术转移；建立技术转移机构和机制；国家把科研计划项目的所有权授予项目承担单位，鼓励项目承担单位或科研人员个人积极参与技术转移等方面。

基于中国技术转移活动和政策的现状，我们提出以下建议：第一，建立具有市场经济组织性质的技术转移机构。第二，技术转移机构应多聘用有长期企业工作经验的人，尤其是具有"慧眼"与"铁腿铜嘴"的有长期企业工作经验的人。第三，选择最有转移可能性的项目进行投入。选择首先要制定出明确的指标体系，至少应包括新颖性和优越性、计划性和战略性、产业化可能性三个方面。第四，吸收企业参加国家科研项目是技术转移的捷径。其中关键是战略性地扩大企业参加国家科研项目的广度和深度，这样将会极大地促进技术转移的进度。第五，发挥国家部门在技术转移中的政策导向作用。

（四）战略性新兴技术商业化政策：嵌入性和多层次性

由于技术的复杂性、系统性和高度不确定性，战略性新兴技术的商业化过程具有特殊性，并且面临着更大的困难和风险。目前，我国从规划引导、载体建设、市场培育、投融资、税收和支撑环境等方面制定了战略性新兴技术政策。从目前的现实出发，我们认为，战略性新兴技术商业化过程，应当视为企业创新过程的一个重要环节，并且作为产业创新体系和区域创新体系的一个重要组成部分。因此，战略性新兴技术商业化政策体系也应嵌入到企业创新激励政策体系、产业技术创新激励政策体系和区域技术创新激励政策体系当中。

具体而言，战略性新兴技术商业化政策目标可以从两个层次展开。从第一个层次来看，战略性新兴技术商业化政策目标可以分为两类：一类是增加企业对新技术和新产品的供给，另一类是增加消费者对新产品的需求。从第二个层次来看，供给目标和需求目标还可以进一步细分为四大目标：一是提升企业创新和商业化能力；二是增强创新要素的供给和支撑；三是营造良好的企业创新和商业化环境；四是培育和拓展战略性新兴产业的消费市场。在明确政策目标的基础上，应当针对每一个具体目标，寻找适合的政策工具加以实现。同时，某一项政策工具可能对多个政策目标都适用。因此，必须注重各种政策工具之间的综合运用和相互配合，才能发挥出最佳激励效果。

同时，我们提出在战略性新兴技术商业化过程中需要注意五方面的问题：一是注重发挥和保持我国传统比较优势；二是加强战略性新兴技术基础设施建设；三是加快战略性新兴技术标准研究制定；四是建立面向全球的开放式创新体系；

五是建立科学、有效的商业化经济效应评价体系。

六、小结

以企业技术创新生态观为理论指导，针对当前现实，通过对平台、主体和商业化政策的研究，我们初步得出以下结论：

第一，企业创新政策完善的核心在于改变旧有"格局"，彰显"公共技术创新平台"作用。传统的供给导向政策是造成创新资源"错配"、"分割"和"短期化"的重要原因。以建立"公共技术创新平台"为政策目标，促进创新要素的有效配置，改变创新资源"错配"和"分割"的格局，降低企业创新的难度和不确定性，将是创新政策完善的核心。功能定位、政策构建和效率判断将是未来平台创新政策需要考虑的重点，如何促进产学研用之间、军民之间、企业之间的有效协同和融合将是未来政策需要关注的重点问题。

第二，"综合创新能力"是创新政策选择激励对象的重要标准。国有大企业掌握着更多的创新资源，与中小企业掌握更强技术商业化能力之间形成了严重的冲突和效率损失，我们认为，完整的企业创新政策不仅包含对新技术创造的激励，而且包含对企业自主开发技术的商业化环境的改善；未来"选择性"的创新政策应该更多地以企业"综合创新能力"为标准。同时，对于国有大企业更应该强调效率导向，对中小企业更应该强调服务导向，对外资企业更应该重视"索源性"和"增溢性"导向的有机结合。

第三，提升"创新的可收益性"，将有利于促进企业创新行为选择。实际上，市场需求和技术机会的大小决定了中国企业创新的强度和方向。技术标准、技术转移、融资和战略性新兴技术等政策更应该强调产业化和市场导向，通过提升市场需求、保护技术收益和增加技术机会的方式促进企业创新行为选择。

第四，企业创新政策选择本身具有"演进"的特征，必须同中国企业创新行为的演进保持一致。企业总是在自身能力和政策环境因素的互动作用下，在特定阶段做出相应的创新行为选择。因此，相关的创新政策安排必须以企业自身能力为基础，按照企业创新行为演进的路径来设定阶段性目标，旨在促进企业进行主动地创新行为选择，培育和发展中国企业持续创新能力。

企业创新活动非常丰富，这就为政策供给能够跟得上企业的需求提出了挑战。当前，在海外设立全球化研发中心，通过跨国并购提升企业技术创新能力等，都是企业创新活动的新发展。从另外一个角度看，企业创新生态变得更加丰富多彩和复杂，这也就为我们的企业创新政策研究提出了新的课题。

主要参考文献

1. Adner R. and Kapoor R. Value Creation in Innovation Ecosystems: How the Structure of Technological Interdependence Affects Firm Performance in New Technology Generations [J]. Strategic Management Journal, 2010 (31): 306-333.

2. Adner R. Match Your Innovation Strategy to Your Innovation Ecosystem, Harvard Business Review, 2006, 84 (4): 98.

3. Afuah A. How Much Do Your Coopetitors' Capabilities Matter in the Face of Technological Change? [J]. Strategic Management Journal, March Special Issue, 2000, 21: 387-404.

4. Beath. Game-theoretical Approaches to the Modeling of Technological Change [J]. in Handbook of Economics of Innovation and Technological Change, Blackwell, 1995.

5. Brandenburger A. M. and Stuart H. W.. Value-Based Business Strategy [J]. Journal of Economics & Management Strategy, 1996, 5: 5-24.

6. Christoph et al. A Framework for Analyzing Service Ecosystem Capabilities to Innovate [C]. Proceedings of the 17th European Conference on Information Systems, Verona, Italy June 8th-10th, 2009.

7. Cohen, Wesley & Levin, Richard. Empirical Studies of Innovation and Market Structure [C]. in Handbook of Industry Organization, Edited by Schmalensee and Willig, Elsevier Science Publisher 1989.

8. Dosi, Giovanni. Technological Paradigms and Technological Trajectories [J]. Reserch Policy, No. 11, 1982.

9. Franco Malerba & Richard Nelson & Luigi Orsenigo & Sidney Winter [J]. Demand, Innovation, and the Dynamics of Market Structure: The Role of Experimental Users and Diverse Preferences [J]. Journal of Evolutionary Economics, August, 2007, Vol. 17 (4), pp.371-399.

10. Geroski, Paul. Do Spillovers Undermine the Incentive to Innovate? //S. Dowrick eds, Economic. Approaches to Innovation, UK: Edward Elgar, 1995.

11. Harman M. T., Freeman J. H. The Population Ecology of Organizations American Journal of Sociology, 1977, (82): 929-964.

12. Hearn, G., Pace, C. Value-creating Ecologies: Understanding Next Generation Business Systems. Foresight, 2006, 8 (1), 55-65.

13. Iansiti M., Levien R. The Keystone Advantage: What the New Dynamics of Business Ecosystems Mean for Strategy, Innovation, and Sustainability [M]. Harvard Business School Press: Boston, MA. 2004.

14. Iansiti, M., Richards, G.L. The Information Technology Ecosystem: Structure, Health, and Performance [J]. The Antitrust Bulletin, 2006, 51 (1), 77-109.

15. Jacobides M. G., Knudsen T., Augier M. Benefiting from Innovation: Value Creation,

Value Appropriation and the Role of Industry Architectures [J]. Research Policy, 2006, 35 (8): 1200-1221.

16. Mario Cimoli & Giovanni Dosi & Richard R. Nelson & Joseph Stiglitz. Institutions and Policies Shaping Industrial Development: An Introductory Note [J]. LEM Papers Series, 2006.

17. Maurer, Stephen M. & Scotchmer, Suzanne. Procuring Knowledge. In Libecap, G., ed. Intellectual Property and Entrepreneurship: Advances in the Study of Entrepreneurship [J]. Innovation and Growth, Vol.15, The Netherlands: JAI Press, 2004.

18. Moore J. F. The Death of Competition: Leadership and Strategy in the Age of Business Ecosystems [J]. Harper Business, New York, 1996.

19. Moore, J. F. Predators and Prey: A New Ecology of Competition [J]. Harvard Business Review, 1993, 71 (3), 75-86.

20. Moore, J. F. The Rise of A New Corporate Form [J]. Washington Quarterly, 1998, 21 (1), 167-181.

21. Oswick, C., Keenoy, T. and Grant, D. Metaphor and Analogical Reasoning in Organization Theory: Beyond Orthodoxy [J]. Academy of Management Review, 2002, (27): 294-303.

22. Pisano G. P., Teece D. J. How to Capture Value from Innovation: Shaping Intellectual Property and Industry Architecture [J]. California Management Review, 2007, 50 (1): 278-296.

23. Pisano, Gary. Profiting Form Innovation and the Intellectual Property Revolution [J]. Research Policy, No.9, 2006.

24. Prendergast, G., Berthon, P. Insights from Ecology: An Ecotone Perspective of Marketing [J]. European Management Journal, 2000, 18 (2), 223-232.

25. Stoneman, Paul. The Use of a Levy/Grant System as an Alternative to Tax Based Incentives to R&D [J]. Research Policy, Vol.20, 1991.

26. Tassey, Gregory. Underinvestment in Public Good Technologies [J]. Journal of Technology Transfer, No.1/2, 2004.

27. Teece, David. Reflections on "Profiting from Innovation" [J]. Research Policy, No.9, 1986.

28. Winter, Sidney. The Logic of Appropriability: From Schumpeter to Arrow to Teece [J]. Research Policy, No.10, 2006.

29. 陈斯琴. 企业技术创新生态系统研究 [D]. 北京工业大学硕士学位论文, 2008.

30. 戴宁. 企业技术创新生态系统研究 [D]. 哈尔滨工程大学硕士论文, 2010.

31. 邓毅. 政府采购公共政策目标和传导机制研究——兼谈支持自主创新的政府采购政策 [J]. 财政研究, 2007 (9).

32. 高旭东. 自主技术创新的理论基础 [C]. 创新与创业管理（第二辑），北京：清华大学出版社, 2006.

33. 胡斌. 企业生态系统的动态演化及运作研 [D]. 河海大学博士学位论文, 2006.

34. 李湘桔，詹勇飞. 创新生态系统——创新管理的新思路 [J]. 电子科技大学学报（社会科学版),2008(1).

35. 柳卸林等.中国创新管理前沿[M].北京:知识产权出版社,2007.

36. 娄成武,李丹.电信产业生态系统平衡及对策分析[J].科学学与科学技术管理,2006(11).

37. 陆玲.略论企业生态学原理[J].世界科学,1999(3):44-46.

38. 路风.走向自主创新[M].桂林:广西师范大学出版社,2006.

39. 孙成章.现代企业生态概论[M].北京:经济管理出版社,1996.

40. 王兴元.名牌生态系统成员构成特点及其利益平衡[J].商业研究,2000(10):8-10.

41. 熊炜烨,张圣亮.基于生态系统的我国宽带产业发展对策研究[J].管理评论,2004(7).

42. 杨忠直.企业生态学引论[M].北京:科学出版社,2003.

43. 杨忠直,陈炳富.商业生态学与商业生态工程探讨[J].自然辩证法通讯,2003(4):55-61.

44. 詹姆斯·弗·穆尔.竞争的衰亡[M].梁骏等译.北京:北京出版社,1999.

第一章 中国企业创新政策的现状评析

改革开放以来,为了尽快缩短与世界的差距,我国在比较长的时期内一直鼓励引进技术、设备和先进管理经验,即采取"以市场换技术和管理"战略,但却未带来企业核心竞争力的有效提升。近些年来,我国逐步认识到创新是企业从低端技术的生产出口向高附加值产业转换的关键所在。基于这种认识,我国政府开始将创新发展作为一个重要的政策概念,以期促进自主知识产权的创造和商业化。事实上,为了加快创新型国家建设步伐、推动由"制造大国"向"创造大国"转变、全面提升企业和产业的国际竞争力,我国政府研究和出台了大量企业创新的激励政策,对提升我国企业创新能力起到了积极推动作用,成为我国经济发展政策的一个核心组成部分。然而,不可否认的是,我国企业创新政策无论是在政策设计、政策执行还是政策效果方面,仍然存在着诸多问题与不足。因此,全面梳理和深入剖析我国企业创新政策的基本现状,对于我国未来制定和实施更加有效的企业创新政策具有重要的现实指导意义。

一、中国企业创新政策体系构成

自从 2006 年 1 月胡锦涛总书记在全国自主创新大会发表《坚持走中国特色自主创新道路,为建设创新型国家而努力奋斗》的重要讲话以来,我国明显加快了创新政策体系建设步伐,先后出台了上百个创新政策文件,以完善创新的政策环境、增强企业的创新能力等。

(一) 政策层次视角下的中国企业创新政策体系构成

纵观"十一五"以来我国已经出台的企业创新政策,按照政策层次的不同,可以划分为战略层政策、综合层政策和基本层政策(如图 1-1 所示)。战略层政策主要是指国家对推动企业创新的顶层设计,通常是与国家的科技长远发展相关的具有前瞻性与指导意义的宏观政策、理念及目标，包括国家科技计划、科技规划等，如2006年国务院颁布的《国家中长期科学和技术发展规划纲要（2006-2020年）》；综合层政策是一种中观层面的政策形式，是对战略层政策的细化和具体化，也是对基本层政策工具的集成和组合，包括科技中介、大学科技园、中小企业创业基金等；基本层政策属于操作型的政策形式，是具体落实战略层政策和综合层政策的手段，通常包括税收优惠、教育培训、科技资金投入、知识产权、公共技术采购等多种政策工具。

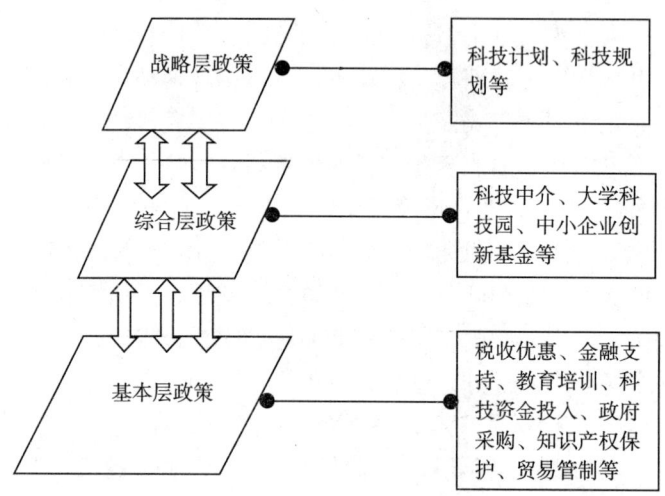

图1-1　政策层次下我国企业创新政策体系的构成框架

资料来源：赵筱媛，苏竣.基于政策工具的公共科技政策分析框架研究[J].科学学研究，2007（2）.

（二）政策手段视角下的中国企业创新政策体系构成

按照政策手段的不同，我国企业创新政策总体上可以划分为三类：经济杠杆激励、行政手段干预和法律法规保障，具体包括七个方面的政策，分别是产学研机制、政府采购政策、财政投入政策、法律法规政策、税收政策、社会化服务政策和人才政策（如图1-2所示）。

（三）供求视角下的中国企业创新政策体系构成

由于创新活动是由创新的供给方和需求方共同作用而形成的，因此自主创新政策可以从供给与需求的角度分为创新的供给促进政策和创新的需求激励政策（如图1-3所示）。前者通过对企业、科研院所、高校等创新的供给方实施激励来促进创新，包括产学研机制、财政投入政策、法律法规、税收政策、社会化服务

第一章　中国企业创新政策的现状评析

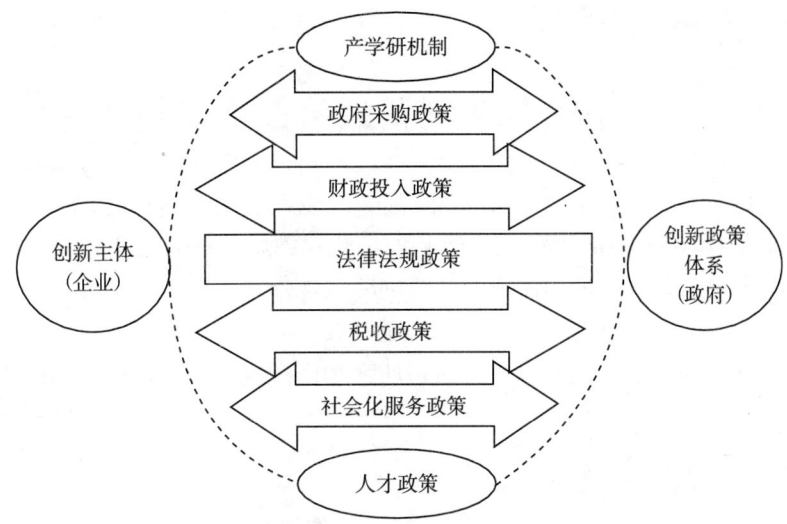

图1-2　政策手段视角下我国企业创新政策体系的构成框架

资料来源：白霞.企业自主创新的政策体系研究——以陕西企业为例［D］.西安理工大学硕士学位论文，2007：22.

政策、人才政策等；后者通过对创新产品的购买者即创新的需求方实施激励来促进创新，包括创新导向的政策采购、面向创新产品的税收和价格及补贴政策、面向创新产品的公共项目规划、促使企业创新的标准设定等。

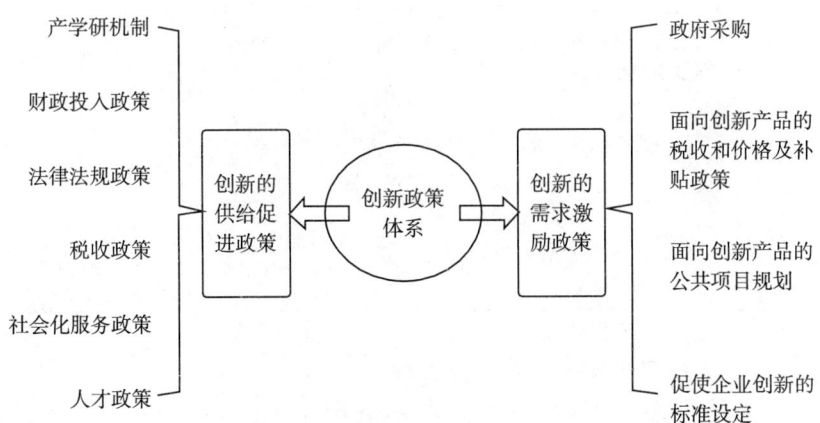

图1-3　供求视角下我国企业创新政策体系的构成框架

中国企业创新政策研究

二、中国企业创新政策重点剖析

"十一五"以来,我国出台和实施了大量企业创新政策,这些政策的重点主要集中于以下十个方面:推动创新的系统部署、加强技术创新平台建设、开发关键和共性技术、推动产业技术创新战略联盟发展、促进技术创新成果转化、扩大创新产品需求、构建技术创新服务体系、加强知识产权创造和保护、加强创新人才队伍建设以及支持特定企业创新。

(一) 推动创新的系统部署

从国家层面对推动企业创新进行科学的顶层设计是确保国家创新战略得到有效落实的前提和基础。"十一五"以来,我国显著加强了对推动企业创新的顶层设计和系统部署,出台了一系列促进创新的综合性规划和政策文件,具体包括(见表1-1):

表1-1 "十一五"以来我国推动创新的顶层设计政策文件

政策领域	政策文件	出台时间
综合性规划	《国家中长期科学和技术发展规划纲要(2006~2020年)》	2006年2月
	《中共中央国务院关于实施科技规划纲要增强自主创新能力的决定》	2006年2月
	《实施〈国家中长期科学和技术发展规划纲要(2006~2020年)〉的若干配套政策》	2006年2月
	《国家"十一五"科学和技术发展规划》	2006年10月
	《国家自主创新基础能力建设"十一五"规划》	2007年2月
	《国家"十二五"科学和技术发展规划》	2011年7月
	《"十二五"产业技术创新规划》	2011年11月
	《工业转型升级规划(2011~2015年)》	2011年12月
综合性政策文件	《国家产业技术政策》	2009年5月

一是出台推动企业创新的综合性规划。2006年2月,国务院颁布了《国家中长期科学和技术发展规划纲要(2006~2020年)》、《中共中央国务院关于实施科技规划纲要增强自主创新能力的决定》以及《实施〈国家中长期科学和技术发展规划纲要(2006~2020年)〉的若干配套政策》,成为未来一段时间内我国推动企业创新的纲领性文件。2006年10月和2011年7月,科技部分别发布了《国家"十一五"科学和技术发展规划》和《国家"十二五"科学和技术发展规划》,对

我国"十一五"时期和"十二五"时期推动企业创新做出了系统部署。2007年2月，国家发展和改革委员会、科技部及教育部联合发布了《国家自主创新基础能力建设"十一五"规划》，对"十一五"时期我国加强创新基础能力建设做出了规划部署。2011年11月，工业和信息化部发布了《"十二五"产业技术创新规划》，明确了工业和信息化领域产业技术创新的五项重点任务：加强技术创新能力建设、构建技术创新服务体系、大力开发关键和共性技术、着力促进科技成果转化、培育与发展战略性新兴产业。2011年12月，国务院印发了《工业转型升级规划（2011~2015年）》，明确提出了我国工业和信息化领域的创新推进目标和相关部署。

二是出台推动企业创新的综合性政策文件。2009年5月，工业和信息化部、科技部等四部门联合制定和发布了《国家产业技术政策》，成为产业技术发展和创新的指导性政策文件。这一文件提出要构建和完善技术创新体系，推动产业技术升级；发挥企业主体作用，促进产业技术研发与创新；健全法律法规体系，加强规划和政策的引导；构建技术标准体系，实施知识产权战略；广泛开展国际合作与交流，强化技术引进消化再创新；健全产业技术服务体系，实施创新人才战略。

（二）加强技术创新平台建设

技术创新平台是构建企业技术创新体系的重要组成部分，是提升企业创新能力的重要支撑。"十一五"以来，我国出台了多项政策支持技术创新平台建设，主要包括（见表1-2）：

表1-2 "十一五"以来我国加强技术创新平台建设的相关政策

政策领域	政策文件	出台时间
加强国家工程实验室、国家工程研究中心、国家重点实验室建设	《关于建设国家工程实验室的指导意见》	2006年7月
	《国家工程研究中心管理办法》	2007年3月
	《国家重点实验室建设与运行管理办法》	2008年8月
加强国家科技基础条件平台建设与共享	《"十一五"国家科技基础条件平台建设实施意见》	2005年7月
	《关于进一步推动科研基地和科研基础设施向企业及社会开放的若干意见》	2006年12月
	《关于进一步推动国家科技基础条件平台开放共享工作的通知》	2008年12月
	《关于开展国家科技基础条件平台认定和绩效考核工作的通知》	2011年7月
	《科研条件发展"十二五"专项规划》	2012年2月
加强企业技术中心建设	《国家认定企业技术中心管理办法》	2007年4月

一是加强国家工程实验室、国家工程研究中心、国家重点实验室建设。2006年7月，国家发展和改革委员会发布了《关于建设国家工程实验室的指导意见》，提出要有重点、有步骤地建设一批国家工程实验室，形成布局合理、设施先进的国家工程实验室建设格局，建立适应产业发展要求、有利于整合优势资源、实现可持续发展的运行机制，提高产业技术的有效供给，显著提升创新能力和产业竞争力。2007年3月，国家发展和改革委出台了《国家工程研究中心管理办法》，提出要组织具有较强研究开发和综合实力的高校、科研机构和企业等建设国家工程研究中心，并明确了国家工程研究中心申报、审核、评价等工作要求。2008年8月，科技部和财政部对2002年颁布的《国家重点实验室建设与管理暂行办法》进行了修订，联合发布了《国家重点实验室建设与运行管理办法》，明确提出中央财政设立专项经费，支持重点实验室的开放运行、科研仪器设备更新和创新研究，同时对国家重点实验室建设与运行提出了具体要求和规定。

二是加强国家科技基础条件平台建设与共享。2005年7月，为落实《2004~2010年国家科技基础条件平台建设纲要》精神，科技部、财政部、国家发展和改革委及教育部联合下发了《"十一五"国家科技基础条件平台建设实施意见》，提出到2010年，建立与平台建设和管理相适应的政策法规和制度规范，初步形成以共享为核心的制度框架；搭建由研究实验基地和大型科学仪器设备共享平台、自然科技资源共享平台、科学数据共享平台、科技文献共享平台、成果转化公共服务平台和网络科技环境平台六大平台为主体框架的国家科技基础条件平台，为各类科技创新活动提供公平竞争的环境，使全社会成员都能享受到科技进步的成果。2008年12月，科技部和财政部联合下发了《关于进一步推动国家科技基础条件平台开放共享工作的通知》，要求各平台建设项目/子项目承担单位在充分整合相关资源的基础上，尽快开展运行服务，全面实现平台建设促进科技资源开放共享和支撑科技创新发展的根本宗旨。2011年7月，科技部和财政部联合下发了《关于开展国家科技基础条件平台认定和绩效考核工作的通知》，全面开展国家科技基础条件平台认定和绩效考核工作。2012年2月，科技部在发布的《科研条件发展"十二五"专项规划》中，明确提出要加强重大科技基础设施和研究实验基地建设、科技条件平台和实验服务基地建设。

三是加强企业技术中心建设。2007年4月，国家发展和改革委、科技部、财政部、海关总署和国家税务总局联合对2005年颁布的《国家认定企业技术中心管理办法》进行了修订，明确提出对国民经济主要产业中技术创新能力较强、创新业绩显著、具有重要示范作用的企业技术中心国家予以认定，并给予相应的优惠政策，同时规范和加强国家认定企业技术中心的认定和评价工作。

(三) 开发关键和共性技术

大力开发关键和共性技术是加强企业创新的重要领域，是增强企业创新能力的重要环节。"十一五"以来，我国出台了一系列鼓励和规范管理政策，继续加强基础研究，加大科技重大专项实施力度，加快产业重大技术开发，具体包括（见表1-3）：

表1-3 "十一五"以来我国推动开发关键和共性技术的相关政策

政策领域	政策文件	出台时间
加强基础研究工作	《国家自然科学基金条例》	2007年2月
	《国家自然科学基金"十二五"发展规划》	2011年7月
	《关于进一步加强基础研究的若干意见》	2011年9月
	《国家基础研究发展"十二五"专项规划》	2012年2月
国家高技术研究发展计划（863计划）	《国家高技术研究发展计划（863计划）专项经费管理办法》	2006年10月
	《国家高技术研究发展计划（863计划）管理办法》	2011年8月
国家重点基础研究发展计划（973计划）	《国家重点基础研究发展计划管理办法》	2006年7月
	《国家重点基础研究专项经费财务管理办法》	2006年9月
	《国家重点基础研究发展计划管理办法》（修订）	2011年11月
	纳米研究、量子调控研究、蛋白质研究、发育与生殖研究、干细胞研究、全球变化研究六个国家重大科学研究计划"十二五"专项规划	2012年6月
国家科技支撑计划	《国家科技支撑计划管理暂行办法》	2006年7月
	《国家科技支撑计划专项经费管理办法》	2006年9月
	《国家科技支撑计划管理办法》	2011年9月
国家科技重大专项	《关于组织实施科技重大专项任务分工的通知》	2006年6月
	《组织实施科技重大专项若干工作规则的通知》	2006年9月
	《支持国家重大科技项目政策性金融政策实施细则》	2006年12月
	《关于抓紧做好科技重大专项启动实施有关工作的通知》	2008年3月
	《国家科技重大专项管理暂行规定》	2008年8月
	《国家科技重大专项知识产权管理暂行规定》	2010年7月
	《国家科技重大专项项目（课题）验收暂行管理办法》	2011年7月

一是继续加强基础研究工作。"十一五"以来，我国高度重视基础研究，出台了一系列相关政策，为促进关键和共性技术的开发提供了重要的基础研究支撑。2007年2月，国务院办公厅下发了《国家自然科学基金条例》；2011年7月，国家自然科学基金委员会发布了《国家自然科学基金"十二五"发展规划》，明确了未来五年科学基金事业发展的指导思想和总体思路、发展任务与专题部署、保障政策措施等。2011年9月，科技部、教育部等五部门联合下发了《关于进一步加强基础研究的若干意见》；2012年2月，科学技术部和国家自然科学基金委员

会联合发布了《国家基础研究发展"十二五"专项规划》,进一步明确了基础研究工作的总体部署。

二是继续实施和完善国家高技术研究发展计划(863计划)。国家高技术研究发展计划作为中国高技术研究发展的一项战略性计划,经过20多年的实施,有力地促进了中国高技术及其产业发展,并成为我国加快开发关键和共性技术的重要抓手。"十一五"以来,我国继续完善了国家高技术研究发展计划的相关政策,进一步规范了国家高技术研究发展计划的管理,以更加有效和充分地发挥其作用。2006年10月,财政部、科技部和总装备部联合对2001年发布的《国家高技术研究发展计划(863计划)专项经费管理办法》进行了修订,对课题经费开支范围、预算的编制与审批、预算执行、监督检查等863计划专项经费管理进行了进一步的规范。2006年8月和2011年8月,科技部、总装备部和财政部先后对2001年发布的《国家高技术研究发展计划(863计划)管理办法》进行了两次修订,进一步完善了对国家高技术研究发展计划的管理。

三是继续实施和完善国家重点基础研究发展计划(973计划)。国家重点基础研究发展计划是具有明确国家目标、对国家的发展和科学技术的进步具有全局性和带动性的基础研究发展计划,旨在解决国家战略需求中的重大科学问题,以及对人类认识世界将会起到重要作用的科学前沿问题,提升我国基础研究创新能力。经过10多年的实施,国家重点基础研究发展计划围绕经济社会发展解决了一批重大科学问题,成为我国推动关键和共性技术开发的重要平台。"十一五"以来,我国进一步加大了国家重点基础研究发展计划实施力度,继续完善了相关政策。2006年7月,科技部和财政部联合下发了《国家重点基础研究发展计划管理办法》,2011年11月又对这一管理办法进行了再次修订,以加强对国家重点基础研究发展计划的规范化、科学化管理。同时,2006年9月,财政部和科技部还专门下发了《国家重点基础研究专项经费财务管理办法》,以规范和加强对国家重点基础研究发展计划专项经费的管理,提高资金使用效益。2012年6月,科技部印发了纳米研究、量子调控研究、蛋白质研究、发育与生殖研究、干细胞研究、全球变化研究六个国家重大科学研究计划"十二五"专项规划。

四是实施和完善国家科技支撑计划。国家科技支撑计划是为贯彻落实《国家中长期科学和技术发展规划纲要(2006~2020)》,在原国家科技攻关计划的基础上设立的国家科技计划,主要面向国民经济和社会发展需求,重点解决涉及全局性、跨行业、跨地区的重大技术问题,着力攻克一批关键技术,突破瓶颈制约,提升产业竞争力。2006年7月,科技部和财政部联合下发了《国家科技支撑计划管理暂行办法》,提出中央财政专项拨款支持开展国家科技支撑计划。2009年9

月，财政部和科技部又联合专门下发了《国家科技支撑计划专项经费管理办法》，规范和加强对国家科技支撑计划专项经费的管理。2011年9月，科技部和财政部联合下发了修订后的《国家科技支撑计划管理办法》，进一步完善对国家科技支撑计划的管理。

五是实施国家科技重大专项。2006年开始，我国开始组织实施《国家中长期科学和技术发展规划纲要（2006~2020年）》确定的16个重大专项，并出台了一系列相关的政策文件。2006年6月和9月，国务院办公厅分别印发了《关于组织实施科技重大专项任务分工的通知》和《组织实施科技重大专项若干工作规则的通知》，明确了实施科技重大专项的任务分工及实施要求。2006年12月，银监会下发了《支持国家重大科技项目政策性金融政策实施细则》，鼓励和引导政策性银行等金融机构为国家重大科技项目提供金融服务。2008年3月，科技部、国家发展和改革委和财政部联合下发了《关于抓紧做好科技重大专项启动实施有关工作的通知》，明确了实施计划编制等方面的要求。2008年8月，科技部、国家发展和改革委、财政部和国家知识产权局联合印发了《国家科技重大专项管理暂行规定》，研究提出了重大专项的组织管理框架，细化了专项组织实施主体的职责和工作流程。2010年7月，科技部印发了《国家科技重大专项知识产权管理暂行规定》，加强重大专项知识产权管理。2011年7月，科技部又下发了《国家科技重大专项项目（课题）验收暂行管理办法》，加强重大专项项目（课题）验收管理。

（四）推动产业技术创新战略联盟发展

合作创新是企业实施创新的重要形式，而构建产业技术创新战略联盟则是推动合作创新的重要手段。"十一五"以来，我国积极推动产业技术创新战略联盟的发展，使其成为加强产学研合作、促进技术创新体系的重要举措。具体来说（见表1-4）：

表1-4 "十一五"以来我国推动产业技术创新战略联盟的相关政策

政策领域	政策文件	出台时间
支持性政策	《关于推动产业技术创新战略联盟构建的指导意见》	2008年12月
	《国家科技计划支持产业技术创新战略联盟暂行规定》	2008年12月
	《关于大力推进农口产业技术创新战略联盟构建的通知》	2009年8月
	《产业技术创新战略联盟部内审核工作程序》	2009年9月
	《关于推动产业技术创新战略联盟构建与发展的实施办法（试行）》	2009年12月
	《产业技术创新战略联盟评估工作方案（试行）》	2012年6月
试点政策	《关于推动产业技术创新战略联盟构建与发展的实施办法（试行）》	2009年12月
	《关于选择一批产业技术创新战略联盟开展试点工作的通知》	2010年1月

一是制定和出台了一系列支持性政策。2008年12月，科技部、财政部等六部门联合发布了《关于推动产业技术创新战略联盟构建的指导意见》，就产业技术创新战略联盟的概念，推动产业技术创新战略联盟构建的重要意义、指导思想、基本原则以及联盟的主要任务、应具备的基本条件和开展产业技术创新战略联盟试点工作都提出了明确的意见和要求。同年，科技部又下发了《国家科技计划支持产业技术创新战略联盟暂行规定》，提出国家科技计划要积极支持联盟的建立和发展，经科技部审核的联盟可作为项目单位参与国家科技计划项目的组织实施。2009年8月，科技部下发了《关于大力推进农口产业技术创新战略联盟构建的通知》，要求加快推进农口产业技术创新战略联盟建设。2009年9月，科技部出台了《产业技术创新战略联盟部内审核工作程序》，就产业技术创新战略联盟是否符合《关于推动产业技术创新战略联盟构建的指导意见》规定条件的部内相关审核工作提出了具体要求。12月，科技部又发布了《关于推动产业技术创新战略联盟构建与发展的实施办法（试行）》，就推动产业技术创新战略联盟的构建与发展的总体要求、联盟的构建、联盟试点工作、对联盟的支持、充分发挥地方和协会在联盟构建中的重要作用提出了明确规定。2012年6月，科技部下发了《产业技术创新战略联盟评估工作方案（试行）》，加强对产业技术创新战略联盟的规范管理。

二是开展产业技术创新战略联盟试点。《关于推动产业技术创新战略联盟构建与发展的实施办法（试行）》明确提出要选择一批产业技术创新战略联盟开展试点工作，积极探索联盟运行及产学研合作的新机制和新模式。2010年1月，科技部下发了《关于选择一批产业技术创新战略联盟开展试点工作的通知》，选择36个联盟作为第一批开展试点工作的产业技术创新战略联盟，要求各参加试点工作的联盟要积极探索建立产学研合作的信用机制、责任机制和利益机制，探索承担国家重大技术创新任务的组织模式和运行机制，探索整合资源构建产业技术创新平台、服务广大中小企业，探索率先落实国家创新政策，发挥行业技术创新的引领和带动作用，为更多联盟的建立和发展积累经验。2011年和2012年，科技部又分别确定在56个和39个联盟开展产业技术创新战略联盟试点工作，切实有力地推动了我国产业技术创新战略联盟的发展。

（五）促进技术创新成果转化

技术创新成果转化能力是衡量企业创新能力的重要维度，是国家制定和实施创新政策的重要作用领域。"十一五"以来，我国积极推动将促进技术创新成果产业化、商业化作为加强企业创新的重点，在《促进科技成果转化法》的基础上出台了一系列相关政策，全面提升企业创新的效果。具体来说（见表1-5）：

第一章 中国企业创新政策的现状评析

表1-5 "十一五"以来我国推动技术创新成果转化的相关政策

政策领域	政策文件	出台时间
规划引导与目录指导	《当前优先发展的高技术产业化重点领域指南（2007年度）》	2007年1月
	《高新技术产业化及其环境建设"十二五"专项规划》	2012年1月
出台多项支持性政策	《关于进一步加强金融与科技合作大力推进农业科技成果转化和产业化的通知》	2008年7月
	《关于促进自主创新成果产业化的若干政策》	2008年12月
	《国家科技成果转化引导基金管理暂行办法》	2011年7月
加强产业化载体建设	《国家大学科技园认定和管理办法》	2006年11月
	《关于促进国家高新技术产业开发区进一步发展 增强自主创新能力的若干意见》	2007年3月
	《国家大学科技园"十一五"发展规划纲要》	2007年12月
	《关于开展国家大学科技园评价工作的通知》	2011年1月
	《国家大学科技园"十二五"发展规划纲要》	2011年8月
	《关于进一步做好国家高新技术产业化基地工作的通知》	2011年8月
	《关于延长国家大学科技园和科技企业孵化器税收政策执行期限的通知》	2011年8月
实施产业化重大工程	《关于进一步加强火炬工作，促进高新技术产业化的指导意见》	2011年7月
	《关于印发科技服务体系火炬创新工程实施方案试行并组织开展科技服务体系建设试点工作的通知》	2011年8月

一是规划引导与目录指导。2007年1月，国家发展和改革委、科技部、商务部、国家知识产权局四部门联合发布了《当前优先发展的高技术产业化重点领域指南（2007年度）》，确定了当前应优先发展的信息、生物、航空航天、新材料、先进能源、现代农业、先进制造、先进环保和资源综合利用、海洋十大产业中的130项高技术产业化重点领域。2012年1月，科技部专门下发了《高新技术产业化及其环境建设"十二五"专项规划》，提出"十二五"时期高新技术产业化及其环境建设的总体目标：大力培育和发展战略性新兴产业，推动传统产业升级，加快发展现代服务业，全面提升高新技术产业竞争力，在体制机制创新和环境建设方面取得关键性突破。

二是出台多项支持性政策。2008年7月，中国农业发展银行和科技部联合下发了《关于进一步加强金融与科技合作大力推进农业科技成果转化和产业化的通知》，要求充分认识加强金融与科技合作对推进农业科技成果转化和产业化的重要作用，实施倾斜信贷政策推进农业科技成果转化和产业化，统筹协调农业科技成果转化和产业化实施进程，构建推进农业科技成果转化和产业化工作机制。同年12月，国务院办公厅转发了国家发展和改革委、科技部等九部门联合制定的《关于促进自主创新成果产业化的若干政策》，提出要培育企业创新成果产业化能力，大力推动创新成果的转移，加大创新成果产业化投融资支持力度，营造有利于创新成果产业化的良好环境，切实做好组织协调工作。2011年7月，财政部、科技部印发了《国家科技成果转化引导基金管理暂行办法》，提出由中央财政设立国家科技成果转化引导基金，并就基金的规范化管理提出了明确要求。

三是加强产业化载体建设。"十一五"以来，我国加强了高新技术开发区、高新技术产业基地、大学科技园、科技企业孵化器等多种产业化载体建设。从高新技术开发区建设来看，2007年3月，科技部、国家发展和改革委等四部门印发了《关于促进国家高新技术产业开发区进一步发展 增强自主创新能力的若干意见》，提出了高新技术产业开发区发展的指导思想、目标与原则，明确了重点工作，要求加强对国家高新区的规范管理和宏观指导。从高新技术产业基地建设来看，2011年8月，科技部下发了《关于进一步做好国家高新技术产业化基地工作的通知》，要求全面提升国家高新技术产业化基地建设和发展水平。从大学科技园建设来看，2006年11月，科技部和教育部联合下发了《国家大学科技园认定和管理办法》，对国家大学科技园的功能与定位、认定与管理、政策与措施进行了明确。2007年12月，科技部和教育部又联合印发了《国家大学科技园"十一五"发展规划纲要》，明确了"十一五"期间国家大学科技园的指导思想、发展目标和重点任务。2011年1月，科技部和教育部联合下发了《关于开展国家大学科技园评价工作的通知》，决定组织开展国家大学科技园评价工作。2011年8月，科技部和教育部又联合印发了《国家大学科技园"十二五"发展规划纲要》，提出"十二五"期间国家大学科技园应以增强创新能力为核心，以促进高校科技成果转化、促进创新创业人才培养、促进区域经济发展为重点，努力建设成为高校科研成果转化与产业化的重要渠道，高新技术企业和战略性新兴产业培育的重要载体，促进区域经济实现创新驱动发展的重要支撑，高等学校创新创业教育和高层次创新创业人才培养的重要基地。与此同时，财政部和国家税务总局还下发了《关于延长国家大学科技园和科技企业孵化器税收政策执行期限的通知》。

四是实施产业化重大工程。"十一五"以来，我国继续实施以促进高新技术成果商品化、高新技术商品产业化和高新技术产业国际化为主要任务的"火炬计划"，重点发展领域是电子与信息、生物技术、新材料、光机电一体化、新能源、高效节能与环保。2011年7月，科技部下发了《关于进一步加强火炬工作，促进高新技术产业化的指导意见》，要求加强高新技术产业化载体建设和高新技术产业化主体培育，加速推进先进技术转移和科技成果产业化，优化高新技术产业化环境。2011年8月,科技部下发了《关于印发科技服务体系火炬创新工程实施方案试行并组织开展科技服务体系建设试点工作的通知》,组织实施科技服务体系火炬创新工程。

(六) 扩大创新产品需求

扩大创新产品需求是从需求侧对企业加强创新的激励。"十一五"以来,我国制定和出台了一系列扩大创新产品需求的政策,不断增加对创新产品的采购,切实发挥自主产品采购对企业创新能力提升的激励作用。具体来说:

一是加大政府采购力度。2006年2月,国务院在《实施〈国家中长期科学和技术发展规划纲要(2006~2020年)〉的若干配套政策》中明确要求,要建立财政性资金采购创新产品制度;改进政府采购评审方法,给予创新产品优先待遇;建立激励创新的政府首购和订购制度;建立本国货物认定制度和购买外国产品审核制度;发挥国防采购扶持创新的作用。2006年6月,财政部下发了《关于实施促进自主创新政府采购政策的若干意见》,要求贯彻落实以上政策要求。2007年12月,财政部下发了《自主创新产品政府首购和订购管理办法》,要求发挥政府采购政策功能,鼓励、扶持创新产品的研究和应用,规范政府首购和订购活动。与此同时,财政部还印发了《政府采购进口产品管理办法》,要求政府采购应当采购本国产品,确需采购进口产品的,实行审核管理;采购人采购进口产品时,应当坚持有利于本国企业创新或消化吸收核心技术的原则,优先购买向我方转让技术、提供培训服务及其他补偿贸易措施的产品。2009年12月和2012年1月,工业和信息化部、科技部等四部门在《重大技术装备自主创新指导目录(2009年版)》和《重大技术装备自主创新指导目录(2012年版)》中要求,凡列入目录的产品,可优先列入政府有关科技及产品开发计划,享受国家关于鼓励使用首台(套)政策;产品开发成功后,经认定为国家创新产品的,优先纳入《政府采购自主创新产品目录》,享受政府采购政策支持。①

二是对采购创新产品实施税收优惠。2011年12月,国家税务总局下发了《研发机构采购国产设备退税管理办法》,规范了对研发机构采购国产设备的退税管理,这意味着研发机构采购创新的国产设备将获得税收优惠。

---

① 需要说明的是,"十一五"以来,我国还出台了一些支持创新的政府采购政策,包括2006年12月科技部、国家发展改革委和财政部联合发布的《国家自主创新产品认定管理办法(试行)》,2007年4月财政部下发的《自主创新产品政府采购预算管理办法》、《自主创新产品政府采购评审办法》和《自主创新产品政府采购合同管理办法》,但由于多种原因,这四个文件均从2011年7月起被停止执行。

表1-6 "十一五"以来我国扩大创新产品需求的相关政策

政策领域	政策文件	出台时间
加大政府采购力度	《实施〈国家中长期科学和技术发展规划纲要（2006~2020年）〉的若干配套政策》	2006年2月
	《关于实施促进自主创新政府采购政策的若干意见》	2006年6月
	《自主创新产品政府首购和订购管理办法》	2007年12月
	《政府采购进口产品管理办法》	2007年12月
	《重大技术装备自主创新指导目录（2009年版）》	2009年12月
	《重大技术装备自主创新指导目录（2012年版）》	2012年1月
对采购创新产品实施税收优惠	《研发机构采购国产设备退税管理办法》	2011年12月

（七）构建技术创新服务体系

构建技术创新服务体系是建立健全国家创新体系的重要组成部分，也是提升企业创新能力的重要支撑。"十一五"以来，我国积极支持技术创新服务体系构建与发展，有效整合创新资源，降低创新成本，提高创新效率。推动技术创新服务体系发展的政策重点包括：

一是加快生产力促进中心发展。生产力促进中心是国家创新体系的重要组成部分，是社会主义市场经济条件下，深化科技体制改革、促进科技与经济紧密结合，推动企业尤其是中小企业技术创新的社会化科技中介服务机构。"十一五"以来，我国出台了一系列推动生产力促进中心发展的政策，包括：2006年11月，科技部发布了《生产力促进中心"十一五"发展规划纲要》，提出了"十一五"期间生产力促进中心发展的指导方针和发展目标、主要任务、支撑条件与保障措施。2007年7月，科技部下发了《国家级示范生产力促进中心认定和管理办法》，提出要推动生产力促进中心向专业化、规模化和规范化方向发展，并要求集中力量建设一批服务能力较强、服务特色鲜明、服务业绩显著的生产力促进中心，使其成为全国生产力促进中心的骨干力量。2007年10月，科技部出台了《国家级示范生产力促进中心绩效评价工作细则》，规范国家级示范生产力促进中心绩效评价工作，确保绩效评价工作科学、客观、公正和公开。2011年5月，科技部下发了《生产力促进中心服务产业集群、服务基层科技专项行动的实施意见》，要求围绕区域经济和基层科技发展的需求，发挥生产力促进中心作为科技服务业核心载体的作用，提升服务区域经济和科技事业发展的能力，推动我国生产力促进事业科学发展迈上新台阶。2011年6月，科技部发布了《生产力促进中心"十二五"发展规划纲要》，提出"十二五"时期生产力促进中心发展的指导思想、发展思路、总体目标、重点任务、支撑条件和保障措施。

二是实施科技服务体系火炬创新工程。2011年8月，科技部下发了《关于印发科技服务体系火炬创新工程实施方案试行并组织开展科技服务体系建设试点工作的通知》，以国家高新区、创新型产业集群为重点，组织实施"科技服务体系火炬创新工程"。为推动这一工程的实施，科技部将从加强组织领导、加大经费投入、深入推进改革和认真总结推广四个方面采取保障措施，每年开展一批科技服务体系建设试点。同时，鼓励在试点地区探索开展公共科技成果权属归属、知识产权质押、股权和分红激励等政策试点。根据《科技服务体系火炬创新工程实施方案（试行）》，"十二五"时期通过实施科技服务体系火炬创新工程将实现以下目标：在试点地区培育成长不少于100家的骨干科技服务机构，带动不少于1000家科技服务机构向试点地区集聚；在试点地区新建100个左右的科技创新公共服务平台；推动建设10家左右科技服务特色人才培养基地，培养100支科技服务创新团队和100名科技服务领军人才；推动不少于1000项的国家重大科技成果和重点项目转化落地，带动全国技术市场合同交易总额到"十二五"期末突破8000亿元；建成20家左右科技服务体系集聚区，实现集聚区的科技服务业产值占GDP比例显著提升。

三是加强公共服务平台建设。2010年4月，工信部、国家发展和改革委等七部门联合下发了《关于促进中小企业公共服务平台建设的指导意见》，对服务平台的含义和作用、建设的指导思想、建设原则、建设目标、服务平台的基本条件和发展要求、服务平台的主要功能、服务平台建设的保障措施进行了明确，特别是提出要充分发挥现有服务平台的作用，用三年时间，在中小企业集聚的区域和行业建立、充实和完善一批服务平台，满足中小企业发展需求；重点培育一批运作规范、支撑力强、业绩突出、信誉良好、公信度高的示范平台。完善政策措施，培育服务品牌，使服务平台的布局更加合理，特色更加突出，功能趋于完善，服务质量及企业满意度稳步提升，对中小企业持续健康发展的支撑作用明显增强。2010年5月，工信部下发了《国家中小企业公共服务示范平台管理暂行办法》，明确了示范平台的条件、工作程序和示范平台管理要求。2011年11月，财政部、工信部等四部门联合印发了《关于国家中小企业公共技术服务示范平台适用科技开发用品进口税收政策的通知》，明确提出对符合条件的国家中小企业公共服务示范平台中的技术类服务平台纳入现行科技开发用品进口税收优惠政策范围。2012年5月，工信部下发了《国家中小企业公共服务示范平台认定的管理办法》，进一步完善了示范平台的认定管理。

表 1-7 "十一五"以来我国扩大创新产品需求的相关政策

政策领域	政策文件	出台时间
加快生产力促进中心发展	《生产力促进中心"十一五"发展规划纲要》	2006年11月
	《国家级示范生产力促进中心认定和管理办法》	2007年7月
	《国家级示范生产力促进中心绩效评价工作细则》	2007年10月
	《生产力促进中心服务产业集群、服务基层科技专项行动的实施意见》	2011年5月
	《生产力促进中心"十二五"发展规划纲要》	2011年6月
实施科技服务体系火炬创新工程	《关于印发科技服务体系火炬创新工程实施方案试行并组织开展科技服务体系建设试点工作的通知》	2011年8月
加强公共服务平台建设	《关于促进中小企业公共服务平台建设的指导意见》	2010年4月
	《国家中小企业公共服务示范平台管理暂行办法》	2010年5月
	《关于国家中小企业公共技术服务示范平台适用科技开发用品进口税收政策的通知》	2011年11月
	《国家中小企业公共服务示范平台认定的管理办法》	2012年5月

(八) 加强知识产权创造和保护

创造和保护知识产权是提高创新层次、保护技术创新成果的重要体现和保障。"十一五"以来,在《实施〈国家中长期科学和技术发展规划纲要(2006~2020年)〉的若干配套政策》的总体指引下,我国针对性地出台了一系列知识产权创造和保护政策,全面加强了知识产权管理工作。具体来说:

一是加快掌握关键技术和重要产品的自主知识产权。2006年12月,原信息产业部、科技部和国家发展和改革委联合制定和发布了《我国信息产业拥有自主知识产权的关键技术和重要产品目录》,要求国家科技计划和建设投资将对列入目录的技术和产品的研制及产业化予以重点支持,对开发目录中技术和产品的企业在专利申请、标准制定、国际贸易和合作等方面予以支持。紧接着,科技部和国家知识产权局联合印发了《关于提高知识产权信息利用和服务能力 推进知识产权信息服务平台建设的若干意见》,要求充分认识知识产权信息对科技创新的重要作用,全面提高利用知识产权信息的意识和能力,大力发展知识产权信息服务队伍,加快推进知识产权信息服务平台建设,为自主知识产权的创造和市场开拓提供知识产权信息服务。

二是加强技术标准研究与制定。2007年1月,科技部、国家质检总局等四部门联合出台了《科技计划支持重要技术标准研究与应用的实施细则》,提出科技计划主管部门要将技术标准战略贯穿科技计划项目组织实施的全过程,通过科技计划项目的实施,带动相关重要技术标准的研究制定和试验验证,以及与重要技术标准研制相关的重要实验仪器设备、实验数据、计量、检验、检疫、检测设备与方法等的研究和改进。各类科技计划应根据本计划的目标与功能定位，按照分类指导的原则，有重点地支持能带动形成重要技术标准的相关关键技术研究开发与推广应用。

三是加强知识产权保护。2006年11月，科技部出台了《关于国际科技合作项目知识产权管理的暂行规定》，提出要进一步加强国际科学技术合作中的知识产权管理和保护，保障合作各方的知识产权权益，并明确了国际科技合作项目所涉及知识产权问题的处理原则和管理措施。2010年7月，科技部、国家发展和改革委等四部门下发了《国家科技重大专项知识产权管理暂行规定》，要求组织和参与重大专项实施的部门和单位应将知识产权管理纳入重大专项实施全过程，掌握知识产权动态，保护科技创新成果，明晰知识产权权利和义务，促进知识产权应用和扩散，全面提高知识产权创造、运用、保护和管理能力。2010年10月，国务院办公厅下发了《打击侵犯知识产权和制售假冒伪劣商品专项行动方案》，提出2010年10月至2011年3月在全国集中开展打击侵犯知识产权和制售假冒伪劣商品专项行动。2010年12月，科技部下发了《关于贯彻落实全国知识产权保护与执法工作会议精神 进一步加强科技创新知识产权工作的通知》，要求充分发挥知识产权制度对科技创新的保护和激励作用，积极配合相关部门开展专项行动，进一步强化科技工作的知识产权导向，提高各类科技创新主体的知识产权管理能力，积极营造有利于知识产权发展的良好环境。

表1-8 "十一五"以来我国加强知识产权创造和保护的相关政策

政策领域	政策文件	出台时间
综合性政策	《实施〈国家中长期科学和技术发展规划纲要（2006~2020年)〉的若干配套政策》	2006年2月
掌握关键技术和重要产品的自主知识产权	《我国信息产业拥有自主知识产权的关键技术和重要产品目录》	2006年12月
	《关于提高知识产权信息利用和服务能力 推进知识产权信息服务平台建设的若干意见》	2006年12月
加强技术标准研究与制定	《科技计划支持重要技术标准研究与应用的实施细则》	2007年1月
加强知识产权保护	《关于国际科技合作项目知识产权管理的暂行规定》	2006年11月
	《国家科技重大专项知识产权管理暂行规定》	2010年7月
	《打击侵犯知识产权和制售假冒伪劣商品专项行动方案》	2010年10月
	《关于贯彻落实全国知识产权保护与执法工作会议精神 进一步加强科技创新知识产权工作的通知》	2010年12月

（九）加强创新人才队伍建设

人才队伍是企业开展创新的智力基础，人才队伍建设是提升企业创新能力的核心内容。"十一五"以来，我国高度重视创新人才队伍建设，出台了一系列创新人才培养、引进、激励的相关政策，切实提升了企业的创新人才队伍水平。具体来说：

一是对创新人才队伍建设的总体规划和指引。2006年2月，国务院在下发的《实施〈国家中长期科学和技术发展规划纲要（2006~2020年）〉的若干配套政策》中对人才队伍建设做出了明确指引，要求加快培养一批高层次创新人才、结合重大项目的实施加强对创新人才的培养、支持企业培养和吸引创新人才、支持培养农村实用科技人才、积极引进海外优秀人才、改革和完善科研事业单位人事制度、建立有利于激励创新的人才评价和奖励制度。2011年7月，科技部、人力资源和社会保障部等七部门联合发布了《国家中长期科技人才发展规划（2010~2020年）》，明确了科技人才发展的指导思想、基本原则、目标与部署、主要任务、体制机制创新和政策措施，提出要造就一支具有原始创新能力的科学家队伍、重点建设优秀科技创新团队、造就一支具有国际竞争力的工程技术人才队伍、支持和培养一批中青年科技创新领军人才、重点扶持一批科技创新创业人才、重视建设科技管理与科技服务和科普等人才队伍、建设一批创新人才培养示范基地七大任务。

二是加强创新人才培养。2007年1月，科技部下发了《关于在重大项目实施中加强创新人才培养的暂行办法》，提出要通过重大项目的实施培养具有创新意识和创新能力的各类人才，重点包括具有世界前沿水平的战略科学家、高级工程技术人才、学术带头人和中青年高级专家等尖子人才。2007年6月，原人事部、教育部等五部门联合下发了《关于加强专业技术人员继续教育工作的意见》，要求以培养高层次创新型专业技术人才为重点，开展大规模的继续教育活动。2007年8月，教育部、国家发展和改革委等七部门联合出台了《关于进一步加强国家重点领域紧缺人才培养工作的意见》，提出要优先支持农业、林业、水利、气象、地质、矿业、石油天然气、核工业、软件、微电子、动漫、现代服务业等重点公益、基础研究和前沿技术领域以及新兴产业的紧缺人才培养。2010年4月，教育部和科技部联合下发了《高校学生科技创业实习基地认定办法（试行）》，以加强和规范高校学生科技创业实习基地的建设、运行和管理，进一步发挥高新技术产业开发区、大学科技园等园区在创新创业人才培养，以创业带动就业、促进区域经济发展方面的作用。

三是加强创新人才引进。首先是加强对高校毕业生的引进，包括：2009年2月，科技部、教育部等五部门联合下发了《关于鼓励科研项目单位吸纳和稳定高校毕业生就业的若干意见》；2010年3月，科技部、教育部和财政部联合印发了《关于进一步加强科研项目吸纳高校毕业生就业有关工作的通知》。其次是加强对

第一章　中国企业创新政策的现状评析

海外人才的引进，包括：2006年12月，海关总署出台了《中华人民共和国海关对高层次留学人才回国和海外科技专家来华工作进出境物品管理办法》，鼓励高层次留学人才回国和海外科技专家来华工作；2007年2月，原人事部、教育部等十六部门联合出台了《关于建立海外高层次留学人才回国工作绿色通道的意见》，积极为海外高层次留学人才回国创造良好条件以及积极为高层次留学人才提供出入境及居留便利；2007年3月，教育部下发了《关于进一步加强引进海外优秀留学人才工作的若干意见》，进一步加强高等学校、科研机构和留学人员创业园等国内用人单位引进海外优秀留学人才工作。

四是加强创新人才激励。2006年10月，财政部、国家发展和改革委等四部门联合出台了《关于企业实行自主创新激励分配制度的若干意见》，提出要维护企业及其研发人员的知识产权权益，改革和完善企业分配和激励机制。2010年2月，财政部和科技部联合印发了《中关村国家自主创新示范区企业股权和分红激励实施办法》，要求在中关村国家自主创新示范区实施企业股权和分红激励政策中，既要营造科技创新的政策环境，激发技术人员和经营管理人员开展创新和实施科技成果转化的积极性，又要依法维护国有资产权益，保障企业职工的合法权益，促进企业可持续健康发展。

表1-9　"十一五"以来我国加强创新人才队伍建设的相关政策

政策领域	政策文件	出台时间
对创新人才队伍建设的总体规划和指引	《实施〈国家中长期科学和技术发展规划纲要（2006~2020年）〉的若干配套政策》	2006年2月
	《国家中长期科技人才发展规划（2010~2020年）》	2011年7月
加强创新人才培养	《关于在重大项目实施中加强创新人才培养的暂行办法》	2007年1月
	《关于加强专业技术人员继续教育工作的意见》	2007年6月
	《关于进一步加强国家重点领域紧缺人才培养工作的意见》	2007年8月
	《高校学生科技创业实习基地认定办法（试行）》	2010年4月
加强创新人才引进	《中华人民共和国海关对高层次留学人才回国和海外科技专家来华工作进出境物品管理办法》	2006年12月
	《关于建立海外高层次留学人才回国工作绿色通道的意见》	2007年2月
	《关于进一步加强引进海外优秀留学人才工作的若干意见》	2007年3月
	《关于鼓励科研项目单位吸纳和稳定高校毕业生就业的若干意见》	2009年2月
	《关于进一步加强科研项目吸纳高校毕业生就业有关工作的通知》	2010年3月
加强创新人才激励	《关于企业实行自主创新激励分配制度的若干意见》	2006年10月
	《中关村国家自主创新示范区企业股权和分红激励实施办法》	2010年2月

（十）支持特定企业创新

"十一五"以来，我国出台了一系列政策支持中小企业、高新技术企业和创新型企业的创新活动，具体包括：

一是从支持中小企业的创新来看，2007年10月，国家发展和改革委、教育部等十二部门联合出台了《关于支持中小企业技术创新的若干政策》，提出要激励中小企业创新，加强投融资对中小企业技术创新的支持，建立中小企业技术创新服务体系。2011年8月，国家发展和改革委和科技部联合下发了《关于加快推进民营企业研发机构建设的实施意见》，提出要支持中小民营企业发展多种形式的研发机构。此外，我国还出台了多项支持科技型中小企业创新的政策措施，包括：2006年3月，科技部和国家开发银行联合发布了《科技型中小企业贷款平台建设指引》；2006年12月，财政部和国家税务总局联合印发了《关于纳税人向科技型中小企业技术创新基金捐赠有关所得税政策问题的通知》；2007年7月，财政部和科技部联合下发了《科技型中小企业创业投资引导基金管理暂行办法》；2009年5月，银监会和科技部联合出台了《关于进一步加大对科技型中小企业信贷支持的指导意见》；2011年5月，科技部下发了《关于进一步促进科技型中小企业创新发展的若干意见》。

二是从支持高新技术企业发展来看，首先是加强了高新技术企业和产品的认定与管理，相关的政策包括：2006年9月，科技部、财政部和国家税务总局共同编制了《中国高新技术产品目录2006》，涉及电子信息、现代交通、航空航天、先进制造、生物医药和医疗器械、新材料、新能源与节能、环境保护、地球空间与海洋、核应用技术、农业共11个领域；2008年4月和7月，科技部、财政部和国家税务总局联合分别下发了《高新技术企业认定管理办法》和《高新技术企业认定管理工作指引》，全面规范和加强对高新技术企业的认定管理；2011年3月，科技部、财政部和国家税务总局又联合印发了《关于完善中关村国家自主创新示范区高新技术企业认定管理试点工作的通知》，支持中关村国家创新示范区的高新技术企业认定管理试点工作。其次是加强对高新技术企业发展的信贷、金融支持，相关的政策包括：2006年12月，银监会出台了《关于商业银行改善和加强对高新技术企业金融服务的指导意见》，财政部下发了《关于进一步支持出口信用保险为高新技术企业提供服务的通知》，保监会和科技部联合印发了《关于加强和改善对高新技术企业保险服务有关问题的通知》；2007年5月，科技部和中国出口信用保险公司联合下发了《关于进一步发挥信用保险作用支持高新技术企业发展有关问题的通知》；2009年11月，科技部和中国银行联合印发了《关于科技部与中国银行加强合作促进高新技术产业发展的通知》。

三是从支持创新型企业发展来看，2006年4月，科技部、国资委和中华全国总工会联合印发了《关于开展创新型企业试点工作的通知》，决定选择一批在技术创新、品牌创新、体制机制创新、经营管理创新、理念和文化创新等方面成效突出的企业开展创新型企业试点；2007年6月，国家开发银行和科技部联合下发了《关于对创新型试点企业进行重点融资支持的通知》，提出通过开发性金融合作支持试点企业增强创新能力；2008年6月，科技部印发了《关于开展创新型企业评价工作的通知》，决定在试点基础上开展创新型企业评价工作。截止到2010年，科技部、国资委和中华全国总工会已经认定了四批550家国家级创新型试点企业，并在试点基础上评价命名了356家国家级创新型企业。

四是出台了适用于特定企业的一般性创新政策。2009年9月，工信部印发了《关于进一步加强技术创新工作的通知》；2011年10月，科技部、财政部等八部门联合下发了《关于促进科技和金融结合加快实施自主创新战略的若干意见》；2012年6月，科技部制定和出台了《科技部关于进一步鼓励和引导民间资本进入科技创新领域的意见》。

表1-10 "十一五"以来我国支持特定企业创新的相关政策

政策领域	政策文件	出台时间
支持中小企业的创新	《科技型中小企业贷款平台建设指引》	2006年3月
	《关于纳税人向科技型中小企业技术创新基金捐赠有关所得税政策问题的通知》	2006年12月
	《科技型中小企业创业投资引导基金管理暂行办法》	2007年7月
	《关于支持中小企业技术创新的若干政策》	2007年10月
	《关于进一步加大对科技型中小企业信贷支持的指导意见》	2009年5月
	《关于进一步促进科技型中小企业创新发展的若干意见》	2011年5月
	《关于加快推进民营企业研发机构建设的实施意见》	2011年8月
支持高新技术企业发展	《中国高新技术产品目录2006》	2006年9月
	《关于商业银行改善和加强对高新技术企业金融服务的指导意见》	2006年12月
	《关于进一步支持出口信用保险为高新技术企业提供服务的通知》	2006年12月
	《关于加强和改善对高新技术企业保险服务有关问题的通知》	2006年12月
	《关于进一步发挥信用保险作用支持高新技术企业发展有关问题的通知》	2007年5月
	《高新技术企业认定管理办法》	2008年4月
	《高新技术企业认定管理工作指引》	2008年7月
	《关于科技部与中国银行加强合作促进高新技术产业发展的通知》	2009年11月
	《关于完善中关村国家自主创新示范区高新技术企业认定管理试点工作的通知》	2011年3月

续表

政策领域	政策文件	出台时间
支持创新型企业发展	《关于开展创新型企业试点工作的通知》	2006年4月
	《关于对创新型试点企业进行重点融资支持的通知》	2007年6月
	《关于开展创新型企业评价工作的通知》	2008年6月
适用于特定企业的一般性创新政策	《关于进一步加强技术创新工作的通知》	2009年9月
	《关于促进科技和金融结合加快实施自主创新战略的若干意见》	2011年10月
	《科技部关于进一步鼓励和引导民间资本进入科技创新领域的意见》	2012年6月

三、中国企业创新政策特征分析

"十一五"以来，我国出台和实施的企业创新政策呈现出六个方面的明显特征：政策设计系统化、政策主线明确化、政策手段多元化、政策视野国内化、政策出台多门化和政策执行偏颇化。

（一）政策设计系统化

"十一五"以来，我国不仅对企业创新政策进行了顶层设计，而且在顶层设计之下系统地出台了相关的配套政策。首先，国务院颁布的《国家中长期科学和技术发展规划纲要（2006~2020年）》和《中共中央国务院关于实施科技规划纲要增强自主创新能力的决定》是我国推动企业创新的总纲，实现了对我国企业创新政策的顶层设计。可以说，"十一五"以来的所有企业创新政策的出台，都是以这两个文件为指引的。其次，国务院发布的《实施〈国家中长期科学和技术发展规划纲要（2006~2020年）〉的若干配套政策》包含了100多个细则文件，基本上构建了推动企业创新的政策体系。之后，我国又针对企业自主创新出台了产学研机制、政府采购政策、财政投入政策、法律法规政策、税收政策、社会化服务政策和人才政策等针对性的激励政策，由此使得我国企业创新政策变得更加系统化和体系化。

（二）政策主线明确化

尽管"十一五"以来我国出台了大量推动企业创新的政策文件，这些政策文件的关注重点涉及加强技术创新平台建设、开发关键和共性技术、推动产业技术创新战略联盟发展、促进技术创新成果转化、扩大创新产品需求、构建技术创新服务体系、加强知识产权创造和保护、加强创新人才队伍建设以及支持特定企业创新等多个方面，政策工具也包含产学研机制、政府采购政策、财政投入政策、法律法规政策、税收政策、社会化服务政策和人才政策等多种形式，但深入分析可以发现，这些政策文件始终围绕着一条主线，即建立以企业为主体、市场为导向、产学研相结合的技术创新体系为主线。实际上，"十一五"以来推动企业创新的多数政策都是着眼于支持鼓励企业成为技术创新主体，并把提升企业创新能力作为政策制定和实施的基本出发点。

（三）政策手段多元化

"十一五"以来，我国推动企业创新的政策手段更加多元化，主要包括：一是间接诱导手段，我国的创新激励政策经常包括政府投资、财政补贴、税收减免等财政政策，贷款优惠、拓展融资渠道等金融政策，保护关税、关税减免等外贸政策；二是直接干预手段，近些年我国企业创新政策开始采用市场准入、项目审批、目录指导等手段，特别是目录指导往往运用较多的政策手段，比如2006年9月发布的《中国高新技术产品目录2006》、2006年12月发布的《我国信息产业拥有自主知识产权的关键技术和重要产品目录》、2009年12月发布的《重大技术装备自主创新指导目录（2009年版）》、2012年1月发布的《重大技术装备自主创新指导目录（2012年版）》；三是信息指导手段，主要是政府利用所掌握的信息进行政策引导，比如2007年1月发布的《当前优先发展的高技术产业化重点领域指南（2007年度）》，就是政府为企业发展高技术产业化重点领域提供了信息指导；四是法律规则，主要是以立法的方式来保障预定产业目标的实现，比如《政府采购法》和《促进科技成果转化法》就是通过法律的手段来促进企业创新产品的政府采购和技术创新成果的产业化、商业化。

（四）政策视野国内化

虽然我国在企业创新政策制定和实施中一直强调尊重国际规则，尤其是世界贸易组织贸易规则，但在实际操作过程中却往往呈现出过于"国内化"的狭隘视野，核心体现是一些企业创新政策未能适应国际竞争需要，并面临着强大的国际压力。比如，2007年4月，财政部同时下发了《自主创新产品政府采购预算管理办法》、《自主创新产品政府采购评审办法》和《自主创新产品政府采购合同管理办法》三个政府采购企业自主创新产品的政策文件，但却受到了国外政府和企业的强烈攻击和反对，这使得财政部在2011年6月不得不下发《关于停止执行〈自主创新产品政府采购预算管理办法〉等三个文件的通知》。

中国企业创新政策研究

（五）政策出台多门化

由于我国创新宏观管理体制所决定，企业创新政策经常出现"政出多门"现象，缺乏统筹协调的机构和机制，创新政策制定主体之间、政府科技管理部门之间存在"权力竞争"和"利益冲突"，由此使得决策机制分散化问题突出，造成部门创新政策交叉重复、相互矛盾、缺乏连贯性。有些创新政策属于阶段性政策，随着改革的不断深入，社会和经济目标不断发展变化，创新政策不连贯或衔接不上，成为制约我国社会和经济高速发展的负面原因。

（六）政策执行偏颇化

由于我国的企业创新政策大部分是在一定历史时期、针对特定的问题制定的政策体系，具有一定的历史适用性和区域适用性，在执行中并不是百分之百正确或有效，在有些部门、区域或单位出现"政策失灵"现象，突出的表现包括：一些部门、地区和单位由于局部利益的问题而采取"上有政策、下有对策"的态度，使得相关的创新政策在实际中落空；一些部门、地区和单位不对政策进行认真研究和消化，采取盲目执行的方式，使得相关的创新政策在实际落实中出现偏差；有的政策执行者还视创新政策内容对局部利益的影响而取舍，对本部门本地区有利的就执行，不利的就不积极执行，或者执行不到位。这些对国家创新政策执行的抵触、僵化、滞后、打折扣等问题严重影响了创新政策的实际效果。

四、中国企业创新政策效果评估

"十一五"以来我国出台的一系列企业创新政策，一方面是发挥了政策的引导和激励作用，大大促进了我国企业创新能力的提升；另一方面则是政策体系本身仍然有诸多待完善之处，政策效果的显现尚不充分。

（一）技术创新投入主体地位进一步强化，但基础研究投入严重不足

在一系列创新激励政策的作用下，我国企业逐渐代替科研机构和高等院校成为研发活动和技术创新的主体。特别是，"十一五"以来，我国企业的技术创新投入不断增加，技术创新投入主体地位进一步强化。2010年，企业研发经费支出达到5185.5亿元，较"十五"末增长2.1倍，年平均增长42%，占全社会的研

发经费支出的比重达到73.42%，较"十五"末增加5.1个百分点；企业研发人员全时当量达到187.39万人年，较"十五"末增长了1.12倍，年平均增长22.43%，占全社会研发人员全时当量的比重达到73.38%，较"十五"末增加了8.67个百分点。2010年，我国企业研发人员数达到243.3万人，占全社会研发人员的比重为68.68%。

表1-11 我国企业研发投入规模情况

年份	企业研发经费（亿元）	企业研发经费占全社会比重（%）	企业研发人员全时当量（万人·年）	企业研发人员全时当量占全社会比重（%）
2005	1673.8	68.32	88.31	64.71
2006	2134.5	71.08	98.78	65.75
2007	2681.9	72.28	118.68	68.36
2008	3381.7	73.26	139.59	71.02
2009	4248.6	73.23	164.75	71.90
2010	5185.5	73.42	187.39	73.38

数据来源：《中国科技统计年鉴（2010）》、《中国科技统计年鉴（2011）》。

进一步来看，研发活动主要包括基础研究、应用研究和试验发展三种类型。三者是具有紧密联系的有机体：基础研究为应用研究和试验发展提供理论基础；应用研究将基础研究得来的理论知识转化为实用技术；试验发展则将应用研究的成果进行产品化和商业化，并获取创新收益。要提高研发活动的整体效率，必须使三者均衡发展、协调配合，才能产生"1+1＞2"的协同效应。从我国来看，我国基础研究占研发经费支出的比重非常小，且呈现逐渐下降趋势，2010年这一比重仅为4.59%（见表1-12）。而从企业来看，企业的基础研究占研发经费支出比重更小，2010年仅仅为0.08%。然而，从国际上来看，美国、法国、意大利、日本、英国、韩国在2008年的基础研究占研发经费的比重就达到17.4%、25.4%、27%、8.8%、

表1-12 我国研发经费支出的结构情况

单位：%

年份	基础研究占研发经费支出比重	应用研究占研发经费支出比重	试验发展占研发经费支出比重
2005	5.36	17.70	76.95
2006	5.19	16.28	78.53
2007	4.70	13.29	82.01
2008	4.78	12.46	82.76
2009	4.66	12.60	82.75
2010	4.59	12.66	82.75

数据来源：《中国科技统计年鉴（2011）》。

13.4%和16.1%，俄罗斯在2009年的基础研究占研发经费的比重达到21%。由此可见，与发达国家相比，中国整体对基础研究的重视程度严重不足。

（二）创新产出能力持续提升，但发明专利申请通过率过低

专利是企业创新的重要产出成果，是企业创新能力的重要标志。"十一五"以来，在国家推动企业创新的激励政策作用下，我国企业在国内外的专利申请数、授权数和有效数均保持快速增长。2010年，我国企业国内外三种专利申请受理数、申请授权数和有效数分别54万件、35.9万件和88.4万件，较2006年分别增长2.2倍、3.7倍和3.3倍；其中发明专利申请受理数和申请授权数分别为15.5万件和4万件，较"十五"末分别增长2.8倍和4.1倍，实用新型专利申请受理数和申请授权数分别为21.2万件和18.3万件，较"十五"末分别增长4.3倍和6.4倍，外观设计专利申请受理数和申请授权数分别为17.3万件和13.6万件，较"十五"末分别增长2.6倍和4.1倍（见表1-13）。

表1-13 我国企业专利受理、授权和有效情况

年份	国内外三种专利申请受理数	国内外三种专利申请授权数	国内外三种专利有效数
2005	127397	59113	—
2006	166874	76379	205677
2007	223472	108817	260291
2008	295510	138537	398763
2009	394299	218321	555157
2010	540000	359018	884480

数据来源：《中国科技统计年鉴（2011）》。

进一步分析来看，我国企业在三类专利上的申请成功率是不尽相同的，其中发明专利的申请成功率较低，2010年只有25.91%，远远低于实用新型专利和外观设计专利申请成功率，2010年后两者分别达到86.42%和78.27%（见表1-14）。

表1-14 我国企业专利申请成功率情况

单位：%

年份	发明专利申请成功率	实用新型专利申请成功率	外观设计专利申请成功率
2005	19.19	62.41	56.06
2006	16.71	70.84	52.07
2007	17.39	84.35	49.32
2008	23.52	76.87	42.21
2009	27.20	64.63	70.67
2010	25.91	86.42	78.27

数据来源：《中国科技统计年鉴（2011）》。

(三) 取得多项重大技术成果和突破，但核心技术受制于人的局面未得到根本改变

"十一五"以来，我国全面加强了对企业突破重大技术成果的激励，取得了显著成效。一批企业加大技术研发投入力度，在产业链内外广泛建立合作伙伴关系，取得了多项重大技术突破，并且达到了国际先进、国内领先的水平。2010年，我国企业获得重大科技成果数达到16704件，较"十五"末增长44.94%，占全社会重大科技成果数的比重达到39.67%，较"十五"末增加4.05个百分点（见表1-15）。此外，一些企业不仅通过申请专利掌握了核心技术的自主知识产权，同时还参与到行业标准甚至国际技术标准的制定当中，开始抢占创新的制高点。比如，TD-SCDMA是由我国提出的第三代移动通信（3G）国际标准，2000年5月，TD-SCDMA正式成为国际电信联盟（ITU）确定的第三代移动通信标准之一，从而实现了在通信标准领域的一个突破，标志着我国电信技术水平迈入了一个新阶段。在此基础上，2009年10月，我国提交的TD-LTE-Advanced技术标准又成功入选4G国际标准，成为我国通信技术创新的又一里程碑。2008年4月，我国国产首列时速350公里CRH3"和谐号"动车组列车在中国北车唐车公司成功下线，标志着我国成为世界上仅有的几个能制造时速350公里高速铁路移动装备的国家之一。2010年7月，我国国内自主研发的技术最先进、目前容量最大的风力发电机组——3.6MW大型海上风机，在上海电气临港重装备基地成功下线。这标志着中国掌握了大容量风电机组设计核心技术，填补了国内海上风机独立研制的空白。

表1-15 我国企业专利申请成功率情况

年份	企业获得重大科技成果数量（件）	企业获得重大科技成果数占全社会比重（%）
2005	11525	35.62
2006	11918	35.42
2007	12220	35.76
2008	13301	36.98
2009	14345	37.08
2010	16704	39.67

数据来源：《中国科技统计年鉴（2011）》。

然而，我国核心技术受制于人的局面并未能得到根本改变。国家外汇管理局的统计数据显示，2006年我国向海外支付专有权利使用费和特许费66.3亿美元，2011年增长至147亿美元，是2006年的2.22倍；而2011年我国从海外获得专

有权利使用费和特许费仅为 7 亿美元,仅为支出的 4.76%。尤其是在一些行业,产业核心基础薄弱、关键技术和元器件受制于人的现象非常突出,产业应对外部冲击能力差的问题日趋明显。比如电子信息制造业,2009 年,我国进口集成电路 1199.05 亿美元,进口液晶面板 349.81 亿美元。集成电路产品贸易逆差逐年扩大,从 2000 年的 86 亿美元,增加到 2010 年超过 1000 亿美元,连续 7 年成为我国第一大宗进口商品。产业核心基础薄弱、关键技术和元器件受制于人不但使得我国电子信息制造业应对外部冲击的能力较差,而且严重威胁到产业发展的安全,2009 年国内企业面临液晶面板供应紧张就是一个突出的例证。究其原因主要有三个方面:一是我国企业创新能力不够,为适应产业发展需要不得不引进国外技术,从而形成核心技术受制于人的局面;二是"重引进、轻消化"的问题依然存在;三是虽然我国在某些产业核心技术上获得"点"的突破,但整个产业链条上的企业未形成合力,离"面"的突破还有相当距离。

(四)高技术产业发展势头良好,但高技术企业的研发活动地位不突出

高技术产业发展程度是一个国家企业创新能力的重要衡量指标。"十一五"以来,在一系列促进政策的作用下,我国高技术产业发展十分迅猛,呈现良好的发展势头。2010 年,我国高技术产业实现总产值 74709 亿元,较"十五"末增长 1.17 倍,年均增长 23.48%;实现主营业务收入 74483 亿元,较"十五"末增长 1.2 倍,年均增长 23.91%;实现利润 4880 亿元,较"十五"末增长 2.43 倍,年均增长 48.57%;出口交货值达到 37002 亿元,较"十五"末增长 1.1 倍,年均增长 21.96%(见表 1-16)。

表 1-16 我国高技术产业发展情况

单位:亿元

年份	总产值	主营业务收入	利润	出口交货值
2005	34367	33922	1423	17636
2006	41996	41585	1777	23476
2007	50461	49714	2396	28423
2008	57087	55729	2725	31504
2009	60430	59567	3279	29435
2010	74709	74483	4880	37002

数据来源:《中国科技统计年鉴(2011)》。

深入分析我国高技术产业发展可以发现，与发达国家相比，我国的高技术企业在全部企业研发活动中的地位并不突出。2010年，在我国企业研发经费总额中，高技术产业研发经费只占18.66%，较"十五"末期下降2.99个百分点。而且，这一比例远低于主要发达国家及新兴工业化国家（地区）的水平，这些国家（地区）企业研发经费总额中高技术制造业研发经费所占比重都在30%以上，其中英国、美国和法国超过了40%，韩国高达53.8%，而最高的中国台湾甚至达到了72.3%。

（五）合作创新取得重要进展，但产学研合作研发仍有待加强

"十一五"以来，我国高度重视合作创新对提升企业创新能力的作用，在一系列政策的推动下，合作创新取得了显著进展。从2010年至今，我国已经选择131个联盟开展产业技术创新战略联盟试点工作，产业技术创新战略联盟发展十分迅速，对于构建产业技术创新平台、推动创新资源整合、加强不同主体的合作创新起到非常重要的作用。然而，与发达国家相比，我国产学研合作研发力度还不够，仍有待加强。2010年，我国企业在开展研发项目上的经费支出为681.5亿元，按项目合作形式分，企业独立完成的项目经费占76.17%，与国内高校合作的项目经费占4.05%，与国内独立研究机构合作的项目经费占12.09%，与境内注册的外商独资企业合作的项目经费占0.03%，与境内注册的其他企业合作的项目经费占2.69%，与境外机构合作的项目经费占0.77%，其他合作形式的项目经费占4.20%（见表1-17）。

表1-17 我国企业研发项目经费按合作形式的分布情况

单位：%

年份	与境外机构合作	与国内高校合作	与国内独立研究机构合作	与境内注册的外商独资企业合作	与境内注册的其他企业合作	独立完成	其他
2006	0.51	2.24	8.18	0.01	1.29	83.79	3.97
2007	0.89	2.63	9.54	0.03	2.37	79.64	4.90
2008	0.82	2.40	9.13	0.03	2.62	80.96	4.04
2009	0.87	3.49	10.90	0.02	2.85	76.98	4.89
2010	0.77	4.05	12.09	0.03	2.69	76.17	4.20

数据来源：《中国科技统计年鉴（2011）》。

主要参考文献

1. 白霞. 企业自主创新的政策体系研究——以陕西企业为例［D］. 西安理工大学硕士学位论文，2007.
2. 赵筱媛，苏竣. 基于政策工具的公共科技政策分析框架研究［J］. 科学学研究，2007（2）.

3. 黄速建，王欣."十一五"时期中国工业企业研发状况与问题分析［J］.经济与管理研究，2011（4）.

4. 许勤.自主创新政策初见成效，创新型国家建设任重道远［J］.中国经贸导刊，2008（5）.

5. 程萍.我国科技政策存在的八大问题［N］.学习时报，2009-12-28.

第二章 共性技术平台政策研究

对于中国这样一个工业部门完整、区域差异显著的发展中大国，共性技术平台必然是一个包含多层次、多维度内容的技术创新基础设施概念，即共性技术平台既包含国家层面的、旨在前沿共性技术突破的公共平台，也包含区域性的、旨在解决本地区特定共性技术问题的公共平台；在区域层面，由于省、市、县在技术资源、经济规模和产业结构方面的差异性，因而不同行政区域其共性技术供给的组织方式也存在差异。为了提高理论分析的自洽性和一致性，本章在部分牺牲共性技术平台问题一般性的前提下，重点探讨区域层面共性技术供给的组织方式和政策安排。在对各种区域共性技术供给模式进行比较制度分析的基础上，本章试图探索性地回答以下问题：政府在共性技术创新中的功能是什么？与这些功能相适应，最优的制度和政策安排具有哪些特征？如何对这些不同的共性技术供给组织方式和政策安排做出效率判断？本章的结构安排如下：第一部分探讨共性技术和地区可持续发展的关系问题；第二部分分析导致区域共性技术供给不足的市场性因素和系统性因素；第三部分对四种常见的区域共性技术供给机制进行比较制度分析；第四部分从六个不同的效率维度对四种供给机制做出规范判断；最后提出本章的政策含义和政策建议。

一、区域"创新近视症"与共性技术供给不足

我国的区域"创新近视症"主要表现为企业针对未来市场需求的、相对于本地区原有主导技术具有重大突破的下一代技术投资和供给不足。区域内企业的产品创新活动基本上是模仿或简单改进既有的主导技术，通过创新不断推出新产品，从而把握和引导市场需求的能力不足；企业的工艺技术创新主要是对生产设备进行改造或"交钥匙工程"形式的设备引进，与设备供应商的合作创新以及通过现场管理水平和技能提升提高产品质量的能力不足。即便部分区域中有少数技术领先企业有意愿、有能力从事长期性研发项目的投资，但由于知识产权保护不

力和其他企业技术吸收能力弱等问题，其研发成果和创新效应也很难带动区域整体的研发强度提高和创新能力提升，因而这些企业的长期性的研发投资和创新也很难转化为区域的"集体性"学习活动。造成区域"创新近视症"的因素是多方面的，除了中国的市场需求环境特征、知识产权环境、企业家的战略抱负水平、分散化的市场结构等因素外，造成区域企业长期性研发投资不足的技术性因素，一方面是从创新收益的角度看，由于空间上的接近以及由此形成的技术人员快速流动，加之区域内企业间各种形式的、活跃的非正式互动，使得新的产品或工艺技术在区域内快速地、低成本地扩散，从而大大降低了企业突破式创新的预期收益，损害了企业长期性研发投资的积极性，企业将更多的研发资源投向"短平快"的研发项目和非技术性项目；另一方面，更重要的是，从创新的成本看，长期性研发投资的规模和风险大，而区域中企业的生产规模小，外部融资成本高，承担技术投资风险的能力弱。因此，在既有的制度环境下，解决中国区域"创新近视症"的区域创新政策，一方面要通过加强资金补贴和奖励、加强知识产权保护等收益性机制提高企业的长期性研发投资的预期收益；另一方面，要通过加强技术基础设施建设，大幅降低企业技术创新的成本和风险。共性技术是区域技术基础设施建设的重要内容，是缩短创新周期、提高研发效率、强化技术储备、提高可持续发展能力的重要条件。

共性技术是工业应用性技术开发的技术基础，共性技术的功能在于以概念模型或实验室产品原型的形式为后续的、具有直接市场应用价值的工业开发提供技术上的可行性（Tassey 等，1997）。相对于知识系统中的科学和企业的专有技术（proprietary technology）等其他知识构件，共性技术的规定性主要表现在以下三个方面：①相对于科学，共性技术首先属于工业技术的范畴，即虽然共性技术以技术原理为基础，但共性技术具有明确的市场应用导向，因此，不同于科学生产过程的新奇驱动，共性技术研发具有鲜明的任务导向性（贺俊，2010）。②相对于企业的专有技术，共性技术具有更加广泛的应用性、因而更强的外部性——共性技术的社会价值远远高于创新者的私人价值，这要求共性技术要易于扩散，有利于技术扩散的一个重要条件是技术本身属于可解码知识，而专有技术则常常以"隐含知识"的形式存在于组织中。③共性技术具有预见性和未来性，共性技术是解决制约面向下一代工业应用技术开发的基础性技术，因此，共性技术的主要物质载体是概念模型或产品原型，而不是可以直接商业化的、成熟的产品或工艺。可见，共性技术的应用性使其有别于科学，而公共性和未来性使其有别于一般的企业专有技术,这三方面的特点决定了在一般的知识进步的线性模型中,①共性技术处于科学和技术中间的位置,是科学向技术转化的一个重要阶段,它与科学和技术都会发生积极的互动和反馈。

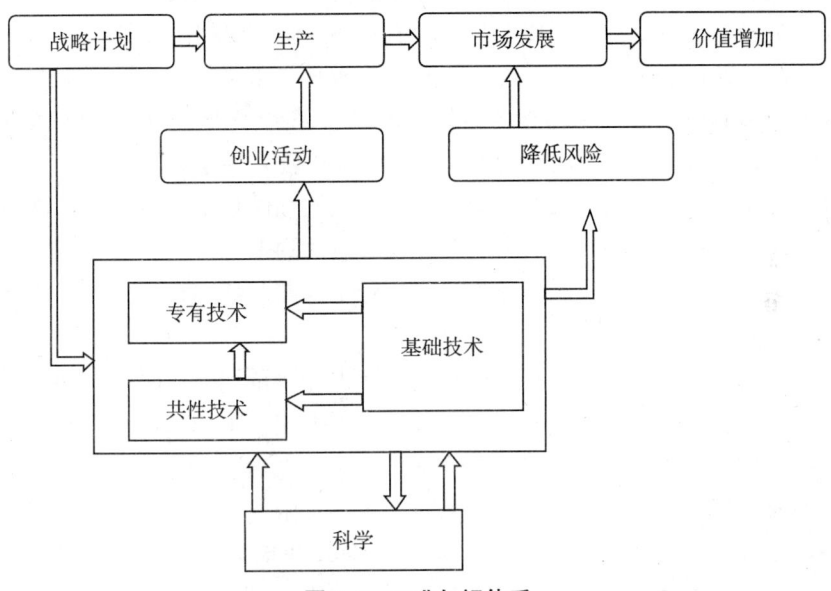

图 2-1 工业知识体系

资料来源:Tassey, Gregory. Underinvestment in Public Good Technologies [J]. Journal of Technology Transfer, 2005, 30, 89–113.

共性技术,也称为技术平台,是区域工业竞争优势的基础,形成共性技术供给机制是区域可持续发展能力的重要内容。首先,共性技术是促进形成区域产业链优势的重要来源。共性技术不仅直接降低企业专有技术的研发风险、缩短企业专有技术的研发周期,促进企业的技术开发,从而为本地区直接创造更多的经济价值,而且可以通过"水平多元化效应"和"垂直应用效应"降低相关技术的研发成本和风险,带动相关技术和产业的发展,增强区域产业链的整体竞争优势。这方面的经典案例是 20 世纪 80 年代日本电子工业的发展。日本企业在掌握了动态随机存取存储共性技术后,一方面,通过与其他半导体技术的融合带动了相关半导体设备的发展;另一方面,由于半导体技术和产品的开发和应用,又带动了日本消费电子等下游工业的发展;以共性技术创新能力提升为基础的新技术群和新产品群的开发促进形成了日本在电子产业链的整体优势,是日本在短时期内赶

---

① 对于"二元知识"而言,科学的生产和技术的生产是同一个过程,因而不存在转化的问题,这种创新现象在半导体、生物等以科学为基础的技术和产业领域表现突出。

超美国成为电子强国的主要原因。其次，共性技术是区域持续发展的基础。由于区域内企业之间的激励竞争，企业往往将有限的技术资源配置到解决当前产品生命周期内的技术问题研发上，对于下一代产品和技术的储备不足，因而可能出现区域作为一个群体被既有技术路径和轨道锁定的现象。共性技术是面向未来的技术基础，能够降低企业下一代技术开发的成本和风险，吸引更多的企业参与下一代技术开发，提高企业提高下一代产品开发的激励和研发强度，从而帮助企业把握技术生命周期更迭过程中出现的"机会窗口"，降低区域被既有技术锁定的可能性，提高区域内企业和区域作为整体的动态适应性。由于共性技术对于区域竞争优势和持续发展能力的基础性作用，加强区域的共性技术供给能力，推动共性技术在企业的扩散，促进共性技术和企业专有技术的融合，从而最大可能地发挥共性技术的规模经济效应和范围经济效应，对于区域、特别是高技术产业集群的发展具有重要的意义。

为什么区域自身应当掌握共性技术创新能力和协调能力，而不是主要通过从外部获取共性技术来满足本地的技术需求？这是因为：①从区域外部的大学和科研院所获取共性技术的信息成本和服务成本高，技术服务缺乏针对性和连续性，加之我国大学和科研院所在体制上的缺陷，其技术服务内容和服务方式常常不能很好满足企业的技术需求。根据世界银行对浙江和重庆等地工业企业的一项调研，对于高校或科研院所的技术合同执行情况，有16.3%的企业认为很差或不太好，高达48.1%的企业认为还算可以，仅有33.5%的企业认为合同执行良好或优秀；对于高校或科研院所的技术服务质量，12.3%的企业认为很差或不太好，高达59.0%的企业认为还算可以，仅有28.5%的企业认为服务质量为良好或优秀（张春霖等，2009）。②即便共性技术可以从区域外部的企业或科研院所有效引进和吸收，但共性技术能力是无法在区域间移植的，共性技术开发能力和协调能力是本地企业和公共研究机构在共性技术开发和互动过程中逐渐累积的，共性技术能力是嵌入在区域创新网络中的。③地理空间上的接近是影响技术应用和扩散效率的重要因素，由于地理接近大大降低了技术在区域主体间流动和交流的成本，因而区域内部主体间的技术消化和吸收要较区域间的技术消化和吸收更有效率。④为了更好地吸收外部的技术知识，区域内的创新主体也应当具备一定的内部研发能力，区域内部的共性技术研发能力与共性技术外部获取的效果是相互增强和战略互补的。⑤最主要的，在以中小企业为主体的集群中，由于中小企业很难直接介入国家层面的创新基础设施，以区域创新系统为依托的、本地技术能力的形成显得尤为重要。这些因素决定了地区必须发展出本地的共性技术供给能力和协调能力。

二、区域共性技术供给不足的根源

作为知识产品,共性技术与专有技术一样面临所谓的"披露困境"(dilemma of disclosure)问题,即当创新者准备将新技术出售时,潜在购买者对技术的估价依赖于他对技术知识的了解,因为潜在购买者如果不了解新技术相当于他甚至不知道自己将要购买的是何物,然而一旦创新者将技术知识告诉购买者,则由于知识消费的非排他性,获得了技术知识的购买者实际上已经无需支付(Arrow,1962)。"披露困境"会导致技术市场失败,因而损害企业的技术投资激励。除了一般知识产品共有的经济属性外,与企业专有技术相比,共性技术应用市场的未来性和研发过程的高度不确定性决定了共性技术研发会面临更加严重的市场失败。首先,共性技术属于基础性技术,具有显著的系统性和复杂性,即共性技术研发往往涉及多学科和多技术的综合应用,单个企业很难掌握共性技术研发所需要的所有科学和技术能力,因而共性技术研发具有更高的技术不确定性。其次,与企业专有技术相比,将共性技术转化为可以直接在市场出售的产品或服务还需要后续的应用性研发投资和制造、营销、服务等互补性资产,这种情况降低了先行者成为最终市场成功者的概率,因而共性技术研发具有更高的市场不确定性。再次,共性技术研发具有"资本密集型"的特点,企业往往没有足够的资金实力进入如此大规模的沉没性研发投资。最后,共性技术是面向下一代产品的长期性研发投资,因而需要更加"耐心"的资本,绝大多数企业特别是中小企业很难承担如此长的投资回收期,因而共性技术研发具有更高的融资成本。

导致区域中共性技术供给不足的原因,既有新古典经济学意义上由于激励不足和信息不对称导致的"市场失灵"(market failure)问题,更有结构性和制度性的"创新系统失灵"(innovation system failure)问题。按照Woolthuis等学者系统失灵的归纳,导致区域共性技术供给不足的系统失灵因素包括:①基础设施失灵。由于共性技术研发的正外部性强、投资规模大、建设周期长,企业预期的投资回报率较低,私人部门通常对这些领域投资不足,需要政府行使公共服务职能直接进行共性技术的生产甚至供给。②制度失灵。地区中可能存在各种正式或非正式的制度阻碍共性技术的投资。正式的制度因素如知识产权保护的不力,非正式制度因素如企业的创业意识不强、创新精神不足等。③交互失灵。包括负交互失灵和正交互失灵。前者是指区域中的企业形成了局部小团体,内部交互过强且缺乏与外界的知识、技术、信息交流,造成区域内企业的集体短视或对团体内主导合作伙伴过分依赖而满足现状，缺乏技术创新的动力，形成既有技术路径的锁定；后者是指区域内的企业互动不足，阻碍了主体间通过交互式学习获得新技术和互补性知识。④能力失灵。指区域企业在设计、研发、检测、技术诊断等技术创新关键环节不具备自主实现的能力，导致"锁定"在原有的技术水平上而无法跃迁至新的技术轨道（Woolthuis 等，2005）。

由于在空间、规模和技术等方面的特点，区域创新系统中共性技术供给不足的问题对于为数众多的中小企业或以中小企业为主体的区域/集群更为突出：①我国"潮涌式"的产业进入方式形成了大量竞争战略相仿、技术水平接近的企业，这些企业更倾向于将有限的资金和技术资源配置到更加紧迫的、改进型的技术创新项目，而不是面向未来的突破性创新——即便是相对于企业自身原有技术水平的突破性创新。②区域内的地理接近特点强化了技术人员流动、产品模仿和设备跟进等有利于技术扩散的因素的作用，快速的技术扩散大大降低了集群中企业技术创新的可收益性，损害了企业进行技术创新的激励。③中小企业生产规模小，研发投资又具有沉没性，在这种情况下，如果企业只能通过内部生产来商业化新技术，而无法通过技术许可等技术交易方式利用其他企业的生产能力和营销能力，则无论是工艺创新还是产品创新，都无法享受到研发规模经济的好处。④由于中小企业的业务范围和产品线窄，掌握的核心技术少，既有技术与新技术形成互补作用的可能性小，因此研发投资的范围经济效应不显著。⑤由于知识资产具有不可抵押性，且中小企业缺乏其他可抵押资产，因此中小企业通过外部融资解决研发融资的成本高，加之中小企业能够用于研发投资的内部资金有限，而技术投资的不可分性使得技术投资具有不同程度的"门槛"效应，因此中小企业往往缺乏能够支持有效研发的必要金融资源。⑥相应地，中小企业也很难像大企业那样通过大规模的研发投资和构建技术组合来降低新技术研发的风险。⑦由于绝大多数的中小企业发展时间短，累积的技术资产少，技术创新能力弱，技术创新的预期成功概率低。⑧共性技术正式研发往往需要大规模的、正式的投资活动支持，而中小企业往往倾向于采用人力资源管理、团队工作、外部技术获取和合作创新等"管理活动"来替代正式的内部研发活动（Rammer 等，2009）。

三、共性技术供给的网络结构和机制

针对导致区域共性技术供给不足的市场失灵和系统失灵因素，可能有不同的制度安排作为解决问题的机制。例如，可以由区域中的主导企业作为共性技术的

第二章 共性技术平台政策研究

生产者和供给者,可以由区域中的部分企业组成技术联盟共同进行共性技术的生产和供给,可以由政府组织专门的、公共性的共性技术平台直接进行共性技术生产和供给,也可以委托研发或者购买区域外部科技机构(科研院所或企业)研发的技术成果。这些制度安排中,有的更靠近市场机制,如区域技术联盟方式;有的更靠近行政机制,如公共性技术平台方式。但无论哪种制度安排,由于存在市场失灵和系统失灵因素,一定都需要某种形式的政府参与(见表2-1)。

表 2-1 技术创新政策的类型

政策分类	政策设计	典型政策工具
供给方面的政策	1. 水平性补贴(horizontal subsidies)	税收抵免
	2. 主题基金(thematic funding)	专门性的项目资助
	3. 信号战略(signaling strategy)	有关新兴技术的培训项目
	4. 保护主义措施(protectionist measures)	对进口替代技术设置(非)关税壁垒
	5. 金融措施(financial measures)	发展风险资本市场
互补性因素的供给	6. 劳动供给(labor supply)	提高科学、工程领域的教育质量
	7. 技术获取政策(technology acquisition)	政府对国外技术许可的直接参与
需求方面的政策	8. 技术应用补贴(adoption subsidies)	首台//套政策优惠
	9. 信息扩散政策(information diffusion policy)	有关技术应用的培训和教育
制度变迁设计	10. 赋予公共机构新任务(new missions for public institutions)	大学设立技术转移办公室
	11. 补充性的机构(complementary institutions)	中间性技术组织(如德国弗朗霍夫研究所)
	12. 准公共物品设计	技术联盟

资料来源:整理自 Steinmueller,2000。

Steinmueller 将政府矫正技术市场失灵和创新系统失灵的政府干预归纳为4个方面、12个手段。这些制度和政策设计对于解决区域共性技术供给不足的问题都起到不同程度的作用。本章在吸收和借鉴 Steinmueller 创新政策分析框架的基础上,重点分析区域创新政策能否有效地发挥以下三个方面的功能:①创新功能,即能否解决创新激励强度不足和能力不够的制约,实现共性技术的有效生产;②扩散功能,无论共性技术由区域内部还是区域外部的创新主体生产,能否实现共性技术在区域内足够数量企业的有效扩散和应用;③协调功能,由于共性技术的创新和扩散必然涉及区域创新网络内多主体的互动,因此创新政策要能够有效协调多主体间的创新和学习活动。在这样的政策分析框架下,本章重点探讨以下四种形式的区域共性技术供给方式。

（一）优势企业供给型

由区域中的某个具有较好技术基础和相对技术优势的企业进行共性技术研发是目前我国大多数区域中普遍存在的共性技术供给方式。该企业不仅技术水平领先，而且通常也是区域中规模最大、管理水平最高的企业。规模大决定了该企业具有技术创新的规模经济优势，管理水平最高意味着该企业具有较强的将新技术工程化和商业化的能力，因而能够将技术创新收益尽可能内部化，这两个方面的因素使得主导企业成为区域中进行共性技术研发激励最强的经济主体。当然，更为直接的原因是，其他的企业可能根本不具备进行共性技术研发的能力，因而只能采取跟踪模仿的技术战略。正因为如此，优势企业供给型的共性技术供给机制在寡头型市场结构的区域中更为常见。

在这种供给制度安排下，主导企业成为区域中的共性技术平台。由于主导企业具有较强的技术能力（至少是相对的技术能力），因此区域创新政策的功能主要是解决优势企业创新激励不足的问题。政府在这种制度安排下的首要功能通过"资金支持"增强优势企业的共性技术投资激励。作为资金支持者，地方政府（或代表地方政府实施创新政策的管理部门或技术平台）必须首先决定最优的激励强度问题。需要强调的是，并不是所有的共性技术研发都需要政府的资金支持或其他形式的政策优惠。如果区域中的优势企业基于市场经济效益的考虑已经愿意对共性技术进行投资，则地区政府就无需对优势企业提供额外的资金支持。地方政府对优势企业进行资金支持的充分必要条件是：$E[C_j] > r$，即共性技术研发的私人经济收益率高于共性技术研发投资的成本。这意味着，如果优势企业进行共性技术研发的私人收益率足够高，或者优势企业实现共性技术创新但共性技术并没有在区域内形成足够的扩散，则地方政府不应当对优势企业提供额外的优惠和支持。

在确定对优势企业进行资金支持的情况下，地方政府可以采取补贴、基金或奖金等多种方式对优势企业进行支持。因此，在优势企业供给模式下，政府有效发挥作用的第二个关键活动是选择最优的资金支持方式。然而，任何一种资金支持政策的最优条件都是相机的：①研发补贴政策。理论上最优的补贴数量应该根据共性技术带来的私人收益和区域收益的差额确定，但由于收益测度的困难，实践中补贴往往以税收优惠的形式出现。补贴的一个重要特征是，补贴的数量通常与企业会计意义上的研发支出而不是技术的社会价值挂钩，然而多数的研发投入成本是很难观测和测度的（Cohen 和 Levin，1989），因此这也很自然地引出补贴制度的缺陷，即补贴会激励企业将资源更多地投向可测度的支出方面，从而扭曲企业的研发投资结构。②事前支付的基金支持方式。理论上讲，地方政府既可以

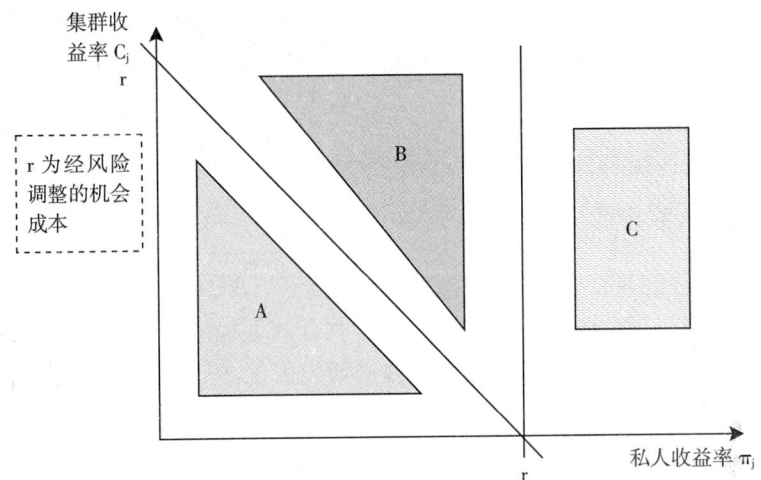

图 2-2 共性技术研发的政府补贴区域

注：区域 A：$E\pi_j \leq r$ 且 $EC_j \leq r$，即技术创新的私人收益率和社会总体收益率都小于创新的机会成本，因此该区域不需要政府对企业的创新进行补贴，企业自身也没有动力进行投资；区域 B：$E\pi_j \leq r$ 且 $EC_j > r$，即技术创新的私人收益率小于创新的机会成本，但社会总体收益率高于企业创新的机会成本，因此该企业自身没有动力进行投资，需要政府对企业的技术创新进行补贴；区域 C：$E\pi_j > r$ 且 $EC_j > r$，即技术创新的私人收益率和社会收益率都高于创新的机会成本，企业有动力进行投资，不需要政府对企业的技术创新进行补贴。

根据技术项目可能发生的成本，也可以根据技术项目可能产生的区域社会价值确定资助规模，但无论如何，基金制度都要求政策实施方对共性技术的私人收益和社会收益具有充分的信息和足够的计算能力。另外，更严重地，一旦资金被提供，作为被资助方的优势企业很可能产生严重的道德风险，即企业可能并不把基金或全部基金用于共性技术的研发，而是投资于企业自己的专属技术或其他非技术的领域。③奖金政策。地方政府可以采取"目标奖金"（targeted prizes）和"蓝天奖金"（blue-sky prizes）两种不同形式的奖金制度，前者是地方政府在事前明确设定共性技术需要达到的标准并在事后根据设定的技术标准支付奖金，后者是地方政府事前描述共性技术需要满足的需求而不设定具体的技术标准（Scotchmer，2004）。奖金制度的优点是，由于可以事后支付，因此解决了优势企业的道德风险问题；而且，地方政府可以在事前签订的契约条款中规定，获得奖金后优势企业并不享有对技术的垄断性所有权，即技术知识必须对区域内其他企业公开和开放，这样有利于实现共性技术的扩散。不过奖金制度同样要求地方政府掌握共性技术的技术信息和价值信息。

无论是哪一种支持政策，都属于"选择性"的政策；而一旦有政府的选择行为介入，就可能产生寻租和腐败活动。此外，由于在优势企业供给模式下，只有优势企业参与了共性技术研发的过程，因此，即便政府可以通过奖金或政府买断等形式将共性技术从私人物品领域投入到区域公共物品领域，即消除正式制度意义上的私人产权，但由于其他企业缺乏研发过程中的试错和学习经验而缺乏共性技术的吸收和应用能力，共性技术实际上还是由于技术性扩散壁垒的存在（实际的私人产权）而阻碍其创造足够的区域社会价值。

（二）技术联盟型

当区域的市场结构为垄断竞争型且优势企业间的技术能力较为对称时，由某个优势企业单独进行共性技术的生产和供给就会缺乏经济上的合理性：首先，无论哪个企业可能都不具备独自进行共性技术研发的能力；其次，外部性使得供给者的选择变得更加困难；最后，共性技术创新主体更不愿意新技术在企业之间的扩散。这时，由区域内具有技术优势的企业组成共性技术联盟、合作进行共性技术研发会呈现出诸多良好的经济学特征：①可以利用企业之间技术知识、设备和非技术能力之间的互补性，实现创新的范围经济；②技术创新的风险可以在联盟内的成员企业间分担，从而降低每个企业的创新成本；③由于有足够数量的企业直接参与了共性技术的研发过程，避免了事后企业为吸收共性技术进行投资的成本，因而技术扩散变得更有效率。针对区域不同的产业结构，技术联盟通常有"垂直技术联盟"和"水平技术联盟"两种形式，前者是上下游供应链上企业组成的技术联盟，技术的互补性是促进这类联盟形成的主要原因；"水平技术联盟"是同业企业组成的合作研发形式，风险和成本分担是企业参与这类联盟的主要考虑。

在共性技术供给的技术联盟模式下，地方政府（或代理地方政府功能的技术平台）的首要功能仍然是资金支持。与优势企业供给模式满足资金支持的条件类似，对技术联盟提供资金支持的必要条件是：联盟的共性技术研发的"俱乐部"收益率低于研发的成本，而且，共性技术给区域带来的社会收益率高于共性技术研发的成本。相对而言，作为竞争前（pre-competition）技术的共性技术联盟较一般的竞争性技术联盟更容易形成，原因是由共性技术转化为可以工程化、商业化的应用技术还需要大量的后续研发，还面临高度的市场不确定性，因此即便是水平技术联盟的成员间也不具有直接的、短期的竞争关系；此外，如果企业不加入技术联盟，则很可能在未来的技术竞争中处于落后，在这种情况下，企业的个体理性很容易形成"俱乐部"的集体理性。正因如此，技术联盟形成的激励性障碍是比较容易克服的。然而，中国区域共性技术供给的事实是，区域共性技术联盟并不是一种常见的制度安排形式。一个可能的原因是，由于多主体的参与，技术联盟内部的交易成本大大降低了联盟的运行效率。技术联盟高昂的交易成本对地方政府提出了更高的能力要求。这便引出地方政府或创新平台在技术联盟模式下的另一个功能,也是地方政府或区域创新平台的核心功能——协调联盟成员的创新活动。

政府或区域公共机构的协调功能主要体现在两个方面:一是促进和引导企业将研发资源和努力投向有利于提高区域共性技术研发效率的领域,从而增强技术活动的互补性,形成共性技术创新的集体行动。当最优的共性技术选择和技术路径具有多重均衡特点时,通过政府或平台的引导形成技术联盟的一致行动尤为重要。二是加强成员企业之间的互动。理论上讲,如果共性技术的创新效率并不受成员企业互动性活动的影响,且共性技术研发项目可以分解为若干独立且相关的子项目的话,则地方政府或区域平台完全可以将共性技术分解为独立的子项目,然后分别资助或支持不同的企业承担与其技术优势相关的子项目,这样既避免了技术联盟的交易成本,又实现了不同主体间技术的互补性(Tassey,1997)。但是,一方面,共性技术知识往往具有不可分性;另一方面,技术研发通常具有互动性学习(learning by interaction)的特点,因此,知识的分享和互动就变得非常重要。政府或平台促进成员企业共享和互动的方式可能是激励性的,也可能是约束性的。在促进交流互动的激励政策方面,形成技术联盟内充分交流合作的文化、培养面临未来的竞争意识等非正式的制度安排通常较正式的货币性的激励制度更加有效;在正式的激励制度方面,政府参与本身就是最有效的激励机制,政府的投资和参与活动作为一种承诺机制有利于成员企业形成共同投资、共同受益的预期,也正因为如此,政府的协调对于那些没有在合作经验中形成信任和预期的、初次组成的技术联盟或研发合作组织更有价值(Tripasas 等,1995)。在采用约束性政策加强成员的分享和互动时,要求企业的研发资源投入和活动是作为第三方的政府或平台可以观测的。

然而,恰恰因为互动的意义或者联盟内成员企业的行为具有相互的外部性,使得机会主义成为成员企业可能的理性选择。因此,政府或平台的一个延伸的职能是防止和减少联合体中的机会主义行为(Tripasas 等,1995)。政府或平台抑制成员企业机会主义行为的制度性措施是政府或平台直接参与技术联盟的治理机构,并且组织成员企业在充分交流谈判的基础上提供一个共同可以接受的事前合作框架和条款,这些框架或条款要尽可能设定不同情境下成员企业的权利和义务,从而最大限度地减少成员企业在执行合约过程中的机会主义空间。政府或平台抑制成员企业机会主义行为更多地要依赖于行政性措施,包括:①监督。政府或平台可以监督成员企业的行为,也可以通过监督研发项目的绩效来加强对项目的进度管理。一旦发现了机会主义行为,政府或平台就可以采取相应对策。②惩罚性的措施。政府对成员企业采取的惩罚可能来自技术领域,如政府可以把该企业排除于日后研发资助项目名单之外;也可能来自非技术领域,如地方政府将成员企业在技术联盟中的表现隐性或显性地与本地的土地或税收等政策挂钩。

(三) 独立公共研发机构型

当区域内企业没有能力进行共性技术研发或者区域内企业虽然具有研发能力但合作成本太高时，由地方政府出资成立独立公共研发机构（如省级工业技术研究院）直接进行共性技术的研发和供给成为一种可能的替代性制度安排。在以独立公共研发机构为核心的区域共性技术创新网络结构中，独立公共研发机构是共性技术的生产者和促进共性技术在区域内扩散的加速器。

从有利于共性技术创新的角度看，由于共性技术的公共性，区域公共平台的制度设计不同于一般的企业等商业性机构；由于共性技术的区域性，独立公共研发机构的制度设计也不同于一般的国家层面的科技基础设施。一方面，由于共性技术是面向未来的、不能够直接商业化的技术，独立公共研发机构的制度设计具有一般公共研究机构的两方面规定性：一是"弱激励"。公共技术平台中对研发人员的激励是一种"基于优先权的报酬机制"（priority-based reward system）——首先成功发明并公开创新成果的研究人员获得经济上的奖励，后来者由于没有创造任何知识增量因而也不能获得经济报酬（Dasgupta 和 David，1994）。在研发竞赛过程中，共性技术研究人员承担了巨大的风险，但又没有有效的机制来分散风险，因此，最优的研究人员报酬结构只能由固定报酬和与研究绩效挂钩的可变报酬共同构成，且固定支付应当在共性技术研发人员的总报酬中占到足够高的比重（Dasgupta 和 David，1994；Stephan，1996）。也就是说，与企业等商业性机构相比，与共性技术的技术特征相适应，公共技术平台内部制度设计的一个重要特征是"弱激励"。二是"专家评价"。由于共性技术是不能直接被商业化的，因此共性技术研究的两个重要特征是：①知识的市场绩效是难以判断的，这不仅表现在委托人事前很难刻画"好"的知识和"坏"的知识的标准，而且即便在共性技术已经生产出来以后，委托人也很难根据某种客观的标准区分知识产品的好坏；②区域的共性技术是一种高度异质的知识产品，这意味着不可能存在像技术市场一样的共性技术市场对共性技术进行有效定价。既然既没有直接的知识标准，又没有可以间接显示知识价值的市场机制，因此共性技术成果成为一种"中间性"的产品，只有处于同一研究领域的同行专家才能更好地判断该领域内的某项共性技术成果的价值，为共性技术的研发绩效提供价值参考。

另一方面，由于共性技术的最终委托方是区域中追求利益最大化的企业，共性技术必须符合本地区企业的技术和市场需求，在独立公共研发机构的治理结构中，必须充分考虑区域企业的利益要求，例如在独立公共研发机构的技术委员会中安排足够数量的本地区企业，与区域外部技术专家和平台研究人员形成均衡，

第二章 共性技术平台政策研究

保证项目选择和投资方向有利于区域整体的、长期的经济利益。

除了技术创新功能外，区域独立公共研发机构的另外一个重要功能是促进共性技术在区域内的有效扩散。一般来说，影响新技术扩散效率的因素主要有以下五个方面：①新技术的价值，即相对于企业已经采用的技术，新技术能够给企业创造的新的效益。②有关新技术的信息，即有关新技术与企业既有技术的匹配性和新技术与企业生产经营环境的适用性。③采用新技术的成本，包括获得新技术的成本和企业因使用新技术而产生的互补性投资和学习带来的成本，其中，企业的吸收能力和学习成本是影响技术扩散和应用效果的主要因素。[①] 特别地，在公共技术平台供给模式下，企业并没有参与共性技术的研发，因而缺少共性技术研发过程中获得的隐含知识，技术吸收和学习的成本会更高。④企业规模，采用新技术的企业的规模越大就越能够通过扩大生产规模分摊应用新技术产生的成本，因而越倾向于进行技术创新。[②] ⑤网络效应，当企业采用新技术的成本和收益取决于其他企业是否采用该技术时，就形成了网络效应，例如，当区域内的企业普遍采用某种新的生产设备时，该设备的零配件和专业服务可能就更容易获得（Hall，2005）。与这些影响技术扩散的因素相对应，区域独立公共研发机构可以在共性技术研发获得成功时，通过以下方法促进共性技术在区域内的推广和应用：①提高共性技术的价值性。即尽可能提高研发成果的水平，为区域中的企业提供高质量的、能够创造足够预期效益的新技术，从而从根本上提升企业采用新技术的意愿。②加强宣传和区域内部企业之间的交流，帮助企业充分了解新技术的技术信息和经济信息。③降低企业采用新技术的直接成本（为购买新技术而发生的货币性支出），在条件允许的情况下，以免费甚至补贴的形式鼓励企业采用新技术。此外，在共性技术的选择上，尽可能选择适用于本地企业技术水平的项目，提高技术的适用性，避免因新技术与企业既有技术能力差距过大而形成太高的技术壁垒。在技术推广过程中，进一步通过培训、技术指导和咨询等服务降低企业采用新技术的学习成本，降低企业采用新技术的间接成本。④对于在共性技术项目决策时尽可能选择适用于区域中大多数企业的技术，从而提高技术的规模经济性。⑤为新的技术提供更完善的配套公共服务，例如，为区域中的企业提供采用新技术所需要的技术人才、零部件的市场信息和技术服务等。总体上看，由于区域独立公共研发机构的公共性，如果对平台的监督和考核机制得当，平台具

---

① 技术所具有的"与规模无关的重复生产性质"（scale-free reproduction property），即技术可以被无数次的使用而不损害其经济价值，并意味着技术可以被无成本地复制和模仿，当技术具有较强的缄默性时，技术扩散的成本会更高。

② 从芝加哥传统看，规模与新技术采用的另外一个可能的解释是，大规模的企业拥有更高的生产效率，因而能够更加有效地应用新技术；也就是说，规模和新技术扩散是相关关系，而不是因果关系。

有较强的推广技术的动力，同时，由于区域技术平台可以动用以上列示的政策性工具，因而可以比较有效地促进共性技术的扩散。

（四）外部获取型

当区域中企业或公共技术平台都没有能力从事共性技术研发或者技术联盟和公共技术平台的制度成本都太高而无法组织时，区域的共性技术通常从区域外部的科研院所或企业购买。区域技术平台并不承担主要的共性技术研发职能，区域中的某种非企业组织（通常是地方行业协会或商会，也可能是地方政府）成为本地企业与外部共性技术供给者的"中介"（intermediary）。中介的本质功能是帮助本地创新系统接入国家创新系统，帮助区域内的企业利用国家的科学和技术基础设施，从而获得国家或产业层面的公共技术服务，并实现技术扩展（technology extension）。①

Seaton和Cordey-Hayes将中介组织在创新网络中的作用归纳为搜索和认知、交流和吸收、应用（Seaton和Cordey-Hayes，1993）；Hargadon和Sutton将中介作用归纳为接入、获取、存储、检索和生产（Hargadon和Sutton，1997）。我们在借鉴这些研究成果的基础上，将外部获取型的共性技术供给模式下的技术平台的功能总结为：①桥梁（bridge）或界面（interface）功能，包括对潜在的共性技术供给者的技术能力和信用水平进行评估，从而降低跨区域合作的信息不对称和不确定性。中介的活动主要是搜索外部的创新主体和技术信息，为了提高信息甄别的能力，中介组织自身不仅要积累必要的技术信息，而且需要具备一定的技术能力，从而尽可能降低搜寻成本（search cost）。在对潜在合作者信用水平的判断中，中介组织更多地依赖非正式的私人网络来获得影响决策的信息，这时，正式网络与非正式网络、区域网络与私人网络的相互补充尤为重要。②经纪人（brokerage）功能，包括促进合同的签订和监督合同的执行。事前促成本地企业与外部科研院所的交流，增进双方对技术需求和技术能力的了解，并与本地企业一起确定共性技术获取的策略——委托研发、技术许可或技术购买。事后，监督和控制技术合同的执行情况，当遇到合同中没有事前设定的情况时，协调并参与合同方的再谈判。因此，中介的经纪人功能主要是降低讨价还价成本以及共性技术外部获取的其他交易成本。③服务功能，包括技术转移和技术改进两个层次。在促

---

① 技术扩展（technology extension）与技术转移是两个不同的概念，技术扩展强调技术在企业中的扩散和应用，而技术转移（technology transfer）强调技术由公共研究机构向企业部门的转移和商业化。由于本书讨论的是产业集群的共性技术供给问题，因而属于技术扩展问题的范畴。有关两个概念的详细讨论见Kolodny等，2001. 与技术扩散相比，技术扩展更强调政府在促进技术推广、应用中的作用。

进技术转移方面，中介可能仅仅是组织外部科研院所对本地企业进行技术指导和咨询，也可能同时加强自身的技术吸收能力，与科研院所共同为本地企业提供技术服务。通常，技术越接近前沿，知识的隐含性越强，通过人员的流动促进技术扩散就越重要（Yusuf，2008）。因此，区域共性技术的推广往往要求技术人员在外部科研院所、中介和区域企业之间的频繁流动和合作。中介的第二个服务功能是独立或者组织本地区企业共同对共性技术进行本地适应性的技术改进，从而降低技术推广、应用的技术壁垒。总体上看，当共性技术涉及到更高的隐含知识转移时，获得共性技术的搜寻成本和交易费用会更高，因而中介的作用也更突出（Kodama 等，2008）。

在运行良好的外部获取型模式下，中介组织通常能够从中介活动中获得某种形式的剩余收益。如果中介组织是地方工业管理部门（如工信委、经贸局或科技局），则管理部门能够通过搭建产学研合作平台，提升工业技术水平改善部门的政治绩效；如果中介组织是地方协会或商会等非政府机构，则即便这些机构属于非营利性的组织并且没有从技术合作中直接收取佣金，但依然能够通过提供技术信息、监督合约执行、促进共性技术研发扩大协会和商会的地区影响力，吸引更多的企业进入协会或商会，并在其他的专业会展、招商引资等活动中获得间接的收益。不同形式的剩余收益保障是调动地方政府或社会组织积极性、补充区域创新系统中共性技术供给"结构洞"的重要制度基础，企业、地方政府、社会组织和外部科研院所利益机制不顺是区域创新系统不能有效运转的根本性原因。

四、不同网络结构和供给机制的效率比较

我们从有利于共性技术创新和扩散的角度出发，提出有利于区域共性技术生产和供给的六个制度效率评价标准：①投入强度标准：对共性技术研发项目投入资金和人力的积极性。②投资效率标准：使用研发资源的效率。③互补性标准：有利于利用不同主体间知识的互补性。④项目选择标准：在项目的先进性和适用性的选择以及研发过程中投资方向的选择方面，是否有利于区域整体的收益最大化。⑤共享标准：技术成果在区域内扩散的有效性。⑥持续性标准：共性技术研发的连续性包含技术连续性和经济持续性两个方面，前者指的是技术知识在时间上的累积性和互补性，后者指的是制度设计要具有稳定性，如果机会主义等因素导致的制度成本足够高，制度安排就缺乏经济上的持续性，制度持续性是技术连续性的必要条件。其中，前三个标准是有利于共性技术创新的标准，第四、第五

个标准是有利于共性技术推广和应用的标准,最后一个标准是有利于实现技术累积、保证共性技术持续供给的标准。

投入强度标准:①优势企业供给型。在满足前面提到的政府资金支持的条件下,政府资金能够发挥带动优势企业共性技术投资的"杠杆"效应,企业具有很强的对共性技术进行资金或人力资源投资的激励。②技术联盟型。这种模式通常要对成员企业的资源投入进行事前约定,特别在政府参与监督合约执行的情况下,共性技术研发的资源投入能够得到一定的保障。③独立公共研发机构型。由于存在地方政府的信用承诺,因此公共平台的基本资源投入能够得到保障,但地方政府将研发支出与地区 GDP 或财政收入挂钩的预算机制的特点决定了资源投入约束会因地方经济发展水平而不同程度地存在。④外部获取型。外部的共性技术供给主体根据合约进行研发资源投入,资源投入强度由合约设计决定。

投资效率标准:①优势企业供给型。由于企业对共性技术进行了私人投资且投资结果与企业自身的私人收益挂钩,因此创新者能够有效地利用研发资源。②技术联盟型。由于投入资源会成为准公共资源,因此研发资源的使用效率并不高。③独立公共研发机构型。由于机构的公共性,公共平台的目标可能是成本最大化而不是区域社会福利的最大化,此外还可能存在较为严重的 X 非效率。④外部获取型。资源使用效率由共性技术供给主体的制度决定,市场化主体通常较科研院所的资源利用效率更高。

知识互补性标准:①优势企业供给型。由于在共性技术研发过程中没有区域中其他企业的参与,因此这种模式下企业间的互动是最少的,知识互补性是最弱的。②技术联盟形式下,技术联盟的知识互补效果取决于技术联盟的组织形式,如果技术联盟设立了由成员企业研发人员共同参与的、实体性的共性技术研发机构,则这种正式的合作和互动能够提高创新过程中的知识互补性。但如果技术联盟不依托于实体平台,而是基于非正式的、非日常的交流活动,则知识互动的深度会受到影响。③独立公共研发机构型。由于共性技术研发主要由独立的共性技术平台提供,本地区企业并不直接参与共性技术的研发,技术互动主要发生在平台内部而不是本地企业之间。④外部获取型。企业和地方平台通常仅提出对共性技术的绩效需求,同时由于受到空间距离和文化差异的限制,知识交流和互动少。

项目选择标准:①优势企业供给型。在项目选择和投资方向确定方面,企业自身利益最大化是优势企业决策的唯一原则,因此共性技术的技术标准往往并不是区域总体层面最优的。②技术联盟型。项目选择是成员企业之间讨价还价的结果,项目选择更有利于市场化 (Romer, 1993),更有利于俱乐部收益的最大化,虽然也不是区域利益最大化的,但较优势企业供给型已经大大提高了技术的"公共性"特征。③独立公共研发机构型。公共平台可以根据有利于区域经济利益最大化的标准选择共性技术项目,但是由于缺乏对应用技术和产品市场的充分理解,公共平台在技术项目选择时也可能存在偏差。④外部获取型。项目选择由委托方确定,但在投资过程中外部研发者可能向有利于自身(如风险更低)的技术路径偏离。

知识成果共享标准:①优势企业供给型。为了提高技术创新的私人收益,优势企业可能采取策略性的机制,如减少对技术的解码、推迟技术公开等手段,阻碍共性技术的扩散,因此这种模式是最不利于技术推广的。②技术联盟型。俱乐部成员共同参与共性技术研发,有利于共性技术在成员企业之间的推广和应用。③独立公共研发机构型。共性技术平台通常将共性技术以公共产品的形式提供给本地区企业,并通过技术指导和培训等方式加快技术的推广,因此在区域层次共性技术扩散的效果是最好的。④外部获取型。一旦共性技术研发成功,就成为区域的公共产品,区域企业可以低成本获得利用共性技术的权利,但由于研发的针对性弱,区域企业要对技术吸收进行较大规模的投资。

持续性标准:①优势企业供给型。由于研发充分利用了企业既有的技术基础,因此这种模式的持续性较好。②技术联盟型。由于技术联盟中普遍存在的搭便车和机会主义行为,因此技术联盟这种制度安排的持续性是最差的。③独立公共研发机构型。基于独立、正式机构的共性技术研发能够充分利用既有的知识基础,只要平台自身的制度设计得当,共性技术研发具有较好的技术上和经济上的持续性。④外部获取型。与一般产学研合作不同,由于涉及多方委托和多层代理,因此外部获取型的共性技术供给机制具有较高的制度成本,由于缺乏制度上的持续性和技术交易的长期性,缺乏本地企业和公共机构对研发过程的参与和学习,因而这种模式不利于区域技术能力的形成和提升。

表 2-2 共性技术供给的制度比较

制度安排	平台/政府的作用	政策工具	制度效率					
			投入强度	投资效率	知识互补性	项目选择效率	成果共享性	持续性标准
优势企业供给型	选择、监督、控制、扩散	补贴、基金、奖金	强	高	弱	低	弱	较强
企业联盟型	协调、控制	设立联盟研发机构、会议	较强	较低	强	较高	较弱	弱
独立公共研发机构型	研发、扩散	技术指导、培训	强	低	弱	较高	强	强
外部获取型	界面、经纪人、技术服务	信息搜索、谈判、培训	不确定	不确定	弱	较高	较强	弱

对区域共性技术各种网络结构和供给机制的比较分析表明,并不存在理论上绝对占优的网络治理机制,最优的网络治理机制一定是相机的。影响最优共性技术供给机制的因素很多,其中最重要的两个因素是市场结构和技术范式:①区域的市场结构。当区域的技术能力主要分布于少数企业时,优势企业供给和技术联盟就成为可行的共性技术供给方式,当区域缺乏有足够技术能力的企业时,共性技术供给就必须依赖公共技术平台供给或外部获取,当区域整体缺乏技术能力且缺乏形成合作所必须的制度条件和社会资本时,共性技术供给失败就会发生。②共性技术的技术范式。当共性技术主要体现为具有排他性的技术设备时,优势企业具有提供共性技术的激励,当共性技术主要体现为隐含性的知识时,技术联盟或公共技术平台等有利于交流和互动的网络形式更有利于技术创新和扩散,且公共平台或地方政府在共性技术供给中的活动和参与会更加积极。

五、政策含义和政策建议

共性技术供给不足是区域被技术锁定的重要原因,共性技术特殊的技术属性决定了共性技术创新和扩散所面临的市场失灵和区域创新系统失灵要较一般的技术创新更加严重,因而制度设计的复杂性也更高。优势企业供给、地区企业技术联盟、独立研发机构和外部获取是区域共性技术供给最常见的四种机制。在不同的机制下,创新网络的结构、主体的功能和相应的制度设计都存在显著的差异。从有利于共性技术创新和扩散的效率标准判断,并没有绝对占优的共性技术供给机制,最优的共性技术供给机制受到区域市场结构和共性技术范式的影响。

我们也必须看到,目前国内各地区普遍采用的优势企业供给型和外部获取型的共性技术供给方式虽然符合我国市场结构相对分散、多数企业技术研发水平落后的现状,因而具有经济上的合理性,但是从多维度的经济效率判断,这两种模式存在诸多效率上的损失——在前一种模式下,优势企业在项目选择更有利于企业自身私人收益而不是区域社会收益的最大化,共性技术研发过程缺乏本地区企业的充分交流和互动,共性技术扩散受到优势的策略性阻碍;在后一种模式下,由于缺乏技术投资的连续性和制度的持续性,区域创新能力的培育和提升受到制约。因此,无论从共性技术创新还是从共性技术扩散的角度看,优势企业供给型和外部获取型都存在严重的缺陷,我国区域共性技术供给策略需要根据竞争环境的要求逐渐向适合自身条件的技术联盟型或独立研发主体型模式转变。

从不同的行政区域角度看,我们认为,省级层面区域在供给和协调技术资

第二章 共性技术平台政策研究

源、技术应用领域范围等方面都具有明显优势,因此更加适宜采用独立研发主体的共性技术供给方式。目前,各省正在大力建设的工业技术研究院正是该理论合理性的呼应和践行。在市、县层面,由于可以投入的资金和技术资源有限且产业规模相对有限,因此更应当根据本地区的经济发展阶段采取更加多样、灵活的共性技术供给方式。对于这些地区,地区共性技术机构应该以整合外部科技资源、促进技术扩散和服务本地企业、而不是共性技术研发本身为核心功能。

主要参考文献

1. 贺俊. 科学的生产与转化:制度分析 [M]. 北京:经济管理出版社, 2010.

2. 张春霖等. 中国:促进以企业为主体的创新 [M]. 北京:中信出版社, 2009.

3. Cohen Wesley, Levin Richard. Empirical Studies of Innovation and Market Structure. // Schmalensee R. and Willig R. (ed.) Handbook of Industrial Organization [M]. North Holland, 1989.

4. Dasguptap, Partha, & David, Paul. Toward a New Economics of Science [J]. Research Policy, No.5, 1994.

5. Faulkner, W., Senker, J. Making Sense of Diversity: Public-private Sector Research Linkage in Three Technologies [J]. Research Policy, 1994, 23, 673-695.

6. Hall, Bronwyn. Innovation and Diffusion. in Fagerberg, Jan, David C. Mowery. Richard R. Nelson, edit The Oxford Handbook of Innovation. Oxford University Press, 2005.

7. Hargadon, A. & Sutton, R. I. Technology Brokering and Innovation in a Product Development Firm. Administrative Science Quarterly, 1997, 42, 718-749.

8. Kodama, Toshihiro. The Role of Intermediation and Absorptive Capacity in Facilitating University-Industry Linkages-An Empirical Study of TAMA in Japan. Research Policy, 2008, 37, 1224-1240.

9. Kolodny, Harvey, etc. Design and Policy Choices for Technology Extension Organizations [J]. Research Policy, 2001, 30, 201-225.

10. Rammer, Christian Czarnitzki, Dirk & Spielkamp, Alfred. Innovation Success of Non-R&D-Performers: Substituting Technology by Management in SMEs. Small Business Economics, 2009, 33, 35-58.

11. Romer, Paul. Implementing a National Technology Strategy with Self-Organizing Industry Investment Boards. Brookings Papers on Economic Activity, No.2, 1993.

12. Seaton, R. A. F. & Cordey-Hayes, M. The Development and Application of Interactive Models of Industrial Technology Transfer. Technovation, 1993, 13, 45-53.

13. Scotchmer Suzanne. Innovation and Incentives, MIT Press, 2004.

14. Steinmueller, Edward. Economics of Technology Policy. in Bronwyn Hall and Nathan Rosenberg (edit). Handbook of the Economics of Innovation, Amsterdam: North-Holland, Vol. II, 2000.

15. Stephan, Paula E. The Economics of Science [J]. Journal of Economic Literature, No. 3, 1996.

16. Tassey, Gregory. The Economics of R&D Policy [M]. The Greenwood Publishing Group, 1997.

17. Tassey, Gregory. Underinvestment in Public Good Technologies [J]. Journal of Technology Transfer, 2005, 30, 89-113.

18. Tripsas, Mary, etc. Discouraging Opportunistic Behavior in Collaborative R&D: A New Role For Government [J]. Research Policy, 1995, 24, 367-389.

19. Woolthuis, Klein, Lankhuizen, M., Gilsing, V. A System Failure Framework for Innovation Policy Design [J]. Technovation, 2005, 25, 609-619.

20. Yusuf, Shahid. Intermediating Knowledge Exchange between Universities and Businesses. Research Policy, 2002, 37, 1167-1174.

第三章 集群背景下企业技术创新平台政策研究

产业集群是促进企业集体学习、互动创新的重要平台和组织形式。从世界各国推动技术创新和区域创新的实践来看,在产业集群内部建设技术创新平台是突破共性关键技术的重要手段。此处所谓的创新平台指的是有具体的机构、设备和人员的实体性创新平台,如日本遍布各区域的产业技术中心,这些机构大都由政府出资建立,为大学、研究机构和企业的共同研发提供实体平台,为大量中小企业提供技术支援和创新的种子。

一、技术创新平台建设现状及面临的问题

在国家创新战略的推进之下,我国各地的产业集群中已经涌现出一批技术创新平台。2007年以来,国家共安排8亿元补助资金,累计支持了238个公共服务平台建设项目和10个省、市公共服务平台网络建设项目。2010年5月,工业和信息化部印发了《国家中小企业公共服务示范平台管理办法》,并于2011年3月公布了首批99个"国家中小企业公共服务示范平台"名单。这批服务平台面向产业、服务企业,在解决中小企业共性需求、畅通信息渠道、改善经营管理、提高发展质量、增强市场竞争力、实现创新发展方面发挥了示范作用,取得了成绩。然而,由于我国各地建设公共技术服务平台的时间不长,目前技术创新平台的建设还面临着各种各样的问题。

(一)公共服务平台"内部化"现象严重

当前,我国已经建设的公共技术服务平台,有相当数量都依托于大型企业集团的重点实验室或研究机构,从服务功能来看,这些公共服务平台仍然是"内部化"的。由于这类公共服务平台难以脱离本位主义的盈利冲动,"公共服务"属性天然欠缺,或者说,其公共服务属性仅仅局限于其集团内部,对外服务难以体

现公共科技支撑作用,由此导致大量中小企业在创新过程中难以享受到国家投入的公共服务资源。

(二) 产业技术平台功能不足,关键共性技术突破缺乏制度保障

我国要实现从技术跟随向技术自主的赶超,就必须瞄准世界科技发展前沿,在寻求突破的领域部署一批重大基础研究和前沿技术研究项目,实现具有公共特性和技术范式"拐点"特征的重大技术创新。目前,我国各地的区域创新平台非常匮乏,有些高新区也设立了技术服务中心,但仅限于产品检测、设备检测等简单的服务功能,没有发挥整合创新资源、激发创新的作用。

(三) 受GDP政绩观的影响,地方政府难以有效推动平台建设

地方政府在构建区域创新体系过程中发挥着至关重要的作用,而地方政府作用的发挥依赖于政府部门领导干部的工作思路和积极性。然而,受到当前干部考核机制的制约,地方官员在进行区域创新体系构建方面的积极性难以得到很好的发挥,尤其是在公共技术平台建设的初始阶段,环境的塑造是第一位的。然而,在规模导向的GDP政绩观影响下,地方政府容易急功近利,过分追逐短期的经济绩效,而忽视对集群可持续发展具有决定性作用的创新能力的培育。这种情况在欠发达地区表现得更为明显,因为基数较小,政府通过招商引资扩大经济规模相对更加容易,而落后地区的增长似乎也是一个最容易显示政绩的指标。因此,从全国来看,越落后的地区,越不舍得在创新环境方面投入,造成各地区域创新能力的差异不断增大。因此,规模导向的政绩考核体系是导致地方政府作用难以有效发挥的根本原因。

(四) 多数创新平台目前难以承担创新要素"组织者"的角色

集群创新网络包括三个层次:主体结构网络、创新活动网络和要素流动网络。主体结构网络由创新的基础设施和创新网络中行为主体的相互关联构成,"知识—技术—新产品"创新链通过依托于主体结构网络的创新主体的互动,促使知识资源、人力资源和物质资源在体系内整合和共享而完成。如果没有资源的整合与共享,便没有真正意义上的区域创新体系。作为一个复杂的行为系统,通常需要一个创新平台作为系统的"组织者"。然而,在市场体系不健全或"群龙无首"的集群体系内,要素流动要突破行政壁垒、组织壁垒存在较高成本,创新平台要有效地组织起系统内的资源,通常需要相应的制度保障。在制度保障缺位的情况下,创新平台难以成为有效的"组织者"(见图3-1)。

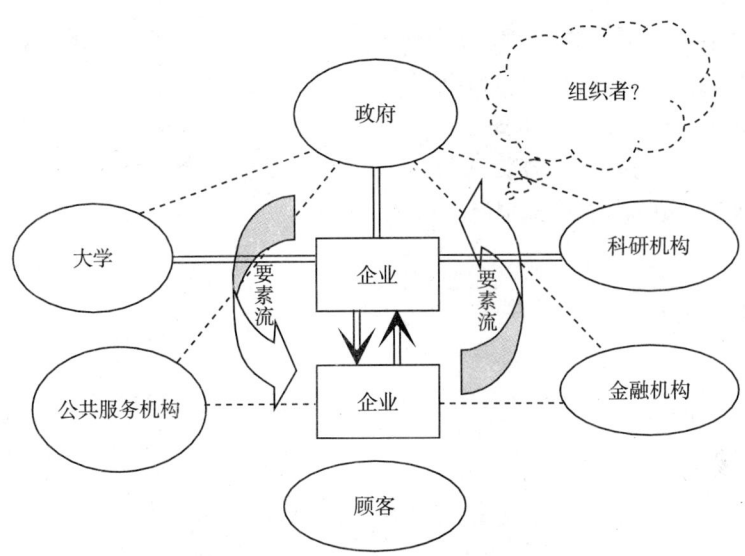

图 3-1 集群创新体系的网络化结构

（五）平台建设与现有的科技资源不匹配

科技资源丰富不等于创新能力强。从全国来看，我国各区域科技资源与技术创新能力不匹配的现象比较严重，比较突出的是东北老工业基地和西部"三线地区"，较为富集的科技资源没有转化成市场化的创新成果，许多创新要素成为"惰性资源"沉淀下来，没有发挥应有的作用。其中有些是体制性的历史原因使然，有些是由于创新主体功能定位不清、导向不明确造成的，还有的是区域创新体系建设滞后、要素流动受限造成的。目前，西部地区建有国家重点实验室 33 个，占全国的 15.6%；省部共建实验室 15 个，占全国的 34%，企业国家重点实验室 5 个，国家重大科学工程 3 个；西部共有国家工程技术研究中心 41 个，占全国的 20.6%；然而，从发明专利来看，2007 年西部地区仅占全国的 6.77%，科技资源的创新效率非常低；同样，东北三省拥有全国 4.1%的科技机构和全国 5.6%的科技活动人员，然而，对全国发明专利的贡献率只有 3.1%。可以看出，我国区域科技资源与技术创新平台建设不匹配的问题比较突出。

二、构建集群公共技术平台的四大政策目标

从性质来看，集群内的公共技术平台应该具备三大特征：首先，产业集群的

公共技术平台要具备公共属性，需要修正"市场失灵"，承担微观经济主体所不可能承担的公益性目标，获得规模经济的好处；其次，该平台需要具备直接服务于技术创新的职能，从技术的转移、扩散到创新种子的商业化，都需要技术平台来加速创新的实现过程；最后，公共技术平台应该是一个多主体交互的载体，切实发挥"平台"的资源集结和桥梁作用。

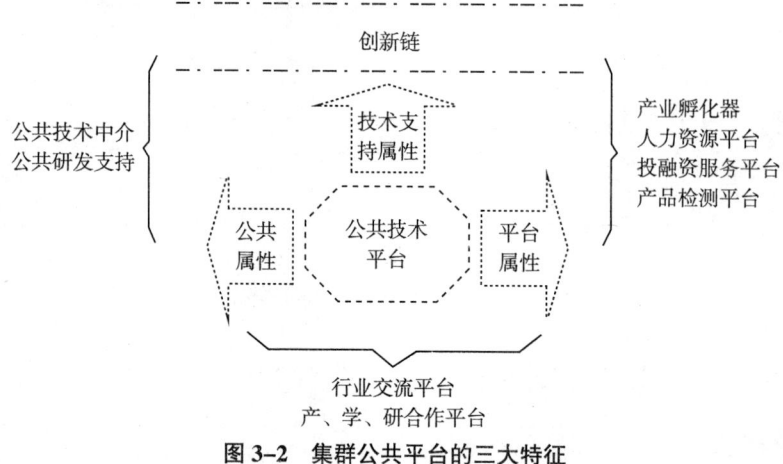

图 3-2 集群公共平台的三大特征

对应以上三大特征，构建集群公共技术平台应该实现四大政策目标：

（一）建立产学研合作平台，加速科研成果转化和技术难题突破

产学研合作是促进知识创新和技术创新有效衔接的协同创新机制，是集群创新网络内部的重要联结。经过 30 年市场化取向的改革，我国市场主导的产学研合作已经广泛存在，其合作模式主要有两种：一种是以产权关系为纽带的紧密型产学研合作，即大学、科研院所利用其研究开发能力，通过办企业直接将核心技术进行商业化和产业化，企业与原来的大学、院所之间保持着较为紧密的联系，如北大方正、清华同方等。另一种是企业与研究机构之间通过有期限的合作契约，针对特定的创新目标达成委托协议，以人员借入、设备租用和项目委托等方式，实现创新要素在各主体之间的转化。从相关数据来看，企业与大学和独立科研机构的联系正在改善。20 世纪 90 年代以前，高等学校的 R&D 活动绝大部分依赖于政府的资助，而现在，高等学校 R&D 经费的来源结构已经发生了明显的变化并形成新的格局，2007 年，企业对大学 R&D 的资助比例为 35%，资助强度大大高于 OECD 成员平均水平。这种情况表明，企业主动寻求大学、科研机构的研发支持在我国已经非常普遍。然而，从产业集群层面来看，由于缺乏有公信力

的创新平台,目前的产学研合作基本上还停留于非制度化的、非常规的定向式合作,而基于制度性平台的、常规交流基础上的偶或性合作却难以发生,而后者经常能够碰撞出创新的火花,也节省了许多信息搜寻和建立关联的成本。因此,使公共技术平台承担起产学研合作桥梁的职能,加速科研成果的转化和技术难题的突破,应该成为创新政策的重要目标之一。

(二) 建立技术转移平台和技术孵化平台,促进新产业创出

评价一个产业集群的创新能力可以从两个维度来进行:成长维度和结构维度。前者主要看集群内主导产业的创新指标,后者主要考察的则是产业集群中新企业和新产业创出的频率。而且,缺乏新企业的涌现经常意味着集群已经陷入了"同质化陷阱",产业已经被锁定到技术模仿和复制的轨道上。应该说,结构维度能够从更本质的意义上反映集群的创新能力。因此,在产业集群内部建立公共技术平台,促进新产业的不断创出,对于产业和区域经济竞争力的保持至关重要。日本的知识集群政策就特别重视新产业的创出。从地方政府角度出发,新企业和新产业的创出可以通过公共技术平台的两个子平台来实现:技术转移平台和技术孵化平台。一方面,公共技术平台应该承担起公共技术中介的职能,将大企业或研究机构的研究成果扩散开去,与小企业的生产能力或原有技术相嫁接,催生出新的事业;另一方面,地方政府可以建立专门针对新创企业的孵化中心,使该中心集成产品检测、人才服务、融资服务等功能,为企业顺利渡过创业期提供优良的环境。

(三) 提供公共研发平台,降低企业创新成本

建立公共平台的重要目标之一,就是发挥资源投入的规模经济优势,使企业能够共享资源,使单个企业以更低的成本实现创新。尤其是一些需要大规模设备投入的产业,小企业往往没有能力或不愿意冒很大的风险去投入。集合了公共实验室、公共检测中心等机构相关职能的公共研发平台,能够很大程度上降低企业的研发成本,尤其是对于一些小企业、初创企业,非营利性的公共研发平台实际在很大程度上将企业的经营风险外部化了。公共研发平台的运营可以探索多种形式,可以是类事业单位机构,也可以是"半民半官"的非营利性组织,还可以依托行业协会来运作,相应可以采取多种方式获得启动资金和运营资金。集群内的公共研发服务平台可以提供的服务内容大致包括以下几个方面:①大型工作母机和仪器设施的共用;②行业检测服务;③实验、试验环境;④科学数据和科技文献共享;⑤科技项目的咨询服务。总之,公共研发平台可以以非市场化的方式向企业提供设备、人员和信息服务,从而大大降低企业创新成本,加速企业创新速度。

（四）提供行业交流平台，加速行业关键共性技术攻关

现阶段，我国技术创新面临的困境之一是，大量的行业关键共性技术亟待突破。由于行业关键共性技术攻关具有科研投入大、研发周期长、创新收益不确定、创新成果易外溢等特征，对于单个企业而言，创新的收益与创新投入不对称，因此，即使企业对行业关键共性技术具备清晰的认知，单个企业也无力承担或无心承担研发的投入。更进一步说，从技术特征来看，行业关键共性技术本身具有很强的外部性，而且需要大量基础研究的支持，因此，单个企业承担行业关键共性技术的研发并不多见。在国际上，承担行业关键共性技术研究通常是由政府设立的专门组织来承担，一般采取两种模式运作：一种是设立政府拥有大部分股份的组织，由政府提供长期稳定的经费，如日本的关键技术中心。另一种是由政府资助、企业组成的研究联合体，其中政府经费不超过运行经费的50%，而且政府经费是有期限的。两种模式的共同特点是在机构成立的初始阶段，政府予以全部资助。我国现阶段的问题是，科研院所改制以后，承担产业关键共性技术的组织机构严重缺失。从集群角度来看，不一定每一个集群都成立一个行业关键共性技术研究组织，但集群内的公共技术平台完全可以承担行业技术交流的角色，使企业以联盟的方式向国家有关机构提出技术需求，或以联盟的方式获得国家科技立项，进行行业关键共性技术攻关。

三、构建产业集群技术创新平台的制度与政策工具选择

（一）技术创新平台的组织管理体制创新

产业集群是促进大学、科研机构向企业转移技术以及企业向企业转移技术的机制。产业集群固然可在大学、科研机构、企业的市场行为中自然形成，但也存在着国家推动的必要性。长期以来，国家向大学、科研机构投入了巨额的科研经费，大学、科研机构也生产出了大量对社会经济有价值的科研成果，但由于与企业的联络渠道的欠缺或不畅，或是因为大学、科研机构的无需考虑所研究技术的社会经济意义的管理体制的原因，这些技术没有被变成有社会意义的产品。因此，政府有必要再次投入资源，来促进那些沉淀在大学、科研机构的技术向企业转移。

第三章 集群背景下企业技术创新平台政策研究

（1）政策推动。国家应该借助政策来推动产业集群形成，并为贯彻落实政策建立组织管理体制，包括工作机制、组织机构、政策手段等。但组织管理体制和通常的"自上而下"体制有所区别。首先，国家制定产业集群政策的基本框架，具体内容则应由地方政府组织当地大学、科研机构、企业来共同制定。这是由于产业集群的地域性所决定的。在政策的组织实施方面，国家也应采取与地方政府合力推进的手法。如若要得到国家的资助，地方政府必须亲自申请并承诺参与实施。这个手法可以使地方政府更积极地参与到国家技术战略之中，同时国家政策也可得到地方力量的支持。

（2）组织保障。设立专门机构负责产业集群政策的组织管理。在通常的"自上而下"体制中，政策管理机构设在政府部门内，工作人员多为兼职，所以容易形成"形式上有人负责，但实际上无人负责"的状况。为了切实推动产业集群政策，必须设立专门机构。

管理机构没有必要设在政府机构内。因为产业集群的目的是促进技术转移，做这项工作需要既懂得技术，又懂得市场经营，而这不是政府部门所擅长的。因此，管理机构在民间设立专业机构，国家予以认可，是比较有效的方法。管理机构的形式可多种多样，但为了保证质量，国家应该规定管理机构有固定的工作场所、最高负责人的任职条件以及专职专业人员的数量等。

管理机构应定期开展以技术转移为主旨的活动。技术转移既可在产学研合作研究项目这样有明确时间期限的活动中产生，也可通过定期举办的研究会、交流会、成果发布会以及及时提供信息和咨询、上门推广技术等活动中产生。"保证活动的常态化"是后面这些活动取得成效的关键。

中国尚未在国家层面上实施产业集群政策，但有的地方政府开始在产业政策中增加促进产业集群发展的内容，从总体上看，贯彻落实政策的组织体制和管理机制还很欠缺。在这方面可以借鉴日本的经验。日本从2001年起实施产业集群和知识集群政策，国家对实施集群政策的地区提供资金，以促进大学、科研机构与企业间的技术转移以及企业间的技术转移。在组织管理体制上，日本采取了以"政府引导、民间实施、官民合作"为特点的机制，即产业集群政策和知识集群政策均在官民结合运作的管理体制下展开。

日本的具体做法包括：①采取各区域提出集群计划，主管部门（经济产业省、文部科学省）审查批准后，提供补助金的形式。②各区域政府组织企业、大学、研究机构等进行讨论，根据当地的产业基础、技术基础和研发基础，制订集群计划，包括集群目标、研究开发课题、实施体制等。③各地设立推进机构（或叫做核心机构）来负责集群计划的实施。推进机构一般是公益法人和财团法人，既有政府事业单位，也有民间机构。推进机构下设专门的集群管理部门，成员由当地产业、大学、研究机构和政府机构人员构成,其中设置一定数量的专业技术协调员。④国家资金通过推进机构拨给参与集群研究开发项目的大学、科研机构和企业。⑤集群管理部门通过召开研究会、交流会、成果发布会、发布相关信息,向大学、企业推广技术、"产学官"合作研发、提供孵化器设施、创业家培育设施等手段,构筑"产学官"合作创新网络。

(二) 技术创新平台建设的财政投入

为了促进产业集群发展,国家要对大学、科研机构与企业间的合作研发提供财政支持,但同时还要对集群管理机构及其相关技术中介机构予以资金补助。这是因为技术转移是技术创新中的薄弱环节,大学、科研机构的科研成果不能转化,往往是由于缺乏专业性的推广和后续开发。

至今为止,担任技术转移角色的有专利制度、技术市场及各种展览会、技术中介企业等。专利制度系统集中了科研成果,是不可缺少的技术转移工具。但因其行政制度性质决定,它的工作是审查、登录、储存及交易记录,没有主动推广的职能。以提供信息及交易场所的各种技术市场、展览会等是近来政府或"半官半民"组织兴办的、促进技术转移的手法,这些对促进技术转移发挥着重要作用。但它只是"搭台",至于"唱戏",要由供需双方自己结"对子"。

专门提供技术咨询与服务的技术中介企业可以为供需双方搭桥铺路,促进"对子"产生,但这种类型的企业现在不多。这是因为此类企业的经营难度较大。技术中介企业既要掌握市场化可能性的技术信息,又要掌握需要该技术的生产企业的信息。而收集这些信息本身是一个风险很大的经营行为。市场状况千变万化,技术进步日新月异,信息准确性、陈腐化都是此类经营的不确定因素。此类企业经营难,但从对技术转移的角度看,它确实对专利制度、技术市场起着补缺的作用。

国家在产业集群政策中对集群管理机构及其相关技术中介机构提供补助金,可以减少这类机构的经营风险,使这些机构有一个稳定的生存基础,将精力更多地用于收集信息、发布信息上。另外,向集群管理机构提供工作经费,也可调动该机构的积极性,保障各项活动的顺利开展,促进产业集群的更快形成。

产业集群技术创新平台的财政支持在集群形成的初期阶段尤为重要。产业集群是大学、科研机构和企业间技术转移以及企业间技术转移的机制。产业集群发展的内在驱动是大学、科研机构、企业旺盛的技术创新需求、技术创新活动以及强大的技术中介市场。从这个意义上看,政府没有提供财政支持的必要性。但在产业集群发展初期阶段,技术中介市场相当薄弱,以致影响到大学、科研机构和企业的技术创新需求和技术创新活动,这时国家对集群管理机构提供资金,让这

第三章 集群背景下企业技术创新平台政策研究

些机构承担技术中介职能,加速构建技术合作平台,可以起到弥补技术中介市场不足的作用。

(三) 技术创新平台评价与激励机制

产业集群政策的目的是加速大学、科研机构向企业转移技术。不过,通过集群政策的投入,并不是无差别地去转移大学、研究机构的所有技术,因为大学、科研机构的科研产出也是极富多样性的,其中鱼目混珠,龙蛇混杂。属于基础研究的,离应用的距离尚远,不属于转移的对象。至于那些或愚、或劣、或假的"研究",当然更不能动用国家资金去推广。因此,必须在源头上对大学、科研机构的技术进行筛选。

作为集群政策的主管部门,要根据国家战略需要制定产业集群发展方向,对各地申报的产业集群计划从技术和管理两个角度进行评审。标准可包括核心大学的研究潜力、技术的开发价值、产学合作基础与机制、市场竞争环境、相关辅助产业状况、人才队伍、风险资金、创业环境、合作文化、地方政府支持状况等。评审专家由相关领域的领军人物构成。评审结果公开。通过专家评审把有技术价值又有市场前景的技术挑选出来,作为集群政策的研究开发和转移对象。

为了提高国家投入的效率,应该对集群政策支持的合作研发项目进行中期评审和最终评审。中期评审不应是"形式上的评审",而是"实质性的评审",要由专家委员会来进行,评审结果对外公布,主管部门还应根据评审结果决定是否调整对研发项目的后期资金支持。最终评审指标可包括评价项目目标及政策意义、项目目标的成果及实现程度、成果应用的可能性及波及效果、研发管理体制、资金及成本、对未来研发的影响等。但重点应该放在是否实现了技术转移以及技术转移程度。

评审结果既要有定量评价,也要有定性评价,要对各项目中存在的问题做出具体的质疑和批评。评审结果要公示于社会,还可作为评价大学、科研机构今后申请国家资助的参考。如果评价结果很差,那么大学、科研机构今后可能就得不到补助,这样就可以将那些既没有基础研究意义又没有社会经济意义的研究课题识别出来,避免社会资源继续被浪费。

(四) 科技攻关项目带动平台作用的发挥

产业集群技术创新平台要靠科技攻关项目带动。科技攻关项目是解决国家急需、具有重大经济社会意义的技术项目。参加科技攻关项目的都是科研水平较高的大学、科研机构和企业。国家对科技攻关项目投入巨额经费,以期诞生有突破性的成果。因此,在制定产业集群政策时,如果能把科技攻关项目也纳入其中,既符合国家长期技术战略，也有利于产业集群自身的发展、壮大。

国家的技术战略以未来20年为范围，选择若干个重要领域，分别制定出了各个时间段的目标、任务和科研计划、技术梯队等。攻关项目在国家技术战略中占有重要地位，担负着各个要素技术的研究任务。而这些技术的研究成果，终究要从实验室走向生产现场，要形成产品及批量生产的体制。产品或技术的产业化涉及试制、原材料、零配件、组装、销售等流程，也包括了各种类型的企业的众多人员在内。产业集群往往覆盖着较大的区域，较多的技术领域和能提供各种配套生产服务的企业。因此，攻关项目加入到产业集群中来，将各种技术信息及早地与产品化的下游企业交流，有利于加快技术转移的速度，从而使科研成果能够早日变成产品，产生社会经济效益。因此，可以说，国家科技攻关项目加盟产业集群对国家技术战略的实施是有益的。

从产业集群的角度看，更重要的方面，就是由于攻关项目可以提高集群整体的技术水平，使集群在产品、生产方式、管理方式以至于学习方式上提高层次。担任攻关项目的大学及科研机构等，都具有相对高的技术水平和管理水平。集群企业在与它们的合作中，不仅能得到产品、制造等技术方面的帮助，也得到接触新管理方式、学习方式的机会，在思想上受到启迪。攻关项目担任者的大学及企业之所以能拿到项目，跟它们对技术的学习方式有很大关系。首先，它们勤于学习，不固步自封，不止于仿制，而是不断地吸收国内外的新技术、新创意，致力于创新。其次，它们善于学习，不仅学习先进的硬技术，也学习像技术战略、人力资源战略、质量管理、现场管理等软技术，逐步形成了学习型组织，这样才能对应国内外不断变换的竞争环境、社会环境，使自己立于不败之地。

能得到攻关项目的产业集群。以有效地发挥平台作用。因此，地方政府及集群核心机构应该为攻关项目的加盟创造便利的条件，包括提供场地、资金、人员支援等。

主要参考文献

1. 盖文启. 创新网络——区域经济发展新思维 [M]. 北京：北京大学出版社，2002.
2. 科学技术部专题研究组. 我国区域自主创新调研报告 [M]. 北京：科学出版社，2006.
3. 丁厚德. 创新资源配置协调论 [M]. 呼和浩特：内蒙古人民出版社，2007.
4. 唐德祥，皮星. 科技创新与区域经济的非均衡增长——基于我国东、中、西部地区的实证研究 [M]. 北京：中国物资出版社，2009.
5. 祈明主编. 区域创新标杆 [M]. 北京：科学出版社，2009.
6. 辜胜阻等. 区域经济文化对创新模式影响的比较分析——以硅谷和温州为例 [J]. 中国软科学，2006（4）：8-14.
7. 吴慈生，张本照. 区域创新系统的激发演化机理 [M]. 北京：经济科学出版社，2008.

8. 谭美清，王子龙. 区域创新经济研究. 北京：科学出版社，2009.

9. 吴玉鸣. 中国区域研发、知识溢出与创新的空间计量经济研究. 北京：人民出版社，2007.

10. ［美］戴维·克雷恩. 智力资本的战略管理［M］. 孟庆国，田克录译. 北京：新华出版社，1999.

第四章 军民融合的创新政策研究

在后工业化时代,一方面,由于技术高度发展,研发成本巨大,独立的军品研发体制已经不能满足国防需求;另一方面,由于以信息技术为代表的军民两用技术大量出现,军用技术可以转为民用,民用技术也可以转为军用,这两个原因导致了军民融合现象。军民融合现象的实质是用一份资源产生两份效用(军用与民用),这样首先可以利用社会资源,减轻国家对军品研发的投入负担;其次又能够产生两份效用,既满足国防需求,又推动经济发展。

创新过程是一个从无到有的实践过程。例如,从未知到已知的实践过程,就是认识的创新过程;从没有或不能生产某种产品到可以生产该产品,就是产品的创新过程。尽管企业创新可以是管理创新、制度创新、认识创新等,但企业创新最终表现为产品创新,因为企业的社会属性是生产产品。就产品创新而言,从一定视角看可以分为军品创新和民品创新两类。军品创新是以完成国防要求为最终目的;而民品创新的过程主要是以完成商业化为最终目的。两者尽管最终目的不同,但创新过程并无本质区别,其中有很多共同或一致的特征。因此,军民融合的创新政策是必要的也是可能的。

本章研究军民融合的创新政策。军民融合的创新政策应该包括两方面内容:一是国防项目研发生产要利用全社会的力量和资源;二是国防项目研发生产过程中,不仅要关注技术的军事特性,同时要关注技术的非军事特性,使之不仅能够为全社会服务,而且还能够转让两用技术获得收益,并将收益再投入到国防项目。

一、军民融合现象与启示

现在发生在世界范围的军民融合现象不同于以往的军民合作、军民结合、军转民,是军工与民企的深度结合,即大范围、大深度的军民融合。从这种大范围、大深度的军民融合可以看到,一方面,国防项目研发生产利用了全社会的力量和资源；另一方面，在国防项目研发生产过程中，不仅开发了具有军事特性的技术，还开发了具有民用特性的技术（两用技术或国防溢出技术）。

（一）直接利用社会资源进行国防项目研发

美国高等院校中的研究型大学约有400所，其中与美国国防部有研究合同关系的超过200所。美国国防部每年公开滚动发布国防科学和技术计划，吸引小型高科技公司参加国防部或国防承包商的相关工作。美国工业界承担了国防部近50%的应用研究和60%的先期技术发展研究。美国有一个《两用科学技术计划》，对于经认可的两用科学技术，规定可以由政府/企业对半承担开发成本。在标准方面，美国也一直在推动军民用标准的相互融合，努力打破了军用标准体系独立封闭的格局，提高军品标准和民品标准的通用化水平，消除妨碍民品进入军事领域的障碍。

法国在其大型科研项目中十分重视"民为军用"，提倡在新技术革命下充分利用民用高科技推动军事技术发展。法国政府制定了支持中小企业参与国防科研创新的专项计划。法国国防部建立了与高新技术企业的专门联系机制，及时通报军品发展计划，不仅为高新技术企业提供参与研究的机会，而且专为高新技术企业保留一定的研究计划。

英国国防技术转化局（DDA）是专门负责民用技术为国防科技服务工作的部门。英国政府制订过"开拓者"计划，着重从工业界角度分析考虑工业界如何与国防科研计划相结合的问题和政策。英国政府还发行了一份《国防部合同公报》的双周刊文摘，定期公布国防部的签约意向。针对小型企业认为难以从大的主承办商手中得到分包合同的问题，英国国防部专门成立了一个特别机构，即小企业咨询处，负责分包合同的竞争管理。英国下院还规定，主承包商必须将其主承包合同价值的70%以上，通过分包商竞争的方式签订分包合同。政府还要求军队在一切可能的情况下采用民品。英国政府为便于一般企业参加军事项目，出版了《对国防部的销售》的资料，它对如何获取国防部合同给出了流程程序，提出了详细的建议。

德国在国防费用不断削减、武器造价日益高昂的情况下，为降低费用，采取了经济上可接受、技术上可行的武器采办策略，如从民用市场上购买可以达到军用标准的民用产品，在武器装备研制中尽量采用民用部件和元件，尽量采用成熟工艺。

印度政府过去曾规定，非国有企业不能从事军品生产，但现在已经开始鼓励私营企业参加军工生产。这是印度国防装备生产的重大转变。

(二) 开发民用技术使国防资源效率更大化

通过国防项目推动国家技术创新水平，是目前各发达国家的普遍做法。特别是通过国家级国防大项目来发展两用技术，包括对军用技术再开发为民用技术，甚至直接开发民用技术，从而推动国家技术创新水平。而且，通过国防大项目来发展两用技术，也可以使国防资源效率更大化——通过国防项目来开发民用技术是有经济回报的，可以用技术转让收益再投入到其他国防项目上。

美国国防部所属的"高级研究计划署"，其工作重点就是先进技术计划和技术再投资计划的实施，其中包括开发军民两用技术，如工业机器人、高速计算机、环境技术等。美国的国防实验室也把研究开发的重点转向具有广泛应用基础、具有商业价值的民用技术上。

英国十分重视两用技术的转让，主要方式是把军用科研成果解密后，通过国防信息中心定期向社会公布，国防部与有意者签订转让协议，或采取国防部先与贸工部签订转让协议，贸工部再向有意者转让的方式。英国国防部从军事需求和国民经济出发，选择和组织实施一些对军民都有推动作用的高技术项目，以实现对国防实力和国家高科技的双重提升。英国还成立了一些两用技术中心（DUTCs），如结构材料中心、系统与软件工程中心、信息处理与电讯革新中心、超级计算中心等，这些中心都是负责研究军事技术向民用领域转化的问题。

法国的军事计划法明确提出，国防高科技技术，特别是航空航天和防务电子的研发，要以两用技术为重点。

俄罗斯正在逐步解决军工生产与国民经济脱节问题。俄罗斯政府出台军转民法，对军民结合技术和两用技术的发展做出了规定。但由于长期的军民分割体制以及民用工业经济状况与实力，军民结合项目成功实施的案例并不多。

(三) 军民融合现象的启示

尽管各国有不同的国情和历史，但世界国防工业的发展还是有很多启示。从已经发生在世界各国的军民融合现象看，其启示是多层次、多视角的。下面分三个层次来讨论军民融合现象，即战略层面、体制层面、运作层面。

从战略层面看，有两点启示：

（1）一国的军事工业的基础是民用工业。军事工业技术力量和生产能力，不可能长期脱离该国的整体经济状况。

例如日本，发展军事工业在第二次世界大战后受到限制，其军费开支一直没有超过国民生产总值的1%。但其实日本的民用工业可以迅速地转化为军品生产能力。由于日本民用工业相当发达，日本的军事潜力极大。以日本海上自卫队为例，仅动员日本本国的舰船生产能力，日海上自卫队可以在现有基础上扩大 6~8 倍以上。反观苏联，其国防工业是在第二次世界大战后苏美间长期军备竞争中畸形发展起来的。苏联的国防工业膨胀到与当时国力极不相称的地步。尽管如此，苏联国防工业的技术水平和技术能力，从整体和长期看，并没有超过美国。

（2）一国的军事需求，如采取军民融合方式运作，既可以拉动和推动民用工业发展，还可以节约军需成本。但如采取军民分割方式运作，不仅与民用工业发展无涉，还可能导致军需成本浪费。

再如军用品军鞋，如采取军民融合方式运作，就是提出相关标准委托民用鞋厂生产。首先军品订货就可以拉动民用工业发展；如果对鞋的防滑、耐磨、防刺穿有特别要求，委托民间研究机构研究相关技术，并在民用鞋厂生产中运用，同时这样的防滑、耐磨、防刺穿技术也可以运用在民用品生产上，就推动了民用工业的发展。而且民用工业的生产管理经验可以直接运用到军品生产上，必然可以节约军需成本。但如采取军民分割方式运作，就是军队系统自己建立工厂来生产。我国就建立了军队后勤系统的被服厂，这是历史遗留问题。

从体制层面看，有三点启示：

（1）要实现军民融合，应该是"政府主导民企为主"，政府主导是"芽"，民企为主是"根"。"政府主导"的真正含义应该是指政府的军事管理部门来主导，在西方发达国家，政府主导就是国防部主导；"民企为主"应该是指民用工业企业。"根子"要落到民用工业企业里，也包括国有的民用工业企业和其他非国有的民用工业企业。

以政府的军事管理部门来主导军民融合的原因之一是，民用工业企业可能不会去主动寻求产品的军事用途，甚至在研发创新活动中，也很可能不会主动去关注研发的军事用途。因此，只有经由政府的军事管理部门主导实施的项目中，产品和技术的军事用途才会得到关注。例如美国、英国，都是由国防部牵头实施相关计划，其运作不仅是牵头实施，包括全程参与、全程监控。

以政府的军事管理部门来主导军民融合的原因之二是，军民融合的相关信息很大一部分来自军队，军方需求一般都汇总到政府的军事管理部门。政府的军事管理部门才真正了解军方需求（包括长期策略、轻重缓急、性能要求、保密解密）。要能够做到全面准确了解军方需求并权衡轻重缓急，消密、分解后公开相关信息，且不暴露军事秘密，就必须把"芽"长在政府的高层军事管理部门。

以政府的军事管理部门来主导军民融合的原因之三是，国家的政府的军事管理部门也是政府序列，具有政府的行政职能。

（2）国防项目承包商是"政府主导民企为主"的中间环节。当然，基础性、单项的军事技术或军民两用技术的研发，可以由政府的主导部门直接委托到科研机构,不需要经过中间商,以减少交易成本。但综合性的复杂项目的研发或实施,应该由成熟的军品承包商作为中介。对于成熟的军品承包商,其商业网络和技术网络应该深入到整个民用工业体系里。

军民融合对国防项目承包商有如下要求:一是从主要是"武器制造商"转变为更大程度的"系统集成商"。如美国的主要国防承包商,洛克希德、波音等,自身已经完成了角色转换,其商业网络和技术网络不仅深入美国各个行业,而且遍布世界,可以充分利用全美各个行业的资源,甚至全球的社会资源。二是从军品企业转变为军民结合型企业,企业按市场规律运作,同样的技术,有军品需求就生产军品,有民品需求就生产民品。例如,洛克希德1999年军民品营业额比例为7:3,波音公司1999年军民品营业额比例为7.2:2.8,雷西昂公司1999年军民品营业额比例为7.3:2.7。三是国防项目承包商的数量足够多,以形成竞争格局,避免形成垄断。根据英国国防装备目录和其他公开发表的文件看,在英国国防部承包商名单中,有8000多合格的承包商企业。

(3)人员外派是"政府主导民企为主"的触角。

从运作层面看,有如下启示:

(1)军品市场对社会开放,是实施推进军民融合的基本前提。

(2)信息公开,军民通用的标准体系以及两用技术的识别、转化(再开发)均是实施推进军民融合的重要环节。

(3)配套的政策法规是实施推进军民融合的保证。

二、军民融合的问题界定与路径分析

中共十六届三中全会做出的《中共中央关于完善市场经济体制改革若干问题的决定》,在科技体制改革部分中明确提出了"军民结合,寓军于民"的改革思路。但什么是军民融合和军民融合现象,还没有完全统一的认识。有人概括出几种军民融合模式,如美国的"军民一体化"、欧洲的"民技优先"、以色列的"以军带民"、日本的"以民掩军"等。也有人认为,毛泽东的"军民一致"思想、邓小平的"军民结合"思想、江泽民的"协调发展"论述、胡锦涛的"军民融合"思想,从广义上说都是军民融合的思想。

各个国家的军民融合或军民融合的方式不同,或军民融合的战略重点不同,或军民融合的广度和深度不同。根据军民融合的方式,可以分为市场化方式的军民融合与非市场化方式(行政、计划)的军民融合。根据军民融合的战略重点的区别，可以分为民技优先、以军带民等。

（一）军民融合的背景

军民融合既有技术背景，也有经济背景。从技术背景分析，大范围、大深度的军民融合现象与信息时代有关。最具有代表性的军民两用技术是信息技术，因为现代新军事变革的标志是信息化——空间技术、通信技术和计算机技术突飞猛进的发展和这三大技术的交融，同时后工业化时代也是信息化时代。通信技术和计算机技术是作为民用技术首先出现的，空间技术一出现，就展现了广阔的民用空间。信息技术是创新过程中的军民融合现象的一个关键技术因素。而在新军事变革以前，不能说没有军民融合，但是没有这种大范围、大深度的军民融合。

既从经济背景分析，利用社会资源进行国防项目研发是"冷战"结束以后的新举措。安全与发展既相互制约也相互促进，安全与发展两个问题属于国家的重大政策抉择。国家在某一时期某一阶段，对安全与发展可能有不同的资源配置取向、不同的重点选择。国家在安全上的投入（包括生产能力），可以理解为国防用资源，或简称为国防资源；其他各种资源，如国家和个人在经济发展方面的投入（包括生产能力），可以统称为社会资源。

"冷战"结束以后，大量国防开支的理由不复存在，有限的经费难以维持绝对的军事优势。在这一背景下美国提出要"重新设计国防"。而利用社会资源进行国防项目研发，正是"重新设计国防"的重要内容。利用社会资源进行国防项目研发使这些国家军品项目投资取得事半功倍的效果，即以有限的军事经费，维持更大的军事优势。进一步地，通过国防项目来发展两用技术是有经济回报的，可以把技术转让收益再投入到其他国防项目上。

两者的关系是，技术背景提供了大范围、大深度军民融合的可能性，而经济背景是推进这种大范围、大深度军民融合的必要性。

（二）军民融合问题界定与中国特色的军民融合

美国国会技术评估局认为，军民融合或军民一体化是"把国防工业基础同更大的民用科技与工业基础结合起来，组成统一的国家科技与工业基础的过程"。这一问题界定的优点是把军民融合界定为一个过程而不是一个状态，并指出了过程的目标是组成统一的国家科技与工业基础。

中国特色的军民融合，应该是既强调国防工业基础不仅要服务于国防，而且要服务于整个国民经济，更强调在国防项目研发生产过程中不仅要直接使用国防工业基础，还要直接和间接利用社会资源。

第四章 军民融合的创新政策研究

间接利用社会资源是指通过民用技术开发获取收益，并把收益的全部或部分转化为新的国防资源。这样，在国防项目研发生产过程中，间接利用社会资源，也就相当于国防工业基础不仅服务于国防，而且要服务于整个国民经济，但市场经济体制下，立意取向更偏向于经济收益也不为错。

中国特色军民融合是在既有的国家资源配置取向和重点选择的前提下，通过各种方式，使国防资源的效率最大化。也就是说，是国防资源既定前提下更加主动积极和争取更大作为的行为。军民融合的创新政策就是促进在国防项目研发生产过程中利用社会资源的相关政策。

新时期具有中国特色的军民融合应该有以下特征：

第一，在国防项目研发生产过程中利用社会资源，不是要在计划层面改变国家的资源配置取向。

第二，在国防项目研发生产过程中利用社会资源，主要是通过市场化方式运作。因为我国经济体制已经是社会主义市场经济，互利互惠、平等交易应该是在国防项目研发生产过程中利用社会资源的基本原则。

第三，在国防项目研发生产过程中利用社会资源，不完全排除非市场化的运作。非市场化的运作既可以是行政干预，更可以是党的强大组织力量。但本章主要限于市场化的军民融合运作的创新政策研究。

第四，在国防项目研发生产过程中利用社会资源，有直接和间接利用社会资源两种方式。直接利用社会资源，主要是指直接利用社会的研究能力、生产能力、民用技术，将其转化为军事技术；而间接利用社会资源，是指通过国防项目开发出让两用技术以获得收益，这些收益可以再投入到国防项目上，甚至可以通过国防项目开发出单纯的民用技术（国防技术再开发或国防溢出技术开发），然后出让这种技术以获得收益。

第五，在国防项目研发生产过程中利用社会资源，可以充分发挥多方面的积极性。有一句话叫"九龙治水"，其积极意义是发挥多方面的积极性，但必须各方面职责明确，特别是不能存在职责缺位。其中也应该存在主辅之分，但在不同的空间内或不同局部，应该存在着不同的主辅关系。

第六，新时期具有中国特色的军民融合的战略重点应该是军用技术创新与民用技术创新并重的国防资源的效率最大化。

（三）军民融合的路径分析

从管理学角度看，路径分析是为战略服务的。提出战略目标后，还需要确定实现目标的战略路径。战略目标和战略路径两者一起构成了需要完成的任务。因此，本章认为军民融合的过程就是一个战略目标。在这个战略目标下，存在两种促进军民融合的路径。

路径一是需求驱动路径（见图4-1），是以国防需求拉动资源，以研发生产过程促进融合。即以国防项目拉动资源，在国防项目研发生产过程中不仅要直接使用国防工业基础，还要利用社会资源。在国防项目的研发生产过程中促进军民融合。只有在国防项目的研发生产过程对国防工业基础和民用科技工业基础统一运用，才更利于军民融合过程的推进。也就是说，只有在同一个研究生产项目中，既利用国防工业基础又同时利用民用工业基础，才能推进两者的结合。国防研究项目多是政府组织力量实施的，因而更具有可能统一地利用国防工业基础和民用工业基础。

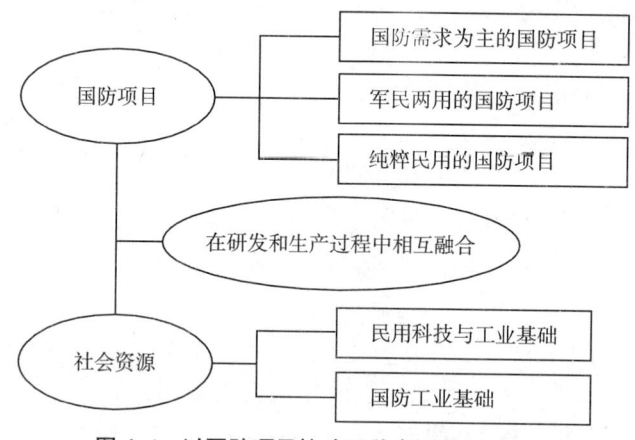

图4-1 以国防项目拉动两种资源并相互融合

在路径一的推进过程中，需要具体关注以下方面：

（1）在国防采办的全程，直接利用社会资源，如基础研究、预先研究、工程研制、装备需求的形成—立项—方案、部件开发、设计—生产—维护等各个环节，都可以根据需求，采取总包或分包委托社会有关机构（包括大学、科研院所、企业）完成。

（2）在国防采购时，可以直接从民用品市场购买产品、技术、服务。

（3）在国防项目研发生产的中间过程，经由承接单位直接利用社会资源，如部门或企业层面的军地合作，某些项目部件外购或外包。

（4）对各产业军民融合的技术可行性和技术前景进行评估，在有军民融合前景和可行性的产业，重点推进军民融合。

（5）在国防项目的推进过程中，要注重利用军政机构的组织力量。

利用国防项目开发两用技术，甚至利用国防项目开发纯粹的民用技术，是不是不务正业呢？不是，因为创新具有不确定性，往往是"无心插柳柳成荫"。国防项目只要能创新，无论是军用技术或民用技术，都会有利于国防资源的效率最大化。创新开发军用技术，是直接有利于国防；开发民用为主的两用技术或纯民用技术，可以通过转让民用技术获得收益，是间接有利于国防。

路径二是供给驱动路径，是以冗余的国防工业基础（包括技术能力和生产能力）主动为国民经济建设服务。路径二本质是间接利用社会资源，是指把军用技术转化为民用技术，再通过转让民用技术为国民经济服务并获得收益。也就是说，在国防项目研发生产的全过程中，可以通过转让技术或出售产品获得收益，并把收益的全部或部分回馈到国防项目中。具体包括以下各方面：

（1）对军用技术进行消密或再开发，使之成为民用技术。

（2）利用国防项目的冗余设备和冗余技术力量，直接开发或合作开发有明显市场价值的民用技术和军民两用技术。

（3）利用国防项目的冗余设备和冗余技术力量，生产或合作生产民用产品，承接民用工程。

三、军民融合创新政策研究与建议

军民融合创新政策，也就是在国防项目研发生产过程中要利用全部社会资源的政策，以及在国防项目研发生产过程中既要关注军用技术，也要关注民用技术的政策。所以，军民融合的创新政策，就是促进军民融合的政策。

（一）军民融合创新政策的现状分析与政策思路

目前，我们还没有完整的军民融合的政策体系。大体情况是，战略路径尚未确定，组织体制属于过渡性质，管理运作政策过时和零散。从已有的军品研发生产的相关政策看，有很多过时的政策，甚至于阻碍军民融合的政策。对这些政策逐一研究和清理，难度较大，可能也没有必要，因为法规的废止和建立相当困难、费时耗力。因此，应该开拓建立军民融合创新政策的新思路。

军民融合的推进过程有三个层面，即战略层面、结构层面、运行层面。战略目标与战略路径属于战略层面；组织体制属于结构层面；管理与运作属于运行层面。在战略目标与战略路径确定后，军民融合创新政策就可以分为两类：一类是组织体制政策，另一类是管理运作政策。组织体制政策具有外生的性质，而管理运作政策具有内生的性质。

建立军民融合创新政策的新思路是，在对军民融合创新政策进行研究时，应先重点研究具有外生性质的组织体制政策，即先确定国家层面的军民融合牵头人，再由其以国防项目的形式推进军民融合的管理运作政策的形成。可以在具体的某一国防项目的管理中，事先说明或中途解释该国防项目的特别政策，包括税收优惠、权益归属、利益分配、参与资质、经费使用、产品或技术的适用标准等。如遇与既有政策冲突，则以该国防项目的特别政策为准。该国防项目的特别政策也仅适用于该国防项目。随着军民融合国防项目的更多实施，特别政策就可以逐步完善并成为固定政策，最终可以形成军民融合正式的管理运作政策。

（二）军民融合的推进过程与政策形成的分析框架

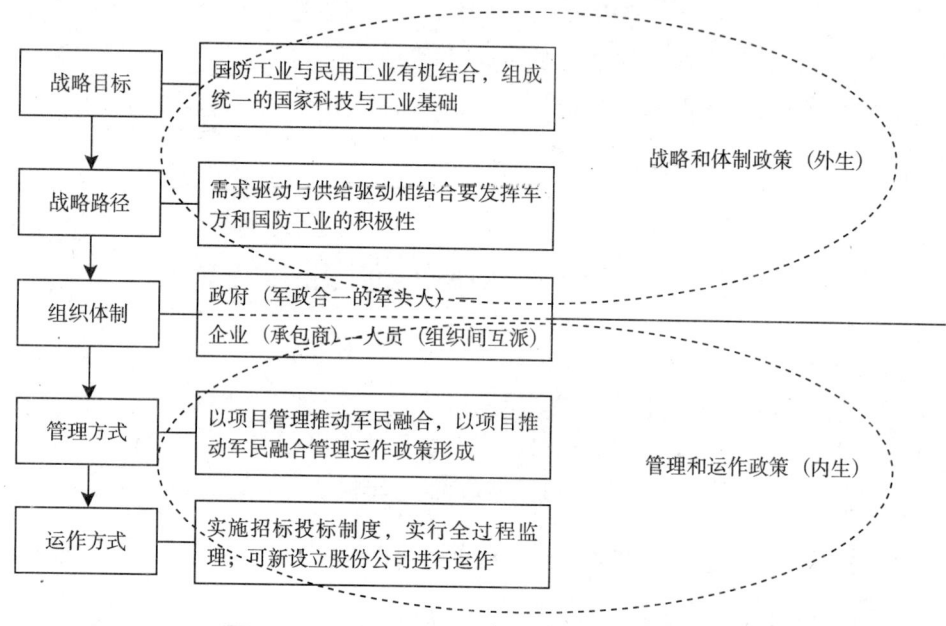

图4-2　军民融合创新过程与创新政策形成的框架

在以上分析框架中，从战略目标到战略路径再到组织体制（军政合一的牵头人）是单向推进过程，不能反复试错，需要理智的逻辑分析，所以体制政策具有外生性，是关键因素；从组织体制（承包商与人员外派）到管理方式再到运作方式，是循环推进过程，可以反复试错，更需要实践过程来完善政策，即管理运作政策具有内生性。

（三）推进军民融合的体制政策研究——国家层面的军民融合牵头人

军民融合的体制问题，应该根据前面分析的战略目标和战略路径的需要加以确定。军民融合的首要问题，就是由谁来牵头组织军民融合。推进军民融合的牵头人与国防工业的牵头人是比较接近的社会角色。

我国国防工业的组织体制的牵头人经历了"军队、政府"各有牵头人—"军队+政府"军政合一牵头人—"军队、政府"各有牵头人的变化。从国家组成结构看,中央军委与国务院是平行关系;从政府组成结构看,国防部是国务院的组成机构,但国防部基本是虚的部门,目前没有对内的实际职能;国防工业的组织体制的牵头人在军政间多次分开—合并的变化。主要体制脉络是,第一阶段(1982年以前):国防部国防科学技术委员会(1958~1982年)与国防工办(1961~1982年)并行;第二阶段(1982~1998年):国防科工委(1982~1998年);第三阶段(1998年以后):总装备部与国防科工委(1998~2008年)并行、总装备部与国防科工局(2008年至今)并行,见图4-3。

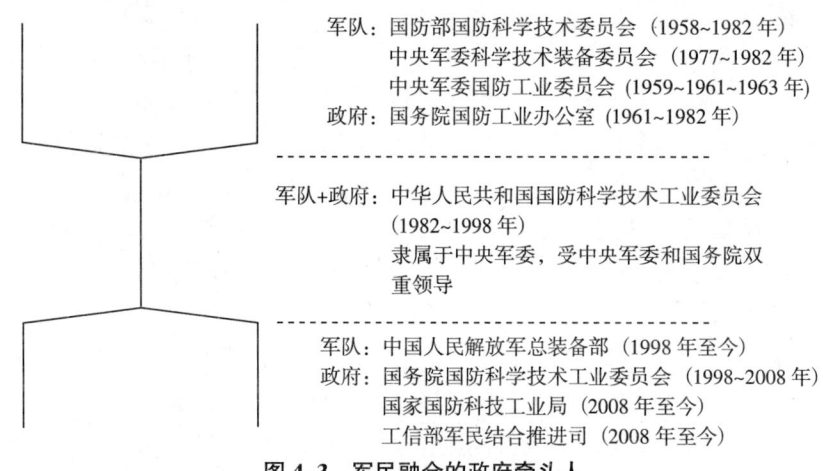

图4-3 军民融合的政府牵头人

资料来源:根据公开资料整理。

下面讲述牵头人组织机构的具体情况。政府方面:1961年11月至1982年5月,成立了国务院国防工业办公室。① 1998年3月机构改革时,另成立了一个属政府部门的国防科工委。2008年3月,国家撤销政府部门的国防科工委,成立了国家国防科技工业局,属副部级单位,由工业和信息化部管理。2008年工业和信息化部设立了军民结合推进司。

军队方面:1958年10月成立国防部国防科学技术委员会,1968年2月改称中国人民解放军国防科学技术委员会。1977年11月成立了中央军委科学技术装备委员会。1982年5月成立了国防科工委。1982年5月将1961年11月成立的

---

① 1969年12月被新成立的中央军委国防工业领导小组替代(此次替代与"文化大革命"有关),1974年12月又再次成立国务院国防工业办公室,同时撤销1969年12月成立的中央军委国防工业领导小组。

中国企业创新政策研究

国务院国防工业办公室、1958年10月成立的国防部科学技术委员会、1977年11月成立的中央军委科学技术装备委员会三机构合并，成立了中华人民共和国国防科学技术工业委员会，隶属于中央军委，受中央军委和国务院双重领导。1998年3月机构改革时，中华人民共和国国防科学技术工业委员会、中国人民解放军总参装备部改组为中国人民解放军总装备部。

与历史上我们的军民融合体制比较，尽管在计划体制时期的军民融合可能不尽完美，不能充分发挥各个方面的积极性，但军政合一的、较高级别的、需求驱动为主的组织体制是有效的组织体制。比较而言，现行的国家层面的军民融合的体制存在以下可商榷的问题：

1. 组织级别

1958年10月成立的国防部国防科学技术委员会（1968年2月改称中国人民解放军国防科学技术委员会），1961年11月成立的国务院国防工业办公室，以及1982年5月成立的中华人民共和国国防科学技术工业委员会（隶属于中央军委，由中央军委与国务院双重领导），都是部委级，现在的国家国防科技工业局是国家局（副部级单位），级别有所下降；而中国人民解放军总装备部，比起中华人民共和国国防科学技术工业委员会、中国人民解放军国防科学技术委员会，或中国人民解放军国防科学技术工业委员会，也是级别下降。

2. 主辅关系

大体上看，1998年以前是需求驱动型，即国家层面的国防工业的组织体制偏需求者（军方）；1998年以后是供给驱动型，即国家层面的国防工业的组织体制偏生产者。问题是由需求驱动改为供给驱动是否明智。国防需求与民用需求不同，国防需求的用户唯一，需求表达明确，有组织能力；而民用需求的用户众多，需求表达不明确，没有组织能力。因此，推进军民融合应采取需求驱动路径。

在国防项目研发生产过程中利用社会资源，是国防资源既定前提下更加主动积极和争取更大作为的市场化行为，那么就有一个问题：谁是牵头人。是谁更加主动积极和争取更大作为？也即在国家层面上，是谁承担推动军民融合的牵头人的主要作用？或者说应该是供给驱动还是需求驱动？最合逻辑的回答应该是国防资源的使用者，即需求驱动。当然不应该是军队，因为军队不具备政府的行政职能，在涉及民事市场行为时缺乏行政能力。应该是政府，但是政府的哪个部门呢？在西方发达国家，这个军民融合的牵头人一般多是国防部，国防部亦军亦民，军重于民。国防部既是军队最高领导机构，也是政府的组成序列。

现在成立的国家国防科工局属于国务院，是副部级单位。问题是，国防科工局的地位能汇总到真正的军方需求吗？能在多大程度上影响国防资源的使用方向？能解密、消密军事技术吗？况且国防科工局还继续管理着军工企业，能把大量的军品研发生产任务放到非军工企业以推动军民融合工作吗？而军民结合推进司只是国家国防科工局的对口单位。军队的总装备部，则是纯粹的军内机构，不具备政府行政职能。甚至可以说，目前我国只有国防工业的国家体制，没有军民融合的国家体制。笔者在此提出三个建议：

建议一，在国务院的国防部设立具有军方背景的"军民融合协调单位"（政府序列）。其级别应该是国家局以上，主要职责是实施本章提出的军民融合的战略路径一，即国防项目研发生产过程中不仅要直接使用国防工业基础，还要直接和间接利用社会资源。总目标是通过国防项目的市场运作，开发军用技术和民用技术，使国防资源效率最大化。

该"军民融合协调单位"负责军民融合的管理运作政策的制定；负责可公开国防项目、国防子项目（包括消密后可公开国防项目、国防子项目）的发包和监管；负责国防技术的消密和解密；负责国防项目开发的两用技术和民用技术的转让及监管。这里的国防项目是指有国防经费参与的项目，并不一定必须要开发军用技术，即国防项目可以是开发具有高市场价值的纯民用技术的项目。

由于该"军民融合协调单位"负责国防项目的过程监管，就需要外派监管人员到承包企业和分包企业里。外派人员除进行监管外，还负有收集技术信息的责任。

建议二，保留国家国防科工局的组织体制，主要职责是实施本章提出的军民融合的战略路径二，即国防工业基础要服务于国防，而且要服务于整个国民经济。

建议三，强化中央专委的职能，统一领导和协调军民融合过程中的特别重大问题。

（四）军民融合的管理运作政策研究

前面已经指出，军民融合的管理运作政策可以而且应该在实践中逐步完善。以下是一些值得关注的基本政策问题：

1. 国防项目的承包商建设

国防项目承包商是国防项目的承接单位。国防项目承包商应该具有广泛的商业渠道和广泛的技术网络，是更大程度的系统集成商。国防项目承包商负有对分包企业的监管职责，也需要外派监管人员到分包企业。除进行监管外，外派人员也负有收集技术信息的责任。

国防项目的承包商既可以是已经设立的既有成熟企业，也可以是新设立的企业。当然，新设立企业一般应该有成熟企业参与，新设立企业的目的往往是吸引加盟投资和加强研究力量，以及监管需要。

2. 人员外派制度建设

组织间的人员外派非常重要，除进行监管需要人员外派外，人员外派的另一作用是收集和传播技术信息。军队派往军工企业的军代表制度就有一定成效，可以总结经验。

3. 国防项目的市场准入和信息公开

因为涉及军事秘密，民用工业企业不可能去主动搜寻国家的军事需求，因此通过适当方式对国家的军事需求进行消密后公开，是民用工业企业参加军品研发生产的前提条件。除政府主动公开国家军事需求信息外，政府还应公布民用工业企业参加军品研发生产的程序并给予指导。对以前的某些限制民企参与军品研发生产的政策，应修改或废止。现行的军品保密制度加密随意，从不解密，已经不合时宜。

4. 权益与激励政策

在国防科技领域，知识产权往往没有充分体现发明人的权利，缺少相应的激励。由此导致了相关人员对自主创新缺乏积极性，对军用技术向民用转移缺乏积极性。与军民融合一致的权益与激励政策，应该与技术的市场价值相关。凡必须保密的技术，应当在保密期内给予发明人一定的保密补偿，这样也可以促使有关部门及时解密。凡已经解密的技术，应从转让技术收益或应用技术收益中提取一定比例用于激励发明人。

5. 国防研发经费的运作政策

国防研发经费的运作政策不应限制过死。除可以使用国防研发经费用于研究的初期成本外，国防研发经费可以用于中试的设备购置，必要时经过特批，也可以购买与研究相关的企业产权。利用国防项目开发两用技术或民用技术，为吸引民间资本参与，可以设立股份制的公司。利用国防经费开发军用技术的项目，也可以采取股份公司的形式运作。采取股份公司形式运作的国防项目，其有别于一般企业的政策，可以在公司章程中加以界定。

6. 军用和民用技术标准

凡民用技术标准可以满足军用要求的，不应再重复设立军用标准。重复标准会造成无谓的社会交易成本。

主要参考文献

1. 谭清美等. 军民科技创新系统融合方式研究 [M]. 北京：科学出版社，2008.
2. 侯光明等. 军民技术转移的组织与政策研究 [M]. 北京：科学出版社，2009.
3. 阮汝祥. 中国特色军民融合理论与实践 [M]. 北京：中国宇航出版社，2009.
4. 张晓天. 军民融合式发展的探索与实践 [M]. 北京：国防大学出版社，2009.
5. 李炎等. 军民融合大战略 [M]. 北京：国防大学出版社，2009.

第五章 产学研合作政策研究

合作研发是研究型大学和科研院所等公共科研机构科技成果转化[①]最重要的机制之一,但经验研究也表明,产学研合作研发面临严重的利益冲突,因而需要复杂多样的制度和政策安排来解决。本章在对产学研合作研发的相关概念进行界定的基础上,讨论了产学研合作研发的基本模式以及各种模式的制度特征和经济学含义,重点对产学研合作研发的一种重要形式——共同研发——的最优制度和政策安排问题(如知识产权归属等)进行了理论探讨,最后在理论分析的基础上提出了本章的政策含义和政策建议。

一、问题的提出和概念界定

当企业面临丰富的技术机会时,企业技术决策的不确定性也最大,公共科研机构的作用在于帮助企业更准确地理解未来主导设计或主导技术路径的发展趋势,从而尽可能地降低投资的风险,提高技术投资的收益。正因如此,产学研合作主要出现在生物技术、信息技术和新材料等高技术领域(Cockburn 和 Henderson,2000;Mowery,1998);Marsili 的研究也表明,技术机会最高的行业(类)其技术模式(technological regime)是以科学为基础的,而在这些行业中,企业知识外取的主要途径是与包括大学在内的公共研究机构进行共同研发。

[①] 从理论上看,科技成果转化(S&T achievements transformation)和科技成果转移(S&T achievements transfer)是两个相关但不同的概念。前者强调大学科技成果还需要进一步的科研努力并形成补充性的知识,才能形成对产业有价值的知识产品,后者则强调大学的学术成果(并不需要进一步的研发努力就可以实现)在商业领域的应用,因此,前者的核心理论问题是如何设计有效的激励结构激发学术机构进一步的研发努力,而后者的核心理论问题是如何设计有效的激励结构促进学术性知识的公开化。目前国内的政策实践和理论研究存在对两个概念的混淆和滥用。产学研合作研发是科技成果转化而不是科技成果转移的重要形式。

表 5-1　行业技术模式与技术创新特征

类型	典型行业	技术机会	外部知识来源	与学术研究的联系	创新的性质
以科学为基础类 (science-based)	生命科学为基础的：医药与生物工程	高	公共研究结构与共同研发	紧密、直接	产品
	以物理科学为基础的：计算机、电子、通信、摄影摄像仪器				
基本过程类 (fundamental processed)	基础化工、采矿、石油	中等	子公司与用户	比较紧密、直接	过程
复杂系统 (complex system)	汽车、飞机制造	中等	复杂系统的来源	比较紧密、间接	产品
产品工程 (product engineering)	非电子机械、仪器（机械控制、电子与机械仪器）、金属工具、橡胶与塑料制品	中高	用户	不紧密	产品
连续过程 (continuous process)	金属冶炼、化工过程（纺织、纸）、食品饮料	低	供应商（体现为生产设备）	不紧密	过程

资料来源：整理自 Marsili, 2006, 表 5.1 和表 5.2。

从企业战略的角度看，当企业战略更强调开拓和发展新的能力，当企业的技术项目具有探索性和试验性的特征时，企业更倾向于与公共科研机构进行合作研发（Bercovitz 和 Feldman，2007）。高度创新型企业（研发强度高的企业）不仅是行业中的技术领先者，而且它们本身也处于学术知识的前沿，这些企业更倾向于通过与公共科研机构建立正式的、企业特定的技术合作关系，来获得公共科研机构的技术知识；当企业技术竞争的重点是保持技术前沿时，技术信息外部来源更多地依赖于公共研究机构；而当企业的技术战略是技术学习时，企业技术信息的外部来源则主要是同行业中的竞争者（Monjon 和 Waelbroeck，2003）。Cassiman 等人的研究表明，当企业旨在开发新的原创性的技术，而不是将既有的成熟技术应用于新的问题时，更倾向于与公共科研机构共同研发；当研究项目很大程度上具有实验性质时，企业倾向于将研发项目外包给公共科研机构（Cassiman etc.，2005）。

本章试图讨论的问题是，当只有通过公共科研机构和企业的共同参与才能够获得一个可以交易的技术（产品），或者虽然公共科研机构原有的科技知识已经可以成为一个独立的知识产权（从而进行技术交易），但企业和公共科研机构希望通过共同的参与进一步深化科技知识的情况下，公共科研机构和企业在研发合作中的知识分工以及在不同合作模式下的最优制度安排是怎样的。

Aghion 和 Tirole 将共同研发定义为几个主体就实施某个特定的研发项目而形

第五章 产学研合作政策研究

成的临时的协议（temporary association）(Aghion 和 Tirole，1994)，本章在他们的基础上，进一步将产学研共同研发定义为公共科研机构与企业签定的旨在实现某个完整的技术产品的一系列合约，我们的定义强调：①共同研发的技术维度的特质性在于多个主体（multi-agent）的共同参与才能实现一个完整的技术创新，这里所谓的"完整"可以理解为技术知识足以达到专利保护所要求的程度（当然参与者未必申请专利）；②制度维度的特质性在于主体能够在事前签定有约束力的合约，该合约规定了公共科研机构和企业关于研发成本分担和收益分享的规则，①②其中最主要的是专利权的归属。

对于公共科研机构而言，研发合作是其公共知识转化的一种机制；对于企业而言，研发合作是企业技术外取的一种形式，研发合作可以帮助企业获得互补性的技术或加快技术研发的速度。在实践中，企业技术知识获取的方式决不限于与公共科研机构的合作研发。企业的技术创新的来源有两个：一是内部研发；二是外取，外取的方式可以是直接的购买，如获得企业或公共研究机构的技术许可，或者通过并购其他企业（包括研究公司）间接获得对方的技术，外取也可以通过与其他组织合作的形式获得，如将技术项目外包给专门的研究公司、企业或公共研究机构，或者与企业或公共科研机构进行共同研发（research joint venture）。作为组织间的研发合作，产学研合作与企业间合作的区别在于：前者的动因主要在于企业与公共科研机构的能力互补，而企业间合作研发除了能力互补以外，更多地出于知识溢出的内部化和风险分担的考虑。

由于各种技术创新机制必然地具有功能上的互补性（当然也具有一定的替代性），因此，作为企业技术创新来源或技术能力提升的一种机制，合作研发在企业的创新战略和社会技术创新系统中必然起到某种独特的功能。本章试图在既有的经验研究成果的基础上刻画公共科研机构和企业在合作研发中的角色和分工，并进一步揭示各种具体的合作研发机制的制度安排。

---

① 与合作研发相关的概念有两个：一是研究合作（research partnership），Hagedoorn 等学者在相当广泛的意义上将其定义为以创新为基础并且至少部分地涉及研发努力的关系。另一个概念是战略技术联盟，Teece 将其定义为一个关于技术研发的契约网络，在这个契约网络下，两个或两个以上的合作者通过集中资源和协调行动来分享承诺（commitment）进而达到共同的目标。我们的定义与 Teece 的定义相关，但 Teece 强调合作契约的承诺特点，而我们则认为合作契约具有更广泛的含义，如承诺（专用性投资）、产权（知识产权）、报酬机制（技术许可）等。

② Carayol 分别区分了产学合作（science-industry collaboration）和产学互动（science-industry interacton），其中，前者相当于本文定义的产学研共同研发，后者相对于产学研发合作。

二、产学研合作研发基本模式的理论比较

产学研研发合作的主要形式是技术项目委托（企业作为委托方或公共科研机构作为委托方）、技术服务、共同研发和关系契约。下面我们分别讨论每一种合作模式的适用性。在各种模式的比较中，我们强调产学研合作的"有效性"，而不是"紧密性"。首先，紧密的学术含义是不清楚的；其次，如果将紧密理解为产学研之间合约的正式性和长期性，那么如果公共科研机构和个别企业建立长期的、正式的合约关系，并进而对其他的企业形成排他的封锁效应，则该制度安排的社会福利效应可能是负面的。

（一）技术项目委托

技术项目委托是企业将一个特定的技术项目外包给公共科研机构完成，企业作为委托人向公共科研机构支付报酬，公共科研机构作为代理人向企业交付技术成果。在典型的技术委托交易中，企业拥有最终技术成果的知识产权，公共科研机构获得的报酬可以是固定支付，也可以是与技术成果绩效挂钩的可变报酬或者是固定报酬加可变报酬的复合报酬。根据标准的委托—代理理论，为了达到风险分担和激励的最优权衡，复合报酬通常是企业给公共科研机构的最优支付结构，但前提是公共科研机构完成的技术绩效必须是可观测、可获得第三方证实的，即可契约化。企业之所以愿意将技术项目委托给公共科研机构，是因为公共科研机构在某些技术项目的研发方面具有更高的效率（如因为公共科研机构从事与该技术相关的基础研究）。可以证明，如果某个第三方的企业与公共科研机构具有同等的技术效率，则企业通常会将该技术项目委托给第三方企业而不是公共科研机构，因为在产学研的委托研发中，由于公共科研机构通常较第三方企业（如独立的研究公司）面临更强的财务约束，因此委托方企业而不是公共科研机构必须负责研发所需要的成本，这会增加交易的代理成本，如公共科研机构对研发资源的浪费。

（二）公共科研机构作为委托方

在这种情况下，公共科研机构研究人员获得一个具有商业化价值的发明，为了实现发明的市场价值，公共科研机构可以选择设立自办企业，直接将该技术商业化。如果公共科研机构没有意愿设立或不被允许设立自办企业，则公共科研机

构可以选择申请专利,然后将专利技术许可给具有商业化该技术的能力的企业,这实际上就回到了关于学术专利问题的讨论上——为了激励研究人员进一步将关于该发明的隐性知识显性化,最优的技术许可的结构是固定支付加与产品数量挂钩的版税。在成熟的市场经济国家,比较普遍的做法是一种介于自办企业和技术许可之间的衍生企业模式,即由公共科研机构研究人员或企业家创办一家分立企业 (spin-off),该企业向公共科研机构购买该发明的专利权,然后由该企业直接将技术商业化或者与具有商业化能力的企业签定技术许可协议,分立企业到底采用哪一种模式实际上就是Teece提出的关于互补性资产的交易治理选择问题。整体上看,企业更应该选择技术许可模式,因为一体化模式作为最优的技术商业化模式要求比较苛刻的条件,这些条件包括:①分立企业可以获得商业化该技术所需要的互补性资产;②互补性资产是重要的;③收益机制(如知识产权)保护是弱的;①④专用性资产是重要的;⑤分立企业没有发展互补性资产的资金约束;⑥竞争者或模仿者的发展互补性资产或其他竞争能力更弱。只有这些条件同时满足的时候,分立企业自己商业化该技术才是最优的战略 (Teece, 1986)。

(三) 公共科研机构提供咨询服务

有些时候,公共科研机构研究人员通过某些渠道(如学术期刊、学术会议等)公开了自己的研究成果,该研究成果具有潜在的(而不是直接的)商业价值,而且没有达到专利保护的程度,因此仍然处于基础科学的阶段,企业意识到该知识的商业应用价值,但仅仅通过公开了的资料企业还不能完全掌握和理解这些知识。这种情况下,企业就需要"雇用"相关的研究人员为企业提供技术咨询服务,目的是将其仍然处于"隐含"状态的知识进一步显性化,在此基础上通过企业内部研发获得最终的具有商业价值的技术(产品)。企业拥有技术知识的知识产权,而作为咨询方的学校和科学家个人则获得固定的服务报酬。从企业的角度看,企业向公共科研机构或科学家提供的报酬是企业的一种技术投资,该投资的作用就是提高企业对外部知识的吸收能力 (Cohen 和 Levinthal, 1989)。

(四) 共同研发

前面的分析都假设了存在一个独立的、完整的技术知识可以获得知识产权的保护进行交易,或者虽然技术不是完整的,但技术所包含的知识模块的技术绩效是可契约化的,因此仍然可以通过技术交易进行委托。现实中经常发生的一种情

---

① Teece 认为,知识产权保护总是弱的,原因是 "invent around"(模仿性创新)总是容易的 (Teece, 1986; 2003)。

况是,某项技术本身并不能分割为可契约化的知识模块,且技术创新只有公共科研机构和企业的共同参与才能实现,这时候,双方就要在事前签定一个明确双方成本分担和收益分享的有约束力的正式合约,这样就形成了公共科研机构和企业合作研发的一种特殊形式——"共同研发"(research joint venture,RJVs)。①在共同研发模式下,技术创新的知识产权归属可能是企业,也可能是公共科研机构,这取决于双方缔约时的讨价还价地位、投资对技术项目成功的边际影响以及事后可能产生的机会行为等因素。但可以肯定的是,为了保证共同研发的组织效率,合作双方必须都进行专用性的投资。根据交易费用经济学的观点,共同研发之所以能够成为一种有效的制度安排,在于它能够将市场交易情况下的单边抵押(hostage)转化为相互抵押(mutual hostage),转化的机制是双方共同投入承诺性的资源(如沉没性的货币和人力投资)。共同研发是产学研合作研发中公共科研机构和企业投资的资产专用性最强的一种合作模式,也是最为正式的一种合作模式。

(五) 关系契约

以上分析的情况都是公共科研机构和企业一次性技术合作的情况,在实践中,公共科研机构和企业很可能并不签定一个正式的、明确规定了双方权利义务的合作契约,而是一种关系性合约(relational contract)。在这种合约关系下,合约的有效执行依赖于双方的声誉。这种合约在企业和公共科研机构长期合作中最为有效。长期合作的方式如公共科研机构向企业提供经常性的技术咨询服务、企业接收公共科研机构培养的研究生等。Hertzfeld 等学者对 23 家有过产学研合作经验的美国企业的访谈结果表明,多数企业认为与企业建立长期的战略合作关系、而不是签定正式的研究合约更为有效。与此相对应,企业通过与研究人员而不是公共科研机构的技术转移办公室建立直接的联系(Hertzfeld etc.,2006)。可以肯定,关系契约一般不会涉及重大的技术创新,因为对于能够带来较高市场价值的重大技术发明而言,企业遵守关系合约的机会成本太高。因此,重大的技术创新更多地依赖于下面的四种合作模式。

---

① 传统上国内学术界多将 Joint venture 一词译为"合资企业",我们认为这样的译法并没有准确反映原词的经济学含义。Joint venture 一词在英文文献中的本意是多个主体共同参与、共担风险,也就是说,在 joint venture 的制度安排下并不必然产生新的企业。joint venture 更为恰当的译法是"共担风险制",research joint venture 的译法应当是"共担风险的合作研发制",本章为了表述的方便译为"共同研发"。但必须强调,"共担风险的研发制"较"共同研发"确实更好地刻画了合作的制度属性。

第五章 产学研合作政策研究

表 5-2 产学研合作模式的适用条件和制度特征比较

合作模式	知识产权归属	另一方的收益形式	适用条件
企业委托公共科研机构研发	企业	固定支付或与技术绩效挂钩的支付	技术绩效可观测、可证实
公共科研机构作为委托方	公共科研机构或分立企业	最终产品利润减去技术许可费用	公共科研机构创新的技术知识必须是可以直接商业化的
公共科研机构提供技术咨询服务	企业	固定的咨询服务费用	企业不能完全吸收公开化的科学知识
共同研发	知识产权归属取决于双方缔约时的讨价还价地位、投资对技术项目成功的边际影响以及事后可能产生的机会行为等因素		技术并不能分割为可契约化的知识模块,且技术创新只有公共科研机构和企业的共同参与才能实现
关系契约	通常不涉及知识产权		非重大的技术创新 基于声誉的长期合作

从企业委托研发到共同研发再到企业内部研发,企业对研发的控制权的强度逐渐增加。控制权主要表现为两个方面：首先是研发资金的配置权；其次是终止研发的决定权。企业选择哪一种合作模式,取决于企业对控制权收益和对公共科研机构的研发努力的激励。在委托研发的情况下,公共科研机构虽然放弃了对研发的控制权,因而公共科研机构有可能将资金投向有利于提供学术评价的项目和方向,而不是最大化市场价值的技术项目和方向,但公共科研机构的研发努力水平确实是最高的,因此,技术的市场价值和学术价值的冲突越小,企业越倾向于选择委托研发。比较而言,在共同研发的情况下,企业具有研究方向的选择权和项目终止权,因而可以有效地控制项目的风险、最大化项目的市场价值,但却抑制了公共科研机构的努力激励（Lacetera, 2006）。我们认为,Lacetera 从控制权的角度比较各种产学研合作模式的制度含义是具有原创性的,但是忽略了共同研发中涉及合作方收益方式（如专利权的归属、版税）等产学研合作中更重要激励工具却是不恰当的。与委托研发相比较,共同研发最主要的制度特征在于它为合作方提供了根据双方的边际贡献、技术的属性进行谈判和再谈判,从而提高合作效率的可能。从某种意义上看,委托研发可以理解为一种特殊的共同研发。

最后我们对各种合作模式对社会福利的影响做一个简单的比较。假设技术创新的市场为 V,企业的努力水平 E 和公共科研机构的努力水平 e 对研发成功概率的影响函数的形式为：$p = p_U(e) + p_F(E)$, $p \in [0, 1]$, $p_U(e)$ 和 $p_F(E)$ 都是凸的。为了简化分析,假设无论是公共科研机构作为技术委托方还是企业作为技术委托方,技术许可费用均为固定支付 F。

当不存在信息不对称问题时,企业和公共科研机构合作研发的最优化问题是：

$$\max_{\{e,E\}} [p_U(e) + p_F(E)] \cdot V - c_U(e) - c_F(E)$$

假设企业和公共科研机构的研发成本满足 $c'_U(e) = c'_F(E) = c$,则社会最优的努力水平为 $p'_U(e^*) = p'_F(E^*) = \dfrac{c}{V}$。

在委托研发情况下（假设知识产权归公共科研机构），因为公共科研机构获得固定支付,因此 $\bar{e} = 0$,企业的研发投资决策问题是：$\max\limits_{\{E\}}[p_U(e) + p_F(E)] \cdot (V - L) - c_F(E)$,得到 $p'_F(\bar{E}) = \dfrac{c}{V - L}$。显然有 $\bar{E} < E^*$,即相对于最优投资水平存在投资不足。

在合作研发情况下,假设纳什讨价还价解为企业和公共科研机构各获得技术创新市场价值的 1/2,则企业面临的研发投资决策问题是：$\max\limits_{\{E\}}[p_U(e) + p_F(E)] \cdot \dfrac{V}{2} - c_F(E)$,得到 $p'_U(\hat{e}) = p'_F(\hat{E}) = \dfrac{2c}{V}$。显然有 $\hat{E} < E^*$,即相对于最优投资水平也存在投资不足。

但委托研发与合作研发两种情况下,何时技术创新成功的概率更大,并没有确定性的结论,即 $\hat{P}$ 和 $\bar{P}$ 的相对大小取决于研发投入产出函数 $p_U(e)$、$p_F(E)$、市场价值 V 和边际成本 c。因此,从社会福利的角度看,并没有一种绝对占优的产学研合作研发模式。①

三、共同研发的制度安排：知识产权归属及其他

（一）知识产权保护有效时的最优知识产权安排

Panagopoulos 的理论和经验研究表明,知识产权保护是企业与公共科研机构共同研发及技术选择的主要影响因素（Panagopoulos,2003）。Hertzfeld 等人（2006）对美国企业的经验研究也表明,知识产权相关的问题是企业共同研发（RJVs）中考虑的核心问题,而在于公共科研机构的共同研发中,关于知识产权的谈判是最

---

① 尽管 Valentin 等人的经验研究表明,校企共同研发是较大学技术许可（大学作为委托人）更重要的公共科技成果转化机制。见 Valentin, Finn & Jensen, Rasmus. "Effects on Academia-industry Collaboration of Extending University Property Rights". Copenhagen Business School Working Paper, 2005.

第五章 产学研合作政策研究

为复杂的。受访的企业认为,造成企业与公共科研机构共同研发的主要阻碍之一,是公共科研机构越来越强烈地要求拥有共同研发成果的知识产权(Hertzfeld, 2006)。这意味着,产学研共同研发中的知识产权归属不仅是个重要的问题,而且是个实践中并不容易解决的问题。

Aghion 和 Tirole 1994 年的一篇文章在 Hart 开创的产权理论的基础上最早系统地讨论了产学研共同研发的知识产权归属问题,他们认为,通常情况下,公共科研机构掌握共同研发的技术成果的专利权是最优的(Aghion 和 Tirole, 1994)。AT 模型的问题背景是:企业和公共科研机构共同投资一个技术项目,投资水平(努力水平)与技术成功概率的关系体现为一个凹函数。公共科研机构研究人员的研发努力是不可契约化的,且技术成功存在不确定性,因此,事前签定的合作协议是不完全的:合同仅仅设定技术成果的知识产权归属以及未获得知识产权一方的报酬。如果企业获得知识产权,则企业支付给公共科研机构一个事先讨论的固定报酬,企业并不从技术许可或者最终产品市场的利润中提成;如果公共科研机构获得知识产权,则公共科研机构将技术许可给企业。

AT 模型的基本逻辑是:知识产权的归属由两方面的因素决定:一是公共科研机构和企业的投资(努力)对技术成功概率的边际影响的相对大小;二是事前双方相对的讨价还价地位。①从边际影响的角度看,公共科研机构只有在能够获得知识产权的情况下,才会提供最高的努力水平,因为努力水平是不可契约化的,而且企业向公共科研机构支付的是(能够补偿公共科研机构的努力成本的)固定报酬。所以,在不能获得知识产权的情况下,公共科研机构的理性决策结果是提供尽可能低的努力。因此,公共科研机构的努力对技术成功概率的边际影响越大,企业越倾向于将知识产权交由公共科研机构。②双方的讨价还价地位也会影响知识产权的归属。这里的讨价还价地位取决于企业和公共科研机构的知识的稀缺性(可替代性),如果公共科研机构的知识相对于企业的知识是足够稀缺的,则企业的机会成本为 0,这时只要企业从共同研发中获得的收益为正,企业就会参与共同研发。

AT 模型里共同研发导致效率损失的一种情况是:公共科研机构并没有很强的谈判地位,而公共科研机构对技术成功概率的影响又不足以达到让企业放弃知识产权的程度。假设企业拥有知识产权(因而公共科研机构提供最低可能的努力水平)时技术项目的市场价值为 V_F,假设公共科研机构愿意换取知识产权的努力水平可以导致技术价值的增长为 Δ。显然只要有 $\Delta > 0$,公共科研机构拥有知识产权就是更加有效的制度安排。但是由于在公共科研机构拥有知识产权的情况下,企业仅仅得到技术市场价值的一部分(假设企业获得市场价值的份额为 α,则只要 $\alpha(V_F + \Delta) < V_F$,企业就不愿放弃知识产权)。当然,理论上公共科研机构

可以通过向企业支付$V_F-\alpha(V_F+\Delta)$来"收购"企业的知识产权,但Aghion和Tirole假设公共科研机构存在财务约束,即公共科研机构没有收购知识产权的支付能力。因此,在共同研发中,知识产权的误置是可能的。进一步地,由于AT模型中企业和公共科研机构的支付结构是不对称的,因此知识产权的误置是单方面的,即只有企业拥有知识产权才可能导致效率损失,因此公共科研机构拥有知识产权是占优的。

按照AT模型的逻辑和结论,社会次优的共同研发的制度安排是将知识产权赋予公共科研机构,一个可能的办法是提高公共科研机构事前的讨价还价地位。事实上,一些学者也正是从这个逻辑出发来支持美国Bayh-Dole方案的理论合理性。然而,AT模型在对产学研共同研发提供了逻辑一致的理论解释的同时,却不能包容实践中关于企业共同研发的一个重要事实,那就是在公共科研机构和企业的共同研发组织中,知识产权的归属绝大多数地不是由公共科研机构而是由企业拥有。根据Crespi等学者对包括德国、英国和法国等六个欧洲主要国家的调查,企业拥有产学研共同研发的技术成果的专利权是一种比较普遍的制度安排,其中德国、法国、意大利和荷兰四个国家中,企业拥有共同研发成果知识产权的比例均超过90%,在英国也高达67%,只有西班牙不足50%,但也达到47%。

表5-3　主要欧洲国家大学技术发明的专利权归属

国家	德国	意大利	法国	英国	西班牙	荷兰	总计
专利总数（件）	108	50	60	139	17	59	433
大学拥有专利权的数量（比例）	4 (4%)	2 (4%)	4 (7%)	46 (33%)	9 (53%)	12 (20%)	77 (18%)
非大学组织拥有专利权的数量（比例）	104 (96%)	48 (96%)	56 (93%)	93 (67%)	8 (47%)	47 (80%)	356 (82%)

注：大学技术发明指的是该技术的发明者中包括大学；非大学组织主要是企业，还包括少数非大学的公共研究机构；数据涉及的时间是1991~1997年。

当理论与逻辑一致但其结论又与重要现实存在冲突时,我们首先怀疑理论所包含的关键假设的合理性。我们认为,Aghion和Tirole的理论之所以不能包容产学研共同研发的主要事实可能有两方面的原因:[①] ①在AT的模型里,如果企业获得合作技术成果的知识产权,则公共科研机构获得的收益是企业提供的固定支付,这意味着专利成为引致公共科研机构研发努力的唯一激励工具,而事实上,

---

[①] 此外,AT假设了大学相对于企业的知识投入更加重要也是值得商榷的。

第五章 产学研合作政策研究

企业完全可以向公共科研机构提供一个类似于版税的、与技术绩效或最终产品产出数量挂钩的可变支付。如果考虑到更为复杂但却更为现实的支付结构，则知识产权的效率损失有可能不是单方面的，甚至有可能根本不存在。②他们的分析仅仅考虑到知识产权归属对共同研发过程中的研发投入（努力水平）的影响，而没有考虑到知识产权归属还会对共同研发结束后公共科研机构在技术市场的行为或企业在产品市场的行为产生影响。如果考虑到后续的行动，则 AT 分析的博弈需要引入一个新的阶段的博弈加以扩展，而新构建的动态博弈完全有可能导致企业和公共科研机构均衡策略的改变。下面我们分别从这两个方面对 AT 模型进行简单的扩展。

1. 将可变报酬引入不完全合约

Hart 开创的产权理论的一个重要的贡献在于，它将合约理论的研究重点从之前的完全合约情况下（依赖于可契约化的产出）的相机报酬机制转移到不完全合约情况下的产权安排等决策过程和制度设计等问题上来（Bolton 和 Dewatripont，2005）。为了刻画产权配置在不完全合约情况下对缔约双方投资激励的影响。Hart 的产权理论和 AT 基于产权理论的知识产权分析都对报酬机制进行了简化，如 Hart 等假设了事前除了产权的归属以外，不能在长期合约中设定任何关于未来交易的条款（Hart 和 Moore，1990），AT 假设企业对公共科研机构的支付仅仅是简单的固定支付。我们认为，在基础理论分析中，为了突出产权的重要性，对其他激励机制的适当简化不仅是必要的，而且是恰当的，但是对于产学研共同研发这样的应用理论问题，如果忽略了一些重要的激励工具，却可能得到不符合现实且具有政策误导性的结论。

针对产学研共同研发的情况，假设公共科研机构和企业的投资具有严格的互补性是恰当的。在产权理论下，当缔约方的技术具有严格的互补性时，次优的所有权安排下双方的投资水平总是劣于社会最优的投资水平，即次优的制度安排相对于社会最优存在效率损失。我们将证明，如果引入相机的可变报酬机制作为知识产权安排的补充，则效率损失可以减少甚至消除。①

假设企业 F 和公共科研机构 U 在共同研发中投入的资产分别为 α_F 和 α_U，假设共同研发中只存在两种可能的知识产权安排，要么企业，要么公共科研机构拥有共同研发的技术成果的知识产权，也就是说，我们排除任何一方不掌握知识产权和双方共有知识产权的情况。由于最优的产权安排是剩余控制权与剩余索取权的对称（Harris 和 Raviv，1989；张维迎，1995），②因此本章给定，最优的知识产

---

① 这里的扩展主要基于 Mathoo（1999）对 Hart 产权理论的阐述。
② 其基本逻辑是，如果控制权与剩余收益权不对称，那么控制权就会变为"廉价的投票权"。

权归属与最优的研发资产的所有权归属是对应的,即在 i 掌握研发资产的产权的情况下,最优的知识产权归属是由 i 拥有技术成果的知识产权,这里我们将对研发资产的产权主要理解为控制权,而将知识产权主要理解为收益权,而且知识产权是共同研发中最主要的剩余收益。因此,我们的分析排除了企业和公共科研机构分别所有和共有两种(研发资产和知识产权)情况。i 对研发资产的所有权集合 Γ_i 满足 $\Gamma_i \in \{\{\alpha_F, \alpha_U\}, \{\Phi\}\}$,$\Phi$ 为没有对研发资产和知识产权的所有权,i = U, F。

动态博弈分为两个阶段:第一个阶段是双方进行人力资本投资 E_i,人力资本投资的成本为 $C_i(E_i)$;第二个阶段为分配阶段,技术成果的市场价值为 $\prod_F(E_F) + \prod_U(E_U)$,企业或公共科研机构获得的收益为 $d_i = d_i(E_i; \Gamma_i)$,i = U, F,则各自的纳什讨价还价解(NBS)为:

$$u_F^N = \frac{1}{2}[\prod_F(E_F) + \prod_U(E_U) - d_U(E_U; \Gamma_U) + d_F(E_F; \Gamma_F)]$$

$$u_F^N = \frac{1}{2}[\prod_U(E_F) + \prod_U(E_U) - d_F(E_F; \Gamma_F) + d_U(E_U; \Gamma_U)]$$

假设 $\prod_i$ 是二阶连续可导、严格增且严格凹的;C_i 是二阶连续可导、严格增且严格凸的;d_i 是二阶连续可导、递增且凹的。为了保证投资 E_i 的边际净收益是凹的,进一步假设 $\prod_i'(E_i) > 2C_i'(0)$ 且 $\prod_i'(E_i) - C_i'(E_i)$ 收敛于一个严格的负数。

假设公共科研机构和企业都是风险中性的,则企业和公共科研机构的效用函数的形式分别为:

$$U_i(E_i, E_j) = u_i^N - C_i(E_i)$$

用 (E_F^*, E_U^*)、(E_F^F, E_U^F) 和 (E_F^U, E_U^U) 分别表示社会最优、企业拥有知识产权和公共科研机构拥有知识产权情况下的均衡努力水平,有:

社会最优:$\prod_i^{*'}(E_i^*) = C_i^{*'}(E_i^*), \forall i = U, F$。

拥有所有权的缔约方:$\frac{1}{2}[\prod_i'(E_i^i) + d_i'(E_i^i; \{\alpha_F, \alpha_U\})] = C_i'(E_i^i)$,i = U, F。

没有知识产权的缔约方:$\frac{1}{2}[\prod_i'(E_i^j) + d_i'(E_i^j; \{\Phi\})] = C_i'(E_i^j)$,i = U, F。

产权理论假设 $\prod_i'(E_i) > d_i'(E_i; \{\alpha_F, \alpha_U\}) \geq d_i'(E_i; \{\Phi\})$,因此有 $E_i^* > E_i^i \geq E_i^j$。

命题:当 $\prod_i'(E_i^j) = d_i'(E_i^j; \{\Phi\})$,且对于 $\forall E_i^j \in [0, +\infty]$ 都成立时,有 $\frac{1}{2}[\prod_i'(E_i^j) + d_i'(E_i^j; \{\Phi\})] = \prod_i'(E_i^j) = C_i'(E_i^j)$。即不拥有知识产权的一方获得的每一单位的支付等于其每一单位的努力对技术项目市场价值的边际贡献时,不

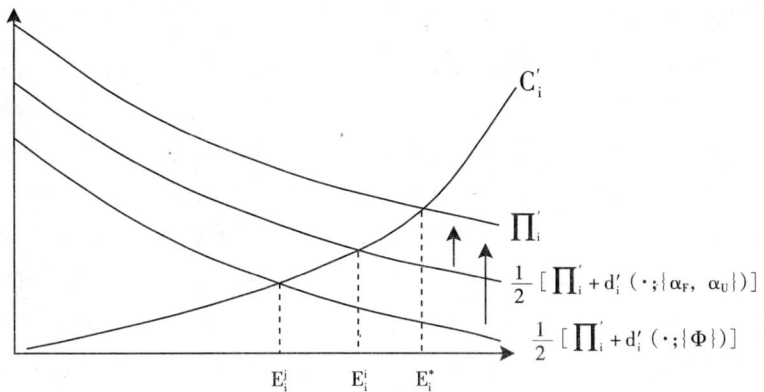

图 5-1 知识产权归属与均衡努力水平

拥有知识产权的一方的努力达到社会最优。也就是说，理论上存在一种知识产权拥有者对非拥有者的非线性支付机制，可以使得对方的努力水平达到最大。由于 $\prod_i'(E_i')$ 在实践中是很难测度的，因此非线性的支付结构是困难的，替代的机制是与技术项目的市场价值挂钩的线性支付结构。如果产学研共同研发的技术成果最终是通过技术许可实现其价值，则市场价值是可以获得的；但如果技术成果是通过企业的最终产品实现其价值的，因为最终产品还涉及其他的要素投入（互补性资产），所以在企业拥有知识产权的情况下，一种次优的安排是将对公共科研机构的支付与最终产品的产出或利润挂钩。

本章关于产学研共同研发中知识产权归属的讨论对于产权理论的应用研究具有一定的启示意义。Hart 开创的产权理论的相对于 Coase 和 Williamson 开创和发展的交易费用经济学的一个最主要的进步在于，它在统一的框架和概念基础上不仅解释了产权的收益——产权作为剩余控制权的激励作用，而且解释了产权的成本——对没有剩余控制权的逆激励（disincentive）作用。但新产权理论为了突出产权的功能，忽略了报酬机制等激励工具与产权作为一种激励工具在引致缔约方努力功能方面的替代性：虽然不掌握产权对缔约方有逆激励作用，但如果通过恰当的报酬机制（至少可以部分地）达到激励不拥有产权一方的努力，则产权的成本是可以减少甚至抵消的。在这种情况下，Hart 和 AT 模型强调的努力的边际贡献可能就不是决定产权归属的重要变量。特别地，在应用该理论解释现实问题时，就要考虑到努力的边际贡献之外的其他更加重要的因素。基于这样的考虑，我们提出，知识产权归属作为一种承诺机制的观点。

2. 知识产权归属作为一种承诺机制

Hart 的产权理论的含义是：次优的产权安排是将研发资产的所有权配置给事后最容易受到另一方机会主义侵害，因而最需要通过产权来保护的一方。在关于共同研发的分析中，由于 Aghion 和 Tirole 将问题限定在技术创新过程，因此相对于现实中更为复杂的产学研共同研发中的博弈行动，AT 模型关于"机会主义侵害"的分析是不完整的。我们认为，在产学研共同研发过程中，存在两种可能的机会主义侵害：一种是 Hart 和 AT 模型意义上的利用研发资产对缔约的另一方进行的侵害，这种机会主义行为发生在共同研发过程中，Lacetera 2006 年的研究刻画了研发资产的所有权（剩余控制权）对机会主义侵害和产学研合作模式的影响——如果公共科研机构掌握研发资产的所有权，则公共科研机构会将资源配置到最有利于产生学术价值的方向，从而损害企业的利益；如果企业掌握研发资产的所有权，则企业会将资源尽可能地配置到产生最大市场价值的方向，从而损害公共科研机构的利益（Lacetera, 2006）。产学研共同研发中可能产生的另一种机会主义侵害是技术项目完成后，一方利用掌握的知识产权对缔约的另一方可能产生的侵害，这种机会主义行为发生在技术项目完成后。其典型的形式是，如果事前约定由公共科研机构掌握知识产权，则一旦技术项目完成，公共科研机构除了从向合作企业的技术许可中获益以外，公共科研机构还存在将该技术通过技术许可或以"灰色交易"的形式转移给其他企业（合作企业的竞争者），以进一步增加技术收益的动机。因此，同意将知识产权赋予企业一方可以视为公共科研机构的一种承诺机制，即公共科研机构承诺不会将技术知识转移给与企业有竞争关系的其他企业。

知识产权作为一种承诺机制并不是无条件的，其重要性是由企业对技术的收益能力决定的，决定企业技术收益能力的最主要的因素是企业所掌握的互补性资产（包括互补性技术）的稀缺程度。假设企业的互补性资产和互补性技术不是稀缺的，如果公共科研机构掌握共同研发的知识产权，则公共科研机构一旦将技术转移给其他竞争者，参与共同研发的企业就并不能从产品市场实现该技术创造的价值。也就是说，如果产品市场的利润为零的话，企业根本没有事前进行沉没性投资的动机（Stiglitz, 1988），①也就根本没有参与共同研发的动机；但是如果参与共同研发的企业的互补性资产或互补性技术是稀缺且不易被模仿的（具有战略资源的性质），则即便公共科研机构掌握知识产权并将技术转移给其他企业，参与共同研发的企业也仍然能够通过产品市场从共同研发的技术成果中获利，这时知识产权归属作为一种承诺机制的意义就是不显著的。

如果公共科研机构拥有专利权的话，理论上公共科研机构可以事前与企业签定一个专属性的技术许可协议，从而提高公共科研机构的承诺能力。但事实上这

---

① 在完全竞争的情况下，企业技术创新的可收益性为零，这时企业完全没有技术投资的动机。这实际上也是熊比特关于垄断有利于技术创新的主要论据。只不过，Stiglitz 和熊比特强调市场结构对技术收益能力的影响，而我们在这里强调企业的内部资源和能力（技术创新的互补性资产）对技术创新可收益性的影响。

种协议对公共科研机构的约束力是值得怀疑的,因为公共科研机构总可以通过"灰色"的市场或非市场交易将技术转让给其他的合作伙伴,并最终成为企业的竞争者。进一步地,公共科研机构要求知识产权本身就是公共科研机构可能放弃排他性交易的一个信号,因为如果公共科研机构和企业的技术交易是排他性的话,那么公共科研机构是否掌握知识产权并不会影响公共科研机构从合作技术成果中的可收益性,因为如果企业向公共科研机构支付与产出挂钩的可变支付,则公共科研机构能够获得向合作企业进行专属性技术许可同样的收益。

综合以上两方面的分析,我们认为,通常情况下,[①] 最优的共同研发合约是由企业拥有技术创新成果的知识产权,同时企业向公共科研机构提供一个固定支付加与技术绩效(或最终产品产出数量)挂钩的可变报酬(类似于版税)。在这种制度安排下,企业与公共科研机构的关系类似于不对称信息情况下的委托代理关系,企业为了激励公共科研机构的努力,同时也考虑到风险分担,向公共科研机构提供一个固定支付加与产出挂钩的可变支付。与标准的委托—代理关系的不同点在于,由于产出是由企业和公共科研机构的投资共同决定的,因此,这里的可变支付的规则是:边际支付 = 公共科研机构的努力水平的边际贡献,即 $\prod_i'(E_i') = d_i'(E_i'; \{\Phi\})$,$\forall E_i' \in [0, +\infty]$。

(二)弱知识产权保护情况下的制度安排

前面的分析都假设了存在一个有效的知识产权保护制度,但回到中国及多数发展中国家的问题上来,则强的知识产权保护就不能作为一个前提给定。根据 AT 和我们的分析,如果政府提供的知识产权保护是弱的,则可能导致两个相互关联的结果:一是知识产权的归属(包括与知识产权归属相关的版税激励)不能成为公共科研机构和企业共同研发中一个重要的激励工具,从而一定程度上抑制了产学研共同研发活动的开展。由于公共科研机构面临的财务约束和制度约束,通过与企业建立基于股权的合资企业并不是产学研共同研发中一种可取的制度安排,[②] 因此,相应地,付诸实施的产学研共同研发中,企业和公共科研机构可能

---

① 除非大学的技术努力的边际贡献足够高,且企业的互补性资产的稀缺性足够高或者可复制性足够低。
② 企业间的合作研发通过其他的制度安排一定程度上可以降低产学研共同研发中存在的由于弱的知识产权导致的效率损失,企业间研发合作对弱知识产权保护的一种最典型的反应是建立基于股权(而不是合约)的合资企业,这种合资企业实际上相当于双方共同拥有技术成果的知识产权,企业可以根据各自的贡献和讨价还价地位确定股权比例。当然,与产学研共同研发一样,基于股权的合资也会影响后续合作企业的行为和效率。参见 Oxley, Joanne E. Institutional Environment and the Mechanisms of Governance: The Impact of Intellectual Property Protection on the Structure of Inter-firm Alliances [J]. Journal of Economic Behavior & Organization, No.3, 1999.

更多地依赖于其他的激励工具,如固定支付和关系合约等。从这个角度看,知识产权的作用就不仅仅在于影响技术市场的效率,还进一步会影响到介于市场和企业内部治理之间的合作组织的效率。因此,有效的知识产权保护是重要的。

在弱知识产权保护的情况下,公共科研机构和企业模拟企业间合资企业的一种变通的组织形式是公共科研机构以技术入股,但为了减少多任务对公共科研机构学术研究功能的破坏,公共科研机构以技术换得的股票仅享有收益权(分红),而不享有决策权,即干股。① 干股与版税的激励效应类似,但由于版税是与产品产出或利润挂钩的,但企业和公共科研机构之间存在关于产出和利润的信息不对称,因此干股的一个好处在于,它相对于版税的信息要求更低。但干股相对于版税(特别是与产出挂钩的版税)的缺陷在于,它让公共科研机构承担了更多的风险,而如果公共科研机构的风险厌恶程度高的话,这种风险分担可能会导致更高的效率损失。合资模式的另外一个缺陷在于它要求新注册成立一个公司,为此企业往往要付出更高的经济成本。因此,我们认为,即便在弱知识产权保护的环境下,基于合作契约(而不是合资企业),同时企业向公共科研机构支付一个固定支付加(类似于版税的)与产品产出或利润挂钩的可变报酬仍然是产学研共同研发中最优的制度安排。

四、政策含义和建议

从企业政策的角度看,企业应该学会充分地利用公共知识资源,同时寻求产学研合作研发与企业的战略和技术能力的最适匹配。对于那些已经具备技术赶超能力的本土企业,我们建议,除了利用本土研究型公共科研机构的学术资源外,也要积极主动地寻求与境外科研机构的研发合作,更快地提升在前沿技术领域的竞争力。在共同研究过程中,企业与大学的共同研发要求更加灵活多样的创新性的制度安排。企业对知识产权的争取必须配合其他的支付机制,如本书讨论的与产出或其他绩效挂钩的可变支付,以尽可能地激励大学提高在共同研发中的努力。

---

① "干股"是指股东不必实际出资就能占有公司一定比例的股份。但我国的《公司法》并未对干股做出明确规定。我国法律规定:股东应当足额缴纳公司章程中规定的各自所认缴的出资额,股东不按照前款规定缴纳所认缴的出资,应当向已足额缴纳出资的股东承担违约责任。因此,我国不存在所谓的"干股"。在实际操作中,有的是企业章程中有干股人的名单,也有干股持有人不在企业章程中,只是企业出具"出资证明书"给干股持有人;或者不签订任何正式的合同,只是双方口头协议。

第五章 产学研合作政策研究

本章对产学研合作研发（包括共同研发）的最优制度安排的讨论主要基于一个企业和一所大学两个缔约者的简单情形，没有研究更为复杂的多方合作的问题（Pagano 和 Rossi，2004），这也是未来进一步拓展本研究的一个重要方向。

主要参考文献

1. Bercovitz, Janet & Feldman, Maryann. Fishing Upstream: Firm Innovation Strategy and University Research Alliances [J]. Research Policy, No.9, 2007.

2. Cassiman, Bruno, Di Guardo, Chiara & Valentini, Giovanni. Organizing for Innovation: R&D Projects, Activities and Partners. IESE Business School Working Paper, No. 597, 2005.

3. Cohen, Wesley. Empirical Studies of Innovative Activity. //Handbook of the Economics of Innovation and Technological Change [M]. Oxford: Blackwell, 1995.

4. Cohen, Wesley M. & Levinthal, Richard C. Empirical Studies of Innovation and Market Structure [M]. Handbook of Industrial Organization, 1989.

5. Cockburn, Iain and Rebecca Henderson. Publicly Funded Science and the Productivity of the Pharmaceutical Industry [M]. paper prepared for the NBER, 2000.

6. Cowan, Robin. Universities and the Knowledge Economy. //Advancing Knowledge and the Knowledge Economy. Edited by Foray and Kahin [M]. The MIT Press, 2006.

7. David C. Mowery & Nathan Rosenberg. Paths of Innovation: Technological Change in Twentieth-Century America. Cambridge: Cambridge University Press, 1998.

8. Foray, Dominique. The Economics of Knowledge [M]. MA/London: MIT Press, 2004.

9. Geroski, Paul. The Evolution of New Markets [M]. Oxford University Press, 2003.

10. Hart, Oliver. Firms, Contracts, and Financial Structure [M]. Clarendon Press, Oxford, 1995.

11. Henry R. Hertzfeld etc. Intellectual Property Protection Mechanisms in Research Partnerships [J]. Research Policy, 2006.

12. John Hagedoorn. The Effect of Strategic Technology Alliances on Company Performance [J]. Strategic Management Journal, Vol.4, 1994.

13. Lee, Yong. Technology Transfer and Research University [J]. Research Policy, No.4, 1996.

14. Lee, Yong. The Sustainability of University-Industry Research Collaborations [J]. Journal of Technology Transfer, No.3, 2000.

15. Lerner, Joshua and Tirole, Jean. Some Simple Economics of Open Source [J]. Journal of Industrial Economics, No.2, 2002.

16. Liebeskind, J., Oliver, A., Zucker, L., Brewer, M. Social Networks, Learning and Flexibility: Sourcing Scientific Knowledge in New Biotechnology Firms [J]. Organization Science, No.3, 1996.

17. Marsili Orietta. Survivor: the Role of Innovation in Firms' Survival [J]. Research Policy, Vol. 35 (5), 2006.

18. Oliver Hart & John Moore. Property Rights and the Nature of the Firm [J]. Journal of Political Economy, Vol.3, 1990.

19. Pagano, Ugo & Rossi, Maria Alessandra. Incomplete Contracts, Intellectual Property and Institutional Complementarities [J]. European Journal of Law and Economics, No.4, 2004.

20. Panagopoulos, Andreas. Understanding When Universities and Firms form RJVs: the Importance of Intellectual Property Protection. International Journal of Industrial Organization, No. 9, 2003.

21. Philippe Aghion & Jean Tirole. The Management of Innovation [J]. The Quarterly Journal of Economics, vol.109, 1994.

22. Rosenberg, N. Why Do Firms Do basic Research (with their own money)? [J]. Research Policy, No.3, 1990.

23. Rosenberg, N., Nelson, R. R. American Universities and Technical Advance in Industry [J]. Research Policy, No.3, 1994.

24. Stephan, Paula E. The Economics of Science [J]. Journal of Economic Literature, No. 3, 1996.

25. Teece, David J. Profiting from Technological Innovation: Implications for Integration, Collaboration, Licensing and Public Policy [J]. Research Policy, Vol.15 (6), 1986.

26. Thursby, Jerry & Thursby, Marie. Knowledge Creation and Diffusion of Public Science with Intellectual Property Rights. //Intellectual Property Rights and Technical Change, Elsevier Ltd., 2007.

27. Thursby, Jerry. The Academic Effects of Patentable Research. Cambridge MA: National Bureau of Economic Research Working Paper 10758, 2004.

28. Thursby, Jerry & Mukherjee, Swasti. Are There Real Effects of Licensing on Academic Research [J]. Journal of Economic Behavior and Organization, Vol.63, 2007.

29. Verspagen, Bart. University Research, Intellectual Property Rights and European Innovation System [J]. Journal of Economic Survey, No.4, 2006.

30. Veugelers, Reinhilde & Cassiman, Bruno. R&D Cooperation between Firms and Universities: Some Empirical Evidence from Belgian Manufacturing, No.3, 2005.

第六章 企业创新联盟政策研究

在全球化和知识经济时代，知识更新速度日新月异，技术复杂度与日俱增，企业逐渐认识到，仅靠自身有限的资源和能力已经无法胜任技术创新的要求。日渐复杂的新技术大幅提高了研发成本，信息的快速流动增加了研发的外部性，预期的研发收益难以保障。因此，越来越多的企业开始建立创新联盟，充分利用外部创新资源，以开放式创新模式展开新一轮市场竞争。本章认为，创新联盟是企业创新战略的重要组成部分，对战略的实施有支持作用；企业创新联盟组织模式必须与其创新战略相匹配，才能对战略起到支撑作用；在企业创新的全过程中，创新联盟能够使企业内外部创新要素实现有机融合，并且能够显著提升企业的创新能力，其作用机制的实质是"外生要素通过创新系统平台转化为内生能力的过程"。本章在梳理我国企业创新联盟政策体系的基础上，针对当前我国企业创新联盟政策体系建设存在的不足，借鉴国外政府在激励企业创新联盟方面的成功经验，提出以下政策建议：第一，在国家层面，政策激励作用主要体现在研发方向引导和平台设施建设方面；第二，在产业层面，政策激励作用主要体现在知识信息共享和共性技术突破方面；第三，在企业层面，政策激励作用主要体现在研发资金支持和知识产权保护方面。

一、企业创新联盟的形成、定义与理论基础

（一）企业建立创新联盟的必要性

与发达国家相比，我国融入经济全球化的时间较晚，对技术创新的投入较少，企业创新联盟的步伐也明显滞后。要实现我国建设创新型国家战略，仅靠封闭式的原始创新并不现实，必须以企业为创新的主体，借助开放式的创新联盟组织形式，才能更好、更快地实现这一宏伟目标，在最短的时间内、在关键技术领域赶上甚至超过发达国家的研发水平。概括来讲，企业建立创新联盟的必要性主

要体现在以下几个方面:

1. 产品生命周期缩短加剧了技术创新的时间和成本压力

随着经济的快速发展和物质水平的提高,大部分产品的生命周期明显缩短,产品市场的竞争日益激烈。这就要求企业加快产品的更新换代速度,以满足瞬息万变的用户需求,在众多的竞争者中抢占先机。然而,这也意味着企业必须为技术创新活动投入更多的时间和资源,使得技术创新成本大大提高。迫于这种压力,越来越多的企业不再局限于自身拥有的创新资源,而是从更广泛的外部环境中寻找并获取所需的资源,其主要目的是缩短技术创新周期、降低创新成本。

2. 技术复杂度提高与知识更新速度加快要求专业化分工

人类经历了几次重大的技术革命后,越来越多的技术应用于产品生产当中,使得产品的技术复杂程度不断提高。同时,一项技术所涉及的知识领域不断拓展,并且知识更新速度日新月异。这些现象的产生,对专业化分工提出了更高的要求。生产一种产品所需的技术和知识为一家企业所垄断的时代已经一去不复返了,更多的企业只能掌握某个特定技术领域的专业化知识,全才型的技术人才也将被专业型的技术人才所取代。无论企业主观意识上是否愿意,客观形势已经不容许企业有更多的选择,要快速研究新技术和开发新产品,就必须借助与外部其他主体的通力合作,尤其是掌握大量关键技术知识的高等院校和研究机构,并积极吸引外部优秀的技术和管理人才为己所用。

3. 知识流动更加广泛与频繁增强了技术创新活动的外部性

随着知识经济时代的到来,通过各种各样的途径和手段,知识在全球范围内的流动更加频繁。知识的快速流动使技术创新活动的外部性更加明显。一种新技术或新产品刚刚问世,便可能成为竞争对手的模仿目标。尤其在知识产权保护机制尚不完善的国家和地区,这种现象更为严重。日益广泛的技术溢出使企业技术创新的可收益性大打折扣,从而大大削弱了企业的创新热情。为了降低创新的外部性,大部分企业在创新过程中加强了知识产权的保护。同时,企业之间采取合作的方式,彼此共享某项技术的知识产权,建立起更加严密的知识产权保护围墙。

4. 产业链创新趋势促使上下游企业之间产生合作创新意愿

产业链上某一环节的技术创新行为,其效果会受到其他环节的影响和制约。只有产业链各个环节相互配合,才能保障技术创新的最终效果。因此,产业链创新是创新活动的大势所趋。以我国现代中药行业为例,质量控制对中药产品而言至关重要,而中药最终产品的质量不仅取决于制剂生产过程,还受到中药材种植和有效部位提取过程的影响。要提高药品质量,成功创制新药,必须实现整个产业链的创新,无论哪一个环节形成"短板"都会产生"木桶效应"。因此,实现

第六章　企业创新联盟政策研究

产业链创新是企业提升技术创新效果的必然选择。这一趋势将推动上下游企业之间的合作创新行为。

5. 特定技术范式及定制化生产模式增强了用户需求的重要性

在行业技术范式的分类中，其中一种范式表现出明显的"用户知识导向"，即用户成为企业技术创新的重要知识来源（Marsili，2001）。机床行业便是这种技术范式的代表性行业。机床被誉为"装备制造业的工作母机"，机床制造企业生产的产品实质是一种加工设备，其产品的功能特性取决于用户的需求，不能满足用户需求的产品毫无价值可言。因此，处于这类行业中的企业必须深入了解用户所在领域的知识，甚至与用户企业派出的代表共同开展技术创新活动，才能保证最终产品符合用户的要求。此外，越来越多的行业中定制化生产模式的兴起，也提升了用户需求对企业创新活动的重要性，使得企业积极转变营销策略，加大对用户的开放程度，加强与用户之间的创新联盟，"面向用户需求的创新"日益普遍。

（二）企业创新联盟的定义与分类

1. 企业创新联盟的定义

本章所讨论的"企业创新联盟"是指：企业与其他组织或个人为了共同的技术创新目标，共同研究和开发一项新技术或一种新产品，合作方之间共享资源与能力，共担成本和风险，共享成果和收益。其本质是一种共同的知识创造过程。企业创新联盟的伙伴可以是同行竞争者，也可以是高等院校和研究机构（通常称为"产学研合作"），还可以是供应商和客户。

2. 企业创新联盟的分类

企业的创新联盟组织模式存在多种形式。从图6-1中可以看出，层级组织和市场交易作为组织模式的两种极端形式，介于两者之间存在多种多样的创新联盟组织模式。根据组织间的紧密程度、持续时间和控制关系的不同，又可以将所有的创新联盟组织模式分为两大类：一类是产权型组织，另一类是非产权型组织。这两类组织又可以划分出多种具体的组织形式：产权型组织模式主要包括技术并购、研发合资企业和互相持股等；非产权型组织模式主要包括联合研究体、共同研究开发、技术交换协议和许可证协议等。各种创新联盟组织模式具有不同的组织特征，从非产权型组织到产权型组织，合作方之间的组织集成度、组织间相互依赖性、合作期限、资源投入、管理和协调成本、对合作伙伴的控制和影响能力、技术和产业的成熟程度逐渐增强，而组织灵活性和环境适应能力则逐渐减弱。

图 6-1 企业的创新联盟组织模式的分类及特征

资料来源：罗炜，唐元虎．企业合作创新的组织模式及其选择 [J]．科学学研究．2001（4）．

笔者认为，就合作关系而言，最能够反映其特征的要素有两点：一是合作主体联系的紧密程度；二是合作关系持续时间的长短。因此，笔者按照企业与外部主体关系的紧密程度以及这种合作关系的持续时间，将创新联盟的组织模式大致划分为以下三种类型：第一类是短期松散型的组织模式，如针对某项技术的短期研发合作项目、直接从外部市场购买专利和技术等；第二类是长期松散型的组织模式，如与高校等开展持续的人才交流与合作、与消费者长期的信息交流等；第三类是长期紧密型的组织模式，如与高校等其他创新主体共建研发机构、兼并收购拥有核心技术的企业、建立长期稳定的项目合作关系等（如图 6-2 所示）。

（三）企业创新联盟的理论基础——开放式创新理论

"开放式创新"的概念最早由 Chesbrough（2003）提出。这一概念强调了创新的来源，不仅包括企业内部，还包括企业外部，企业的技术创新过程是开放性的。与开放式创新相对立的是曾经占据主流的"封闭式创新模式"，认为企业的创新思想必须产生于企业内部，创新活动也应该严格控制在企业内部进行。这种模式虽然在 20 世纪被许多大型企业所成功验证，然而却不能适应 21 世纪经济全球化和知识经济背景下的企业技术创新要求。由于技术创新复杂度和风险提高、

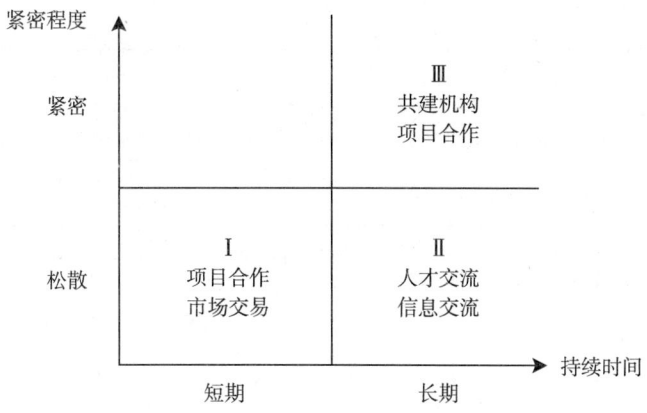

图6-2 创新联盟组织模式的分类

资料来源：笔者绘制。

知识型员工流动性加快、大学等机构的影响力日益重要，以及风险投资快速发展等原因，改变了封闭式创新模式下的良性循环逻辑，使新技术商品化的范围从原来的同一个企业内拓展到新建企业中，使资金的来源也从原来同一个企业的内部研发投入拓展到外部风险投资资本，从而形成了一种开放式的新逻辑（范保群，2007）。一些大型跨国公司如宝洁公司、英特尔公司等在20世纪末纷纷大幅提高外部创新源的比例。并且，这一趋势正从高技术领域扩展到更广泛的领域，逐渐成为取代原有范式的主流创新模式（Chesbrough和Crowther，2006）。在"开放式创新模式"中，企业的边界不是固定的、僵硬的，而是虚拟的、灵活的，企业应该并且能够利用内、外部创意并使之市场化，同时内部创意可以通过外部渠道加以实现，进而创造出新的价值，从而使得创新的来源得以拓展。通过开放式创新模式，企业可以实现内部知识与外部知识的整合，以及技术与市场的整合。Chesbrough（2003）认为，企业并不需要发明最新或最好的知识，也不一定要抢先将新产品推向市场，企业的获胜之道在于有效地运用内部和外部的知识，以独特的方式创造出新的产品和服务。两种创新模式基本原则的比较如表6-1所示。

表6-1 封闭式创新和开放式创新的基本原则比较

封闭式创新	开放式创新
本行业里所有聪明的员工都为本企业工作	并不是所有聪明的员工都为本企业工作，因此需要寻找和利用外部人才的知识和特长
为了从研发中获利，企业必须自己研究、开发产品并推向市场	外部研发能够创造巨大价值；内部研发可以分享其中的部分价值
如果企业自己开展研究，就能率先把新产品推向市场	企业并非自己进行研究才能获利

续表

封闭式创新	开放式创新
最先完成创新成果商业化的企业必将赢得竞争	建立一个更好的商业模式比抢占市场更重要
行业中拥有最多、最好创意的企业必将赢得竞争	能够充分利用内部和外部创意的企业必将赢得竞争
企业应当控制知识产权以免竞争对手从中获利	企业应当从别人对知识产权的使用中获利,同时应当购买对自己商业模式有利的别人的知识产权

资料来源:Chesbrough, H. Open Innovation: The New Imperative for Creating and Profiting from Technology [M]. Harvard Business School Press, 2003.

二、企业创新联盟的发展现状与主要挑战

(一) 中国企业创新联盟的发展现状

在2006年召开的全国科学技术大会上,胡锦涛明确指出:"要建设以企业为主体、市场为导向、产学研相结合的技术创新体系,使企业真正成为研究开发投入的主体、技术创新活动的主体和创新成果应用的主体,全面提升企业的自主创新能力。"① 同时,《国家中长期科学技术发展规划纲要(2006-2020年)》提出:"只有产学研结合,才能更有效地配置科技资源,激发科研机构的创新活力,并使企业获得持续创新的能力。必须在大幅度提高企业自身技术创新能力的同时,建立科研院所与高等院校积极围绕企业技术创新需求服务、产学研多种形式结合的新机制。"② 由此可见,创新联盟活动已经被提升至国家战略的高度,进入了一个新的快速发展阶段。

在这一阶段,各个主体的合作主动性明显增强,合作形式也更加灵活多样,合作规模与范围不断扩展,创新联盟活动取得了显著效果。随着我国融入经济全球化的程度不断深入,使得企业面临越来越激烈的国内外市场竞争。同时,资源短缺导致的要素价格上涨,使得企业迫切需要从依赖过度资源消耗的"粗放型"发展向追求高效资源利用的"集约型"发展转变。环境的变化促使企业对创新联盟产生了更加强烈的渴望,期望充分借助外部创新资源,以满足自身发展的内在需求。以奇瑞汽车公司为例,由于成立时间较晚、自身技术实力不足,为了应对

---

① 摘自胡锦涛在2006年全国科学技术大会上的讲话。
② 摘自《国家中长期科学技术发展规划纲要(2006-2020年)》。

第六章 企业创新联盟政策研究

残酷的市场竞争，奇瑞走出了一条通过利用外部科技资源提高创新能力的道路，在汽车及关联行业领域采用多种方式与国内外一流大学、科研机构、设计机构等建立合作关系，形成了内外结合、优势互补的研发设计体系。① 另外，大学和科研机构对于产学研结合也有强烈的内在需求。过去的经验表明，只有科学研究与市场需求相一致，才能真正体现其价值所在，才能对整个经济社会的发展做出贡献。主要从事基础研究和应用研究的学研方掌握着大量具有市场前景的科研成果，但是往往由于资金和试验设备的不足而无法顺利实现成果的产业化，为了尽快将科研成果转化为经济利益，他们自然要主动寻求与企业的合作。例如，由清华大学、上海交通大学的研究团队和国内 10 家顶尖的电子信息企业形成的技术联盟取得了数字电视技术的重大突破，并达到了国际领先水平。②"十一五"时期前三年，国家科技计划项目中产学研合作项目的比重为 20.4%，可以从一个侧面反映出我国创新联盟的活跃程度。③

随着产学研合作的不断推进，一些企业特别是行业龙头企业不再满足于单元技术的创新联盟，而是开始围绕产业技术链的构建，建立跨行业、跨领域的创新联盟。④ 2007 年 6 月，来自数十家企业、高校和科研院所的主要负责人在北京签约成立了钢铁可循环流程技术创新战略联盟、新一代煤（能源）化工产业技术创新战略联盟、煤炭开发利用技术创新战略联盟和农业装备产业技术创新战略联盟。这标志着我国产业技术创新战略联盟构建工作取得了重要进展。⑤ 2007 年 12 月，以"协同合作、推动创新、共赢共荣"为宗旨的全国"汽车轻量化技术创新战略联盟"正式成立。该联盟由中国汽车工程学会、中国第一汽车集团公司、东风汽车公司、浙江吉利控股集团有限公司、奇瑞汽车有限公司、重庆长安汽车股份有限公司、中国汽车工程研究院、吉林大学、哈尔滨工业大学、华东理工大学、宝山钢铁股份有限公司、西南铝业（集团）有限责任公司共 12 家单位组成。这是一个以技术创新需求为纽带、以获取汽车轻量化核心技术自主知识产权和形成汽车轻量化自主技术标准为目标，横跨汽车设计与制造、机械加工、基础材料等多个行业的技术联盟，主要任务是开展共性关键技术的集成创新。⑥ 随着经济全球化的不断深入和科学技术的飞速发展，"超一流企业卖标准"的观念已经得到企业的广泛认同。在一些技术密集型产业，围绕产业新兴技术及标准的研发与应用，产生了技术标准战略联盟的新形式。例如，技术标准联盟已经成为当代信

---

①②④⑥ 孙福全等.产学研合作创新：模式、机制与政策研究 [M].北京：中国农业科学技术出版社，2008.

③ 科学技术部发展计划司.科技统计报告，2009（24）.

⑤ 首批成立的四大产业技术创新战略联盟简介 [J].中国科技信息.2007（14）、（15）.

息产业的一种普遍现象，如3G标准联盟中有WCDMA联盟、CDMA2000联盟和TD-SCDMA联盟等（龙剑友、张琰飞，2009）。其中，TD-SCDMA联盟是2002年10月由电信科学技术研究院（大唐电信科技产业集团）、广州南方高科有限公司、华立集团有限公司、华为技术有限公司、联想（北京）有限公司、深圳市中兴通讯股份有限公司、中国电子信息产业集团公司、中国普天信息产业集团公司8家企业自愿联合发起成立，其推出的TD-SCDMA第三代无线通信技术标准是第一个由我国提出的、以我国知识产权为主的、被国际上广泛接受和认可的无线通信国际标准。

（二）企业创新联盟面临的主要挑战

与发达国家和其他发展中国家相比，我国企业的创新联盟环境具有一定的特殊性，这使得企业创新联盟的发展面临更多的挑战，主要体现在以下几个方面：

1. 全球化背景下企业技术积累不足

对于我国企业而言，全球化和技术赶超是企业创新战略选择以及创新联盟活动的大背景。首先，同发达国家企业相比，中国企业面临的第一个问题就是"赶超"，包括追赶（catch-up）和超越（leapfrogging）两层含义。日本和韩国采取了典型的引进、消化、吸收、再创新这一战略路径（Kim，1998）。但是，中国企业却很难复制这一模式。因为日韩企业先是在"国内竞争"中积累了一定的技术实力，然后才在国际化环境中同"跨国公司"直接交锋，这一时间差对日韩企业而言非常有利。相反，中国企业在技术能力尚未形成之时，便开始在更加"开放的"环境中遭遇处于技术领先地位的跨国公司的直接竞争。"领先者"为了保持其有利的竞争地位，将会更加严格控制先进技术向我国企业的转移，利用其技术先占者优势形成技术壁垒。因此，中国企业很难有充分的时间走完引进、消化、吸收、再创新的全过程（高旭东，2005）。同时，我国长期以来采取的"以市场换技术"战略，注定了基于"合资方式"寻求"比较优势"的中国企业是永远不会真正获得"国际竞争优势"的（路风，2006）。现实情况是，许多中国企业不仅陷入了特定的"路径依赖"，而且还被锁定在了"技术追随者"的状态。当然，从另一个角度来讲，全球化背景也加速了全球科技资源的流动，增加了中国企业参与国际交流与合作、嵌入全球创新网络的机会。但是，总体而言，挑战大于机遇，要实现从"追随者"到"领先者"的转变，还有很长的路要走。

2. 外资企业研发国际化和技术控制

在全球化背景下，越来越多的国外跨国公司在我国设立独立研发机构，我国正逐步被纳入跨国公司的全球研发网络之中。由于目前我国企业与国外企业之间

第六章 企业创新联盟政策研究

存在较大的技术差距,以及技术知识本身具有的缄默性等特征,加之国外企业采取的核心技术封锁和防止技术溢出等手段,使得我国在利用外资过程中很难掌握核心技术控制权,而是被稳稳地攥在国外企业的手中。近年来,我国一些企业也开始实施"走出去"战略,通过新建企业、参股、控股等方式进行海外投资,也试图通过收购国外企业来获取宝贵的技术资源。但是,从实践来看,大部分企业"走出去"的效果并不理想,即使是全资收购掌握核心技术的国外竞争者,要想将核心技术知识彻底转移至国内企业也非常困难。在激烈的全球化竞争中,无法控制核心技术,就失去了主动权,也使我国企业在跨国创新联盟过程中处于被动地位。

3. 产品市场有序竞争机制有待完善

企业技术创新的动力主要来自"技术推动"和"需求拉动"。针对我国国情而言,"需求拉动"发挥了更显著的创新激励作用。这就需要公平、有序、高效的市场竞争机制为保障。然而,从1978年召开的党的十一届三中全会踏上以市场为取向的经济体制改革的伟大征程,到1992年召开的党的十四大明确宣布"我国经济体制改革的目标是建立社会主义市场经济体制",再到今天的逐步完善,我国的市场经济体制才刚刚走过了短短30年的历程。在某些关键领域中,以市场机制为基础来配置社会资源的目标还未能实现,与市场经济体制相配套的政策、法规体系也有待进一步完善。我们可以看到,一些产品的市场竞争仍然处于比较混乱的状态,亟须有效的市场竞争机制加以调节。例如,某些中药产品存在恶性市场竞争现象,同一种药有上千家药厂同时生产和销售。只有创新产品在市场上销售并产生利润,企业才能实现对技术创新全过程的长期、高额投入的回报,继而开展下一轮技术创新活动。倘若无法保证合理的技术创新收益,创新联盟关系也难以建立。由此可见,非正常竞争的产品市场严重打击了企业技术创新以及创新联盟的积极性。

4. 缺乏创新联盟专项激励政策措施

美国早在1984年就出台了专门的国家合作研究法案——《合作研究与发展协定》(Cooperative Research and Development Agreement, CRADA),明确提出促进研发、激励创新和贸易、允许合作研究、不受反托拉斯法的限制。同时,出台了一系列国家技术转移法案,有效地推动了美国的创新联盟活动,优化了技术成果的转化机制。1995年4月,日本政府成立了产学合作办公室,并于次年颁布基础科学技术促进计划(The Basic Science and Technology Promotion Plan),旨在推动基础和共性技术的研发活动。此外,日本法律赋予从事共同研究时所形成的特殊法人组织,对其构成有相当严格的限制,但是在租税上也给予一定优惠。而我国由于历史遗留的体制原因,创新主体相对独立,创新资源过于分散,产学研创新联盟面临着诸多阻碍。为了改善这种局面，我国政府的做法主要包括：科研机构企业化转制、发起联合研发项目、建立国家技术转移中心、开展国际交流与合作等。尽管如此，明确针对创新联盟活动的相关法律、政策和措施仍然较为匮乏，今后还应从研究到产业化的全过程进一步加强和规范创新联盟活动。

5. 社会信任体系尚未建立

合作伙伴之间的相互信任是创新联盟关系建立和持续发展的重要基础。在研发合作形成过程中，主体间相互信任的影响比其他因素更为重要（袁立科、张宗益，2006）。但是，从我国目前情况来看，整个社会的信任体系仍未建立起来，企业诚信水平相对较低，甚至频频陷入"信任危机"的困境。如果不能采取有效措施及时改善这种状况，企业与其他创新主体之间的创新联盟行为将受到很大阻碍。在调研中发现，大多数企业在与合作对象进行第一次合作时，往往先采取临时性的项目制形式，即使因为技术研发确实需要长期合作，也是先通过几次项目合作充分了解对方后，才会签订长期合作协议或者共建联合研发实体。这从一个侧面反映了我国整体诚信缺失，尤其是涉及大规模投资的技术研发活动，企业持有更为谨慎的态度就不难理解。此外，企业诚信缺失也会降低消费者对其产品的认可度，从而削弱其产品的市场竞争力，造成技术创新收益难以得到保障。因此，建立社会信任体系刻不容缓，这是促进技术创新良性循环、消除创新联盟障碍的重要保障。

三、创新联盟对企业创新能力提升机制分析

（一）创新联盟对企业技术创新过程的作用机制

创新联盟活动会对企业技术创新的全过程产生影响，并且针对不同的合作主体，作用方式也会有所不同。要想深入剖析创新联盟对企业技术创新的作用机制，绝对不能一概而论，首先需要认清技术创新的主要阶段，其次应该对外部合作主体进行分类，才能分别针对不同的创新阶段和参与主体展开讨论。图6-3是创新联盟模式对企业技术创新全过程的作用机制。

企业的技术创新周期较长，创新活动会经历不同的阶段，可以将企业技术创新过程划分为三个阶段：第一阶段是创新要素的投入，包括技术、人才、资金、设备等方面的投入，这是开展技术创新的基本前提；第二阶段是技术研发活动，是指利用创新资源进行基础研究、应用研究和中间试验等，对于设备和技术的改

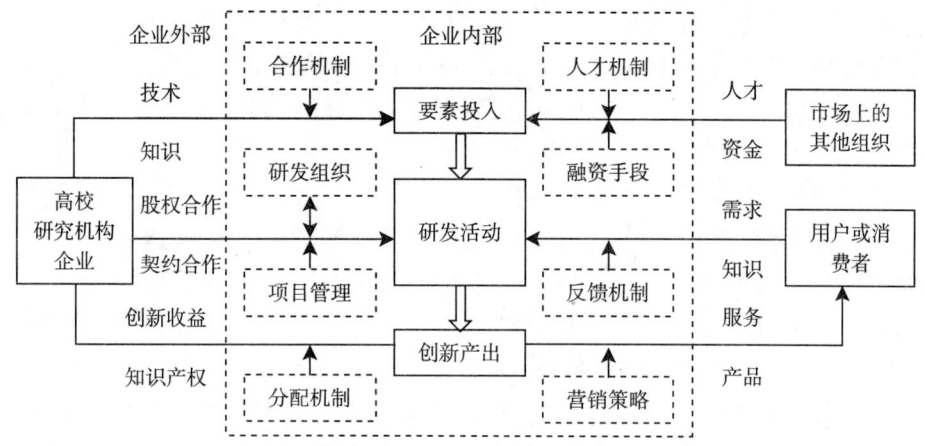

图 6-3 创新联盟对企业技术创新过程的作用机制
资料来源：笔者绘制。

进也包含在这一阶段，这是技术创新最核心的内容；第三阶段是创新成果的产业化，即把技术创新成果转化为新产品的过程，实现产品的规模生产以及商业化，以便从市场上获得利润，弥补前期的技术创新成本，同时作为下一阶段技术创新的投入。

参与企业技术创新过程的外部主体主要包括三类：第一类是高校、研究机构、行业内竞争者、产业链上下游企业以及掌握相关技术的企业，它们大多作为企业的知识和技术来源，补充企业自身知识和技术的不足；第二类是企业面临的市场上的其他组织，它们与企业在技术领域上或许联系并不紧密，但是却拥有企业技术创新所需要的关键资源，如高素质的专业人才以及充足的资金；第三类是企业服务的用户或消费者，它们是企业生产的最终产品的使用者，也是企业获取技术创新收益的来源，企业需要准确把握它们的需求信息，才能顺利实现创新成果的商业化。这些外部主体分别与企业技术创新过程的各个阶段产生互动。在企业内外部交互过程中，企业内部的研发组织、管理手段、人才机制、融资手段、合作机制、分配机制、反馈机制和营销策略等要素起到协调的作用，从而提升企业内外部交互的效率，改善内外部交互的效果。在这种交互过程中，企业的技术创新过程通过整合内外部创新要素，形成一个对外开放的创新系统。

1. 贯穿技术创新全过程的产学研结合

面临日益激烈的竞争环境，技术创新的难度也逐渐增加，企业不可能投入太多精力开展基础研究工作。因此，产学研三类创新主体之间的联系越来越紧密，产学研结合已经成为技术创新活动的主流模式。实际上，高校、研究机构以及其他相关企业参与了企业技术创新活动的全过程，对企业技术创新活动产生了十分重要的影响。首先，他们所掌握的技术和知识是企业关键创新要素的来源。产学研结合对于"以科学知识为基础"（science-based）的技术范式尤为重要，因为处于这种行业中的企业开展技术创新必须依靠科学基础知识，这些知识往往掌握在特定的高校和研究机构内，于是它们就成为了企业最主要的知识来源，企业只有和这些创新主体合作才能顺利开展技术研发活动（Marsili，2001）。为了更好地吸收外部技术和知识，企业内部必须建立起有效的对外合作机制，加强产学研之间的信息交流与技术学习。其次，他们采取多种方式与企业开展创新联盟活动。按照合作主体之间关系的紧密程度，可以将其分为股权型和契约型两大类。股权型合作需要来自企业内部研发组织的配合；反过来，有些合作方式还会改变企业的研发组织结构，如兼并收购、共建研发实体等。契约型合作最常见的方式是项目制，既有短期的、一次性的合作，也有长期的、持续性的合作。要使创新联盟活动取得成功，企业有必要在项目管理方面积累丰富经验，引进和培养一批优秀的项目管理专业人才，逐渐形成较强的项目管理能力。最后，既然学研方参与了技术创新的全过程，它们就会在创新产出环节参与收益分配并共享知识产权。如何处理好创新收益分配和知识产权保护问题，是企业创新联盟过程中遇到的最大难题，这直接关系到企业能否获取应得的技术创新收益。因此，企业必须建立起公平、合理的创新收益分配机制，同时构建起严密、有效的知识产权保护机制，一方面能够保障自己享受到最终的技术创新成果，另一方面也有利于维持与合作方之间长期、稳定的合作关系。

2. 来自市场上的其他组织的创新要素投入

企业的技术创新活动需要投入大量的创新资源，其中人才和资金是最重要的创新要素。一方面，企业需要一批高素质、专业化的人才，从事技术研发和创新管理工作，人才已经成为公认的最核心的创新要素。然而，现在企业面临的是知识经济时代，随着专业化分工的加剧和技术复杂度的增加，科技人才也越来越倾向于专业化，绝大多数的人只能掌握某个领域的专业知识，几乎不存在知识全面的通用型科技人才，同时，知识型人才的流动频率也有所提高。因此，一家企业往往无法拥有技术创新活动所需的全部专业人才，解决的方法就是引进外部人才为企业所用，既可以吸收外部人才成为企业的正式员工，也可以采取企业兼职或项目合作的方式，保持长期的相互交流与合作关系。为了能够吸引企业所需的科技人才，并且将这些人才留住长期为企业技术创新服务，企业内部必须设计相应的人才机制，包括人才引进机制、人才培训机制和人才激励机制等。与此同时，企业还应注意协调好内部员工和外部员工之间的关系，使内外部创新人才在统一的目标指导下，相互配合，共同为企业的技术创新活动贡献力量。另一方面，技术创新不仅具有知识密集型的特征，它还是一项资金密集型的活动。企业开展技术创新活动需要大量的资金投入，尤其是医药、航空、新材料等高技术行业，甚至要投入巨额的研发费用，同时创新还面临着巨大的风险。面对漫长的创新过程、巨额的研发投入以及巨大的创新风险，仅仅是一家企业依靠其自有资金积累和商业银行贷款并不现实。因此，企业必须拓宽融资渠道，创新融资手段，从市场上的其他组织那里筹集技术创新所需的资金。例如，充分利用风险投资和民间资本，来摆脱企业研发资金不足的困境。充足的资金是企业开展技术创新活动的基础条件，借助外部资金弥补自身的资金匮乏，能够使企业拥有更加强大的研发投入实力，为下一步的技术研发活动和技术创新产出奠定坚实的基础。

3. 与用户或消费者的信息反馈及营销策略

在企业技术创新过程中，还有一类主体扮演着重要的角色，这就是企业服务的对象——用户或消费者。一方面，用户或消费者是企业技术创新成果的最终使用者，也是企业创新收益的最终来源。企业通过技术创新所生产的新产品，必须符合用户或消费者的要求，才能在市场上打开销路，为企业赢得利润。无法满足用户或消费者的产品，证明技术创新是失败的，前期大量的创新资源投入也将无法收回。因此，来自终端的需求信息反馈对企业至关重要，否则企业的技术创新投入和技术研发活动将会变成无用功，企业会为之付出高昂的成本，也会降低技术创新活动的可持续性。另外，在一些特定的行业中，用户所掌握的专业知识对于企业的技术创新活动非常重要，企业需要根据这些知识来设计新产品的功能特性，以及今后技术研发的主攻方向。由此，企业必须重视与用户或消费者之间的信息反馈机制，搭建起双方长期交流与沟通的渠道。另一方面，大多数的产品市场都是竞争性市场，企业之间的产品具有较强的相互替代性。在这种市场结构下，企业必须充分发挥主观能动性，将其产品推销给用户或消费者，并从中获取技术创新的最终收益。企业应该在适合自身条件的营销战略指导下，制定有效的市场营销策略，保证为用户或消费者提供优质、快捷的售后服务，才能从众多的竞争对手中脱颖而出，赢得用户或消费者的认可和信任，从而完成技术创新过程的最后一个阶段，获取技术创新收益，实现技术创新过程的持续性。

（二）创新联盟对企业创新能力的提升作用

基于企业技术创新能力的研究，国际主流学术界已经达成一个共识：企业的技术创新能力在很大程度上取决于企业对外部技术知识的吸收能力，但是这种吸收能力（absorptive capacity）是企业进行自主研发努力的函数，所以技术学习和技术研发本来就是同一个过程的两个方面。

路风（2006）分析的几个案例都证明，自主创新必然包含对外部技术知识的吸收和利用，所以"开放性"不是技术依赖（不包含自主开发努力的技术引进）

和自主开发之间的区别。两种模式之间的关键区别在于是否对自主研发付出足够的努力,而这个区别决定了两种模式在技术学习上不同的效果:技术依赖模式是依靠外部技术供给者来提供现成的技术(往往以产品设计和工艺设计的形式),但自己却由于缺乏足够的研发活动而对"引进"的"技术"没有多少理解,只能处于"知其然而不知其所以然"的状态。相反,自主开发模式吸收外部技术知识的目的,是为了自主地发展出产品概念、进行系统设计以及解决所有的相应技术问题,所以这种模式是以自己的理解去吸收外部技术知识,或者是通过吸收外部技术知识来理解并掌握技术。吸收外部技术知识只能服从于自主开发的重要原因在于,即使存在着技术的提供方,许多"核心技术"也是不可能在组织之间转移的。获得"核心技术"的途径与"引进"毫无关系,完全取决于自主开发。

在前人研究的基础上,笔者认为,创新联盟对企业的创新能力有提升作用。企业开展创新联盟活动,能够整合内外部创新资源,实现创新要素的有机融合,提高技术创新效率,降低技术创新风险。创新联盟对企业创新能力的提升过程,本质上是"外生要素向内生能力的转化过程",并且这种转化需要依托企业内部的创新平台。具体而言,企业从外生要素到内生能力的转化机制主要包括三种类型:第一种是"过程参与型"转化机制,如产学研之间的创新联盟,以及企业用户参与的创新联盟;第二种是"资源输入型"转化机制,如企业外部主体向企业输入技术、人才和资金等创新要素;第三种是"双向反馈型"转化机制,如企业获取用户的需求信息反馈,以及企业实现新产品的商业化,将产品销售给用户使用。在企业的技术创新过程中,由于外部主体的广泛参与,促使了企业创新投入能力、学习与吸收能力、新产品开发能力和市场化能力等内生能力的提升。反之,这些内生能力的提高又可以增强企业对外生要素的吸引力,从而实现外部创新要素吸收与转化的良性循环。表6-2对三种转化机制进行了比较。

表6-2 外生要素到内生能力的三种转化机制比较

转化机制	过程参与型		资源输入型	双向反馈型
外部主体	产学研	用户组织	市场	终端用户
参与阶段	基础研究 应用研究	产品开发	创新资源投入	产品设计 产品试验 商业化
参与方式	股权合作 契约合作	信息交流 契约合作	市场交易 风险投资	市场调查 售后服务
要素输入	科学基础知识	产品应用知识	人才、技术、资金	需求信息
系统支撑	研发体系 项目管理 利益分配机制 知识产权保护机制	信息沟通机制 知识产权保护机制	灵活组织 激励机制 技术采购 融资管理	市场营销 客户服务

续表

转化机制	过程参与型		资源输入型	双向反馈型
能力输出	学习与吸收能力 技术研究能力 创新活动管理能力	产品开发能力	创新投入能力	产品开发能力 商业化能力

资料来源：黄速建，王欣，叶树光，傅咏梅. 开放式系统创新模式研究——以天士力集团为例[J]. 中国工业经济，2010（2）.

1. 过程参与型转化机制

（1）产学研之间的创新联盟。产学研的创新联盟活动主要集中于基础研究和应用研究领域。企业与学研方的合作组织模式非常多样，涵盖了大多数的股权型和契约性组织模式。从要素获取的角度而言，企业参与合作的目的主要在于吸收学研方所掌握的科学基础知识，这是企业从事技术创新活动必需的关键创新要素。为了更好地吸收这些知识，企业内部必须从组织、管理和机制各方面予以支撑。首先，企业需要在内部建立起系统的技术研发体系，设立专门的研发部门并配备专业的研发人才；其次，企业需要改进创新管理方法，其中项目管理是一种十分有效的方法；最后，企业需要建立公平、合理的分配机制和严密、有效的知识产权保护机制，以便减少合作方之间的矛盾和冲突，保障企业享受到技术创新的最终成果，同时维持合作方之间长期、稳定的合作关系。成功的产学研合作能够显著提升企业的学习与吸收能力、技术研究能力和创新活动管理能力。

（2）企业用户参与的创新联盟。企业的用户不仅是新产品的最终使用者，也可以参与到企业的技术创新活动中。企业与用户的合作主要体现在产品开发环节。用户参与的具体方式包括长期、紧密的信息反馈与契约合作。用户掌握着大量有关产品应用的相关知识，这些知识对于企业确立技术突破方向和设计产品功能特性具有很高的价值。在企业技术创新过程中，用户向企业输入重要的产品应用知识，可以引导企业选择正确的产品开发方向。由于企业的技术创新活动在一定程度上依赖于用户提供的知识，因此企业必须设计出有效的知识产权保护机制，以此来协调双方的合作行为，尽量减少合作过程中的矛盾和冲突。企业与用户之间的信息交流与合作，能够使企业的技术创新活动更加有的放矢，从而获得新产品开发能力的提升。

2. 资源输入型转化机制

企业在从事技术创新活动的过程中，通常需要从外部主体获取各种创新资源。企业从外部获得这些资源的方式一般为市场交易和风险投资等。首先，由于知识型人才的专业化分工越来越细，企业需要从外部引进一批高素质的专业人才，帮助企业进行技术研发和创新管理工作。这就需要企业建立灵活的组织结构，并且实行有吸引力的人才引进、培养和激励机制。其次，企业必须将优先的创新资源用于核心技术的研究开发，对于那些成熟的、通用性强的共性技术，企业可以向市场上的其他主体购买。企业必须掌握行业技术的分类和发展情况，制定清晰、有效的外部技术采购管理措施，并且实现内外部技术的良好匹配。最后，为了解决技术创新资金不足的问题，企业需要从外部主体筹集大量资金，以确保技术创新活动的顺利展开。企业必须积极拓宽融资渠道，大胆创新融资手段，实施有效的融资管理策略。通过外部主体的创新资源输入，企业的创新投入能力明显提升，这为技术研发活动的执行奠定了坚实的基础。

3. 双向反馈型转化机制

企业与终端用户之间存在一种双向互动关系。终端用户是企业技术创新成果的使用者和技术创新成败的评判者，新产品必须能够很好地满足用户的需求，才能证明这是一次成功的技术创新活动。在初始的产品设计阶段，企业就必须考虑到用户的使用需求，否则将会造成极大的资源浪费。在新产品中间试验环节，企业也应该积极邀请用户参与，并请他们及时反馈新产品的使用情况，同时针对产品功能或外观设计提出相应的改进建议。在新产品的商业化阶段，企业需要将产品销售到用户手中，并从中获取适当的技术创新收益。企业与用户的合作主要通过市场调查和售后服务等方式来实现。在双方的合作过程中，用户将关于新产品的需求信息反馈给企业。为了尽可能多地获取正确的需求信息，企业需要搭建高效的用户沟通平台，建立畅通的信息反馈通道，确立明确的市场营销战略，制定有效的市场营销策略，并且提供优质的客户服务。企业利用来自终端用户的需求信息反馈，可以及时对技术创新过程进行调整，对新产品的功能和外观加以改进，确保新产品真正符合用户的需求。在企业与最终用户的双向反馈过程中，企业在产品开发能力和新产品商业化能力方面都得到了大幅提升。

4. 吸收与转化的良性循环

企业与外部主体开展的创新联盟活动，可以将外生的创新要素转化为内生的创新能力。但是，这种转化并不是自然发生的，还需要企业内部的创新系统在中间发挥支撑作用。外生要素的输入全面提升了企业的创新能力，主要体现在创新投入能力、学习与吸收能力、新产品开发能力和市场化能力。与此同时，企业创新能力的大幅提升，使其具备更加强大的创新实力，增强了企业的创新系统对外生要素的吸引力。由此，便实现了要素吸收与转化的良性循环。

四、企业创新联盟政策体系的梳理与改进建议

(一) 政策体系梳理

1. 构建产学研合作的技术创新体系

2006年我国召开的全国科技大会提出"建设创新型国家"的宏伟目标,其关键就在于形成以企业为主体、产学研相结合的技术创新体系。这充分证明,产学研结合已经成为我国技术创新体系的重要组成部分,并且政府对其重视程度不断提升,首次达到了国家战略的高度。在2006年全国科技大会上发布的《中共中央国务院关于实施科技规划纲要增强自主创新能力的决定》提出,要建立以企业为主体、市场为导向、产学研相结合的技术创新体系;积极推进产学研结合,鼓励和支持企业同高等学校、科研机构共同组建研究开发机构、产业技术联盟等新的组织形式。同时,《国家中长期科学技术发展规划纲要(2006~2020年)》也提出,只有实现紧密的产学研结合,才能更有效地配置我国的科技资源,充分激发科研机构的创新活力,并使企业获得持续创新的能力;在提升企业技术创新能力的同时,创新产学研结合机制,使高等学校和科研机构明确企业的技术创新需求,并以此为依据提供相应的服务。此外,我国相关政府部门也积极研究制定有效的促进产学研结合的配套政策,为确保合作的顺利成功提供适度的优惠政策。

随着全国科技大会的召开,政府已经将产学研结合确立为实现国家战略的重要途径,从而加大了对产学研合作的支持力度。我国多个部门共同实施了"技术创新引导工程",目的在于提高企业技术创新能力、推动产学研紧密结合。同时,促进产学研结合的配套政策也在研究制定当中,产学研结合机制也不断得以创新,如技术创新联盟等新形式层出不穷。随着我国建设创新型国家战略的不断推进,产学研结合也迎来了快速发展的新时期。

2. 推动产业技术创新战略联盟发展

"十一五"以来,我国积极推动产业技术创新战略联盟的发展,使其成为加强产学研合作、促进技术创新体系的重要举措。2008年12月,科技部、财政部等六部门联合发布了《关于推动产业技术创新战略联盟构建的指导意见》,提出推动联盟构建的指导思想是:"以国家战略产业和区域支柱产业的技术创新需求为导向,以形成产业核心竞争力为目标,以企业为主体,围绕产业技术创新链,运用市场机制集聚创新资源,实现企业、大学和科研机构等在战略层面有效结

合，共同突破产业发展的技术瓶颈。"2008年，科技部又下发了《国家科技计划支持产业技术创新战略联盟暂行规定》，提出国家科技计划要积极支持联盟的建立和发展，经科技部审核的联盟可作为项目单位参与国家科技计划项目的组织实施。2009年9月，科技部出台了《产业技术创新战略联盟部内审核工作程序》，就产业技术创新战略联盟是否符合《关于推动产业技术创新战略联盟构建的指导意见》规定条件的部内相关审核工作提出了具体要求。2008年12月，科技部又发布了《关于推动产业技术创新战略联盟构建与发展的实施办法（试行）》，强调联盟的主要任务是："组织企业、大学和科研机构等围绕产业技术创新的关键问题，开展技术合作，突破产业发展的核心技术，形成产业技术标准；建立公共技术平台，实现创新资源的有效分工与合理衔接，实行知识产权共享；实施技术转移，加速科技成果的商业化运用，提升产业整体竞争力；联合培养人才，加强人员的交流互动，支撑国家核心竞争力的有效提升。"2012年6月，科技部下发了《产业技术创新战略联盟评估工作方案（试行）》，加强对产业技术创新战略联盟的规范管理。把评估作为引导联盟健康发展的政策工具，可以实现以下政策目标：首先，考核联盟建设和运行绩效，根据评估结果对联盟进行动态调整和择优支持，形成竞争机制，激发联盟发展活力；其次，总结联盟成功经验，加强宣传推广，充分发挥试点的示范效应，进一步营造有利于联盟发展的社会环境；最后，了解联盟发展的政策需求，研究完善政策措施，探索有效促进联盟健康发展的宏观管理方式。

与此同时，我国加快开展产业技术创新战略联盟试点。2010年1月，科技部下发了《关于选择一批产业技术创新战略联盟开展试点工作的通知》，选择36个联盟作为第一批开展试点工作的产业技术创新战略联盟，要求各参加试点工作的联盟要积极探索建立产学研合作的信用机制、责任机制和利益机制，探索承担国家重大技术创新任务的组织模式和运行机制，探索整合资源构建产业技术创新平台、服务广大中小企业，探索率先落实国家创新政策，发挥行业技术创新的引领和带动作用，为更多联盟的建立和发展积累经验。2011年和2012年，科技部又分别确定在56个和39个联盟开展产业技术创新战略联盟试点工作，切实有力地推动了我国产业技术创新战略联盟的发展。

（二）政策效果评价

我国政府已在多项科技政策法规中突出强调创新联盟的重要意义，并给出了实践指导。这些政策分别针对技术创新过程的不同环节，包括促进科技成果转化的政策、国家科技计划和基础设施建设政策、政策财政资金引导的专项工程、税收优惠政策、知识产权制度、激励和评价制度等。

从目前政策的实施状况来看,已经取得了一定的成效,但是也存在一些不足:[①] 第一,现行政策比较分散。目前国内企业创新联盟政策体系尚未完善,相关政策比较分散,缺乏政策体系的顶层设计,政策的系统性不强,可执行性较弱,影响了执行效果。第二,现行政策内容不完整。一方面,缺乏专门针对促进创新联盟的财政支持政策,使得许多创新联盟活动很难获得科技计划的支持;另一方面,税收优惠政策有待制定和完善,虽然我国已经出台了一些促进科技成果转化的税收优惠,但是政策优惠力度仍然不够。第三,缺乏鼓励高等学校、科研机构与企业进行人才交流的政策。一方面,高等学校的科技开发政策大多侧重于自办科技企业的发展,并将校办科技企业作为科技成果转化的主要形式,在一定程度上忽视了与企业之间的合作研究行为;另一方面,高等学校在聘用教师时,更多偏重于学历、科研成果或教学经验,对拥有在企业从事科研工作经验的人才重视不够,同时,教师承担企业课题的成果很难纳入科研成果评价体系中去,这在客观上导致了高等学校和企业的目标导向出现偏差,严重阻碍了双方的创新联盟活动。

从科技统计数据也可以看出,中国企业创新联盟政策的激励效果并不十分明显。据第二次全国研发资源清查结果显示,2009年,中国规模以上工业企业共开展研发项目19.4万项,项目人员全时当量122.9万人/年,项目经费3185.9亿元。其中,按项目来源分,企业自选的项目经费占80.0%,地方科技项目占7.8%,国家科技项目占6.0%,其他企业委托项目占2.5%,其他项目占3.7%(见图6-4);按项目合作形式分,企业独立完成的项目经费占69.4%,与国内高校合作项目占10.3%,与国内独立研究机构合作项目占5.6%,与境内其他企业合作项目占4.5%,与境外机构合作项目占3.8%,其他合作形式项目占6.4%(见图6-5)。

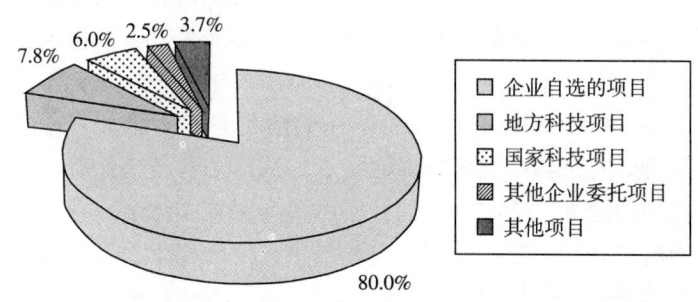

图6-4 2009年中国规模以上工业企业研发项目来源构成

数据来源:国家统计局等.第二次全国科学研究与试验发展(研发)资源清查主要数据公报,2010.

[①] 孙福全等.主要发达国家的产学研合作创新 [M].北京:经济管理出版社,2007,104-106.

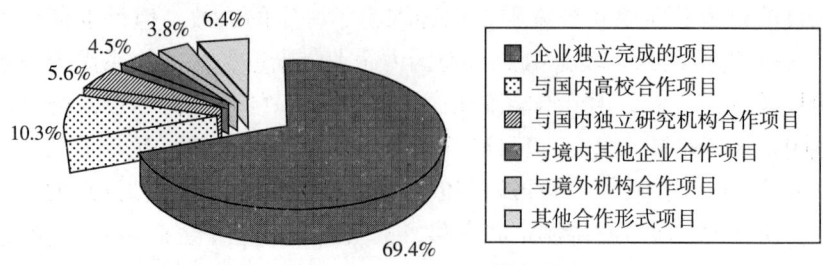

图 6-5　2009 年中国规模以上工业企业研发项目合作形式构成

资料来源：国家统计局等. 第二次全国科学研究与试验发展（研发）资源清查主要数据公报，2010.

（三）外国政府经验

创新联盟活动对提升企业的创新能力有显著作用，从更高层次来讲，也有利于整个国家总体创新能力的增强。因此，政府采取各种措施促进企业开展创新联盟活动，将会加快创新型国家建设的步伐。长期以来，美国和日本等发达国家一直坚持基础研究和应用研究并重的发展思路，非常注重两者的紧密结合，这也是其技术研发成果层出不穷的重要原因之一。目前来看，各国政府对创新联盟的促进作用主要体现在科技计划、合作组织、合作目标、合作政策、合作立法五个方面。[①]

1. 制定科技计划给予直接支持

当创新联盟活动需要巨额投入，并且面临极大风险，或者创新联盟的对象是具有强外部性的共性技术时，政府的支持、鼓励和引导对于创新联盟的顺利开展就十分必要。政府往往通过制定科技计划对合作提供直接支持，根据科技计划目标的不同，其资助对象也有所不同。一是以项目为载体支持产业技术联盟，其目的主要是促进企业、高校和研究机构加强合作，政府为其提供启动资金，用于行业先进技术的应用研究以及产业化过程，如美国的先进技术计划（ATP）；二是以合作创新网络为资助对象，即由一家单位牵头，联合企业研发中心、大学实验室、公共和私营研究机构形成的研发网络，如法国的科技协作行动计划；三是支持合作研究机构的建立，即政府规划并资助多个创新主体组建独立的合作研究机构，开展全面覆盖基础研究、应用研究和技术开发的科学研发活动，同时承担专业科技人才的培养任务，如美国国家科学基金会（NSF）资助建立的"大学—工业合作研究中心"（UICRC）、"工程研究中心"（ERC）和"科学技术中心"（STC）；四是以促进人才的流动为主要任务，政府给予高端人才特别资助，吸引

[①] 孙福全等. 主要发达国家的产学研合作创新［M］. 北京：经济管理出版社，2007，1-9.

第六章 企业创新联盟政策研究

优秀人才投入研发活动，如瑞典的"知识交换计划"。

2. 推动创新联盟组织的形成和发展

从本质上讲，产学研合作是基于产业界、学术界的内在需求而形成的合作关系，其基本表现形式为合作网络或产业研发联盟。从发达国家产学研合作的实践来看，一方面，对于已经自发形成的合作网络或产业联盟，政府加以引导和支持，促使其更好、更快地发展；另一方面，政府也会作为合作的发起者，通过计划等方式推动合作网络或产业研发联盟的形成。例如，日本从2001年起实施产业集群推进计划，在地方选建了19个各具技术特色的产业集群，并出台了一系列的产业集群支持措施，例如，支持企业与研究机构通过交流会、研讨会等形式加强交流与协作，支持集群内优势、特色技术的研究与开发工作，并提供产学共同开发委托费等。此外，成立行业协会、孵化器、信息交流平台以及技术转移网络等灵活多样的中介服务组织，对创新联盟活动给予支持。随着中介形式的不断丰富，也收到了良好效果。

3. 以获取产业关键技术和共性技术为合作目标

在知识经济时代，各国政府都已经意识到，国家综合竞争实力主要来源于产业竞争力，而产业竞争力的核心就是产业关键技术和共性技术。从企业的角度而言，由于这些关键技术和共性技术的研发往往需要巨额投入，并且面临极大的风险和不确定性，难以依靠自身力量独立承担研发活动。从政府的角度而言，其支持创新联盟的动机不只是出于市场考虑，更重要的是站在国家战略高度的考量。因此，政府应该发挥方向引导作用，制定并完善产业技术政策，集聚产学研各方力量共同突破产业技术制高点，从而提升行业整体竞争力。如法国政府2005年出台的"竞争点计划"，通过在不同地区培育多个"竞争点"来整合企业、高校和研究机构各自拥有的创新资源，共同开展产业技术创新活动。"竞争点计划"促进了航空、汽车、生物技术和纳米技术等多个产业领域的关键技术研发，对提升法国产业竞争力具有十分重要的战略意义。

4. 建立和完善支持创新联盟的政策体系

政府可以通过制定相关政策来推动创新联盟活动的开展，这也是各国政府最常使用的激励手段之一。一是促进创新联盟投入的政策。创新主体开展技术研发最大的困难是资金不足，因此政府层面应当加大研发投入力度，帮助产学研合作主体破除资金短缺的障碍。二是促进创新联盟的财税政策。财政和税收政策是调节创新联盟活动的重要杠杆，通过对企业或联合体给予减免税收的优惠，或者向研发投入强度较大的企业提供税收信贷，都能够起到明显的激励作用，如法国"科研税收信贷"政策。三是促进科技人才流动的政策。稀缺的科技人才是最关键的创新资源。由于技术知识具有缄默性特征，许多默会知识是以特定的技术人才为载体。因此，促进产学研之间科技人才的联系与流动，甚至是跨越国界的人才流动，是从根本上保证创新质量、提高创新效率的关键。目前，日本、法国、德国等国家均出台了促进产学研之间人才流动的具体措施。四是专门针对合作机构的政策。政府还可以采取建立专门的合作机构或联合体的方式，从组织和制度上推进创新联盟的产生，从而促进多个创新主体之间的结合以及技术创新效率的提升。例如，美国的合作研究中心、芬兰的国家技术发展中心等。

5. 以立法形式奠定创新联盟的制度基础

在技术创新的某些关键环节，只靠创新政策的约束力度不够，为了给创新联盟活动提供坚实的制度基础，政府可以通过制定一系列的法律、法规来推进合作进程。例如，美国 1980 年颁布的《拜杜法案》规定，联邦政府资助项目取得的研究成果归承担单位所有；承担单位有权以专有或非专有方式授权给企业，从而实现技术转移。美国 1984 年颁布的《国家合作研究法》规定，允许两家以上的企业在前期的技术研究与开发阶段进行合作，而不受《反托拉斯法》的限制。日本 1998 年颁布的《大学技术转移促进法》规定，支持大学成立科技中介机构，并且允许大学教师兼职从事技术转移工作，或者参与技术入股或投资活动。日本同年颁布的《研究交流促进法》规定，鼓励国立研究机构的研究人员到企业参加共同研究，国立研究机构的设施、设备也向企业研究人员开放，同时促进官、产、学、研在各类创新信息方面的交流与合作。各国政府相关制度的建立和完善为创新联盟活动创造了良好的法治环境，有助于规范合作行为，提高合作效率和保障各方利益。

主要发达国家都已经通过多种途径，对产学研合作创新给予了大力支持，并取得了明显成效。各发达国家的主要经验总结如表 6-3 所示。

表 6-3　主要发达国家产学研合作中的政府经验总结

	美国	英国	日本	韩国
合作法规	《拜杜法案》、《联邦技术转移法》、《国家技术转移与促进法》、《国家合作研究法》、《综合贸易与竞争力法》、《小企业技术创新进步法》、《小企业技术转移法》	—	《工矿业技术研究开发协会法》、《研究交流促进法》、《大学技术转让促进法》、《研究交流促进法》、《产业竞争力强化法案》、《产学官合作促进税制》	《韩国合作研究开发振兴法》、《技术转让促进法》
科技管理机构	白宫科技政策办公室、总统科技顾问委员会、国家科学技术委员会、国家科学基金会	科学与创新办公室、生产力与竞争力委员会、科学顾问委员会、研究理事会、高等教育基金理事会	综合科学技术理事会	国家科学技术委员会、科技部（下设科学技术创新本部）

· 134 ·

第六章　企业创新联盟政策研究

续表

	美国	英国	日本	韩国
合作研究机构	大学—工业合作研究中心（UICRC）、工程研究中心（ERC）、科学技术中心（STC）	—	日本生产性本部、新技术开发事业团	产学研合作促进办公室、产业技术协会
科研规划	《开启未来：迈向新的国家科学政策》、《走向全球——美国创新的新政策》	《英国10年（2004~2014）科学与创新投入框架》	《科学技术白皮书》、《科技政策大纲》	—
科技计划	先进技术计划（ATP）	联系合作研究计划、法拉第合作伙伴计划、知识转移伙伴计划	超大规模集成电路计划、知识密集区建设计划、国际性联合研究计划（如人类工程研究计划）	基础科学技术促进计划、先导技术计划（HAN计划）
政府专项基金	—	工程与自然科学研究基金（EPSRC）、医学研究基金（MRC）、生物技术与科学研究基金（BBSRC）	—	—
科技中介或载体	科学园（如硅谷科技园）	伦敦技术网络（LAN）、小企业服务局、高新技术园区（如剑桥大学科学园）	高科技市场、关键技术促进中心（JKTC）、科技城（如筑波科技城）、技术密集区（如九州地区的"硅岛"）	产学研合作研究园区（如大德科技园区）
中小企业合作计划	中小企业创新研究计划（SBIR）、小企业技术转移研究计划（STTR）	小企业贷款保证计划、小企业培训贷款计划、小企业研究计划、中小企业投资研发减免税政策、中小企业知识产权免费咨询项目	—	—
大企业合作计划	新一代汽车合作计划（PNGV）、自由车计划（FREEDOM CAR）	—	—	—

资料来源：孙福全等. 主要发达国家的产学研合作创新 [M]. 北京：经济管理出版社，2007，15-54，151-193；郑逢波. 合作创新激励研究 [M]. 北京：经济科学出版社，2008，137-150.

（四）若干政策建议

针对以上不足，笔者认为，我国政府应该紧密围绕建设创新型国家战略的目标，从国家、产业和企业三个层面入手，进一步明确创新联盟激励的政策导向，并制定更加系统、可行、有效的政策体系。

第一，在国家层面，政策激励作用主要体现在研发方向引导和平台设施建设方面。首先，中央政府可以根据国家整体创新战略，针对一些重点、难点的技术领域，通过立项一些大型的科学研究计划，促进产学研之间的合作与交流。在这些技术领域的确定过程中，还应充分听取企业这一技术创新主体的建议，才能使研究计划有的放矢、研究成果实用有效。同时，政府还应当给予计划执行者一定的资金补贴、税收优惠和知识产权保护等支持，降低创新联盟的成本和风险。其次，中央政府应加强技术创新平台和基础设施建设的力度，这些工作建设时间长、资金投入量大，在一定程度上具有公共物品的属性，很难由某个企业单独承担。然而，一些重大的技术创新突破必须有良好的平台和设施做保障，否则难以取得技术进步、实现技术扩散和提升技术能力，因此，政府作用在这方面显得尤为重要。

第二，在产业层面，政策激励作用主要体现在知识信息共享和共性技术突破方面。首先，政府在出台产业发展规划时，应重点强调产学研结合对产业发展的重要性，并给出具体可行的政策指导。其次，同一区域内的合作关系具有一定的成本优势，因此，地方政府应出台政策措施，增进当地产学研主体之间的信息交流与知识共享，可以提升整个区域的综合竞争力。最后，地方政府应积极推动产业集群和产业技术联盟的发展，并引导这些网络型组织致力于产业共性技术的研究开发。这些共性技术的研发通常具有较高的难度，单独由一家企业完成不太现实，必须由产业内多个主体通力合作，才能有所突破。由于共性技术的通用性，合作的研究成果可供不同主体根据自身需要加以改进和利用，达到"多赢"的结局。

第三，在企业层面，政策激励作用主要体现在研发资金支持和知识产权保护方面。首先，技术创新具有典型的资金密集型特征，从我国企业研发投入现状来看，大部分资金都来自于企业自身积累，占绝大部分的中小企业常常因为资金不足而面临创新阻碍。因此，政府应该特别针对创新型中小企业给予资金支持，常见的政策工具包括财政和税收优惠政策等。其次，企业技术创新动力不足的重要原因之一，就是创新成果保护和创新收益保障问题。目前，我国的知识产权保护体系仍不健全，产品市场上充斥着大量的简单模仿品，侵犯知识产权现象层出不穷，对创新者造成了严重的利益和声誉损失，从而使其创新动力大打折扣。政府应尽快加强知识产权保护体系建设，维护创新者利益不受侵犯，激励企业持久创新。

主要参考文献

1. [韩] 金麟洙著. 从模仿到创新：韩国技术学习的动力 [M]. 刘小梅, 刘鸿基译, 北京：新华出版社, 1998.

2. [英] 笛德, [英] 本珊特, [英] 帕维特著. 王跃红, 李伟立译. 创新管理：技术变革、市场变革和组织变革的整合（第三版）[M]. 北京：清华大学出版社, 2008.

3. Chesbrough, H. Open Innovation: The New Imperative for Creating and Profiting from Technology [M]. Harvard Business School Press, 2003.

4. Chesbrough, H., Vanhaverbeke, W., West, J. Open Innovation: Researching A New Paradigm [M]. Oxford University Press, 2006.

5. Dosi, G. Technological Paradigms and Technological Trajectories: A Suggested Interpretation of the Determinants and Directions of Technical Change [J]. Research Policy, Vol.11, No.3, 1982.

6. Marsili Orietta.Flavor, Fragrance and Odor Analysis [M]. CRC Press, 2001.

7. 陈劲, 王飞绒. 创新政策：多国比较和发展框架 [M]. 杭州：浙江大学出版社, 2005.

8. 黄速建, 王欣, 叶树光, 傅咏梅. 开放式系统创新模式研究——以天士力集团为例 [J]. 中国工业经济, 2010（2）.

9. 龙剑友, 张琰飞. 技术标准联盟——信息产业发展的新趋势 [J]. 财经理论与实践, 2009（5）.

10. 路风. 走向自主创新：寻求中国力量的源泉 [M]. 桂林：广西师范大学出版社, 2006.

11. 罗炜, 唐元虎. 企业合作创新的组织模式及其选择 [J]. 科学学研究, 2001（4）.

12. 孙福全等. 产学研合作创新：模式、机制与政策研究 [M]. 中国农业科学技术出版社, 2008.

13. 孙福全等. 主要发达国家的产学研合作创新 [M]. 北京：经济管理出版社, 2007.

14. 王欣. 合作研发对企业自主创新战略的支持作用研究 [D]. 北京：中国社会科学院研究生院博士学位论文, 2010.

15. 袁立科, 张宗益. 研发合作形成的信任因素分析 [J]. 科学学与科学技术管理, 2006（10）.

16. 郑逢波. 合作创新激励研究 [M]. 北京：经济科学出版社, 2008.

第七章 国有大企业创新政策研究

国有企业是我国国民经济的重要支柱,国有大企业在一定程度上则是代表国家竞争力的企业。改革开放 30 多年来,国有大企业经营活动的市场化程度得到了显著的提高,在这个过程中,这些企业的经济增长与发展以及竞争力的提升,越来越多地依赖于创新活动。尤其是近年来,伴随中国政府做出增强创新能力、建设创新型国家的战略部署以及国有经济实力的不断增强,国有大企业的创新工作正取得显著进展,国有大企业在国家创新战略中日益发挥出重要且积极的作用。

一、国有大企业创新现状

大企业是企业创新的主体。在中国大企业的创新活动中,国有大企业起着举足轻重的作用。统计显示,2008 年,全国 R&D 经费支出为 4616.0 亿元,其中,企业 R&D 经费支出为 3381.7 亿元;在企业 R&D 经费支出中,规模以上工业企业 R&D 经费支出为 3073.1 亿元;而在后者中,大中型工业企业 R&D 经费支出为 2681.3 亿元。[①] 国有企业 R&D 经费支出占全部企业 R&D 经费支出的比重,略高于 8%;而国有大企业 R&D 经费支出占全部大中型工业企业 R&D 经费支出的比重,略低于 8%。国有企业科技活动人员数量约占全部企业科技活动人员数量的比重,略高于 11%。国有大企业科技活动人员数量约占全部企业科技活动人员数量的比重,略高于 9%。从表 7-1 所示的三项比重值来看,国有大企业的自主创新存在以下特点:①设立科技机构的比重,显著高于其他类型的企业。②科技活动人员占从业人员的比重也稍高于大中型工业企业的平均水平。③但 R&D 经费支出占主营业务收入的比重,却落后于大中型工业企业的平均水平,稍强于全

---

① 另据国资委的数据,2009 年,全国国有企业科技资金达到 3307.9 亿元,比 2008 年增长 34.7%。参阅中国国有资产监督管理年鉴(2010).北京:中国经济出版社,2010.

中国企业创新政策研究

表 7-1 2008 年规模以上工业及国有企业的科技活动情况对比

项目	规模以上工业企业	大中型工业企业	国有控股企业	国有企业	国有大企业
企业数量（个）	418880	40314	20990	9365	427
有科技机构的企业占全部企业比重（%）	5.3	24.7	15.5	10.2	52.9
科技活动人员占从业人员比重（%）	3.5	5.1	6.6	5.0	6.1
R&D 经费支出占主营业务收入比重（%）	0.61	0.84	0.84	0.57	0.66

注："国有企业"的"企业数量"包含有"国有大企业"的"企业数量"。
资料来源：国家统计局，科学技术部. 中国科技统计年鉴（2009）[M]. 北京：中国统计出版社，2009.

部规模以上工业企业的平均水平。

另据 2010 年的统计数据，全国 R&D 经费支出增长至 7062.58 亿元。其中，企业 R&D 经费支出为 5185.47 亿元；在企业 R&D 经费支出中，大中型工业企业 R&D 经费支出为 4015.40 亿元。与 2008 年的指标相比较，这三项指标分别实现增长 53%、53% 和 50%。2010 年，国有企业的 R&D 经费支出为 392.28 亿元，占全部企业 R&D 经费支出的比重下降至 7.57% 的水平；若加上国有独资公司的 R&D 经费支出，它们占全部企业 R&D 经费支出的比重为 14.69%。国有大企业 R&D 经费支出为 301.47 亿元，占全部大中型工业企业 R&D 经费支出的比重为 7.50%。国有企业 R&D 人员数量约占全部企业 R&D 人员数量的比重，略有下降，为 10.94%；国有大企业 R&D 人员数量约占全部企业 R&D 人员数量的比重明显下降至 7.75% 的水平。

表 7-2 2010 年大中型工业及国有企业的科技活动情况对比

项目	大中型工业企业	国有企业	国有大企业	国有独资公司
企业数量（个）	45536	3131	416	797
有 R&D 机构的企业占全部企业比重（%）	27.60	23.83	56.73	46.80
有 R&D 活动的企业占全部企业比重（%）	28.31	28.49	63.22	51.44
R&D 人员占从业人员比重（%）	3.29	3.48	3.95	4.52
R&D 经费支出占主营业务收入比重（%）	0.93	0.71	0.80	1.50

注："国有企业"的"企业数量"包含有"国有大企业"的"企业数量"。
资料来源：国家统计局，科学技术部. 中国科技统计年鉴（2011）[M]. 北京：中国统计出版社，2011.

从表 7-2 所示的四项比重值来看：①国有大企业设立研发机构的比重，显著高于其他类型的企业，国有独资公司设立研发机构的比重，也明显高于大中型工业企业的总体水平。国有企业设立研发机构的比重，相比 2008 年，有了较大幅度的提高，但仍然低于大中型工业企业的总体水平。②从有 R&D 活动的企业占全部企业的比重看，这一指标对各类国有企业的表现而言，与前一指标的情况有较强的相似性，区别在于，国有企业这一指标的总体水平，稍高于大中型工业企业的总体水平。③从 R&D 人员占从业人员的比重看，国有独资公司的比重水平最高，国有大企业的比重水平次之，但高于国有企业的总体水平。国有企业这一指标的总体水平略高于大中型工业企业的总体水平；而在 2008 年，科技活动人员占从业人员的比重水平，略低于大中型工业企业的总体水平。④从 R&D 经费支出占主营业务收入的比重看，国有独资公司这一指标的水平，高于大中型工业企业的总体水平；而国有大企业的水平，仍然落后于大中型工业企业的总体水平，国有企业的总体水平更低。

R&D 活动水平是常用的用以衡量企业创新水平的重要准绳。从表 7-3 列示的大企业集团的 R&D 活动情况看，国有控股企业集团在数量上占全国企业集团总数的 44%，但它们的 R&D 活动费用支出和 R&D 人员数量都占到了全国企业集团总量的 80%。而在 R&D 费用占营业收入比重这个指标上，国有控股企业集团和全国平均水平基本相一致，尤其是母公司为国有独资公司的企业集团，这一指标值表现得比平均水平还要低。这一组数据，大体上反映出了国有大企业 R&D 活动的特点，即它们在技术资源投入的绝对数量方面有明显的优势，但在技术创新活动的强度上，表现相对一般。

表 7-3　2008 年全国企业集团及国有企业集团的 R&D 活动情况对比

项目	单位数（个）	R&D 费用（亿元）	R&D 人员（万人）	R&D 费用与营业收入比重（%）
全国总计	2971	3190.74	111.99	1.17
国有控股企业集团	1293	2561.15	89.14	1.2
母公司为国有企业的企业集团	299	1402.88	47.62	1.21
母公司为国有独资公司的企业集团	646	770.94	25.41	1.09

资料来源：国家统计局. 中国大企业集团（2008）[M]. 北京：中国统计出版社，2009.

以下着重通过对国有大中型企业及全部大中型工业企业的 R&D 活动的一系列主要经济指标的对比分析，来揭示当前国有大中型企业创新活动的大体状况。

从 R&D 活动的投入情况看，2010 年，国有企业的 R&D 人员全时当量为 13.85 万人/年，R&D 经费为 392.28 亿元。如表 7-4 所示，国有企业 R&D 活动的投入占全部大中型工业企业的相应比重，大体为 9%~12%的水平；在全部内资大中型工业企业中，国有企业的 R&D 活动所占比重，大体上居于 13%~16%的水平。国有独资公司 R&D 活动的投入占比水平相对次于国有企业的投入占比水平。

表 7-4　2010 年国有企业与国有独资公司占全部及内资大中型工业企业研究与试验发展（R&D）活动的比重情况

单位：%

指标	项目数		R&D 人员全时当量		R&D 经费	
	比重①	比重②	比重①	比重②	比重①	比重②
国有企业	11.83	15.66	10.11	14.27	9.77	13.22
国有独资公司	8.02	10.61	8.12	11.46	9.21	12.46

注：比重①：指的是国有及国有控股企业占大中型工业企业研究与试验发展（R&D）活动的比重情况；比重②：指的是国有及国有控股企业占内资大中型工业企业研究与试验发展（R&D）活动的比重情况。
数据来源：国家统计局. 中国统计年鉴 [M]. 北京：中国统计出版社，2011.

区分 R&D 项目数、R&D 人员全时当量和 R&D 经费这三项指标，可以看出国有企业的项目数占全部大中型工业企业的比重相对最高；在 R&D 人员全时当量指标上次之；在 R&D 经费指标上则相对最低。而国有独资公司所占比重的特点，与国有企业的情况呈现出明显的反差——其 R&D 经费占全部大中型工业企业的比重相对最高；在 R&D 人员全时当量指标上次之；在 R&D 项目数指标上则相对最低。这意味着，国有企业因其企业数量众多，在项目数上有优势；而国有独资公司在企业数量及项目数方面，明显处于劣势，但其 R&D 人员全时当量和 R&D 经费的投入强度相对要高。有关数据显示，与 2008 年相比，国有企业的 R&D 活动投入的相应占比，均呈小幅下降态势，降幅为几百分点不等；国有独资公司的 R&D 项目数和 R&D 人员全时当量占比也呈现小幅下降态势，但 R&D 经费占比出现了上升态势。这进一步表明，国有独资公司在 R&D 活动的人员与经费投入强度方面拥有优势，尤其是在 R&D 经费投入方面，有比较突出的优势。

从企业新产品开发及生产情况看，国有企业新产品开发及生产、销售情况占全部大中型工业企业的相应比重稍低于 R&D 活动的投入水平，大体上居于 8%~10.5%的水平，如表 7-5 所示。在全部内资大中型工业企业中，国有企业的新产品开发及生产、销售情况所占比重呈现出分化的态势，其中，在开发新产品经费这项指标上，国有企业占比较低，仅为 11.64%的水平；而在另外三项指标上，国有企业占比明显要高一些，处于 13%~14%的水平。在新产品开发及生产方面，国有企业的新产品项目数占比水平相对最高,为10.25%的水平;开发新产品经费、新产品产值和新产品销售收入这三项指标的占比均为8%~9%的水平,相对低于其在R&D活动指标上的占比水平一两个百分点。国有独资公司的新产品项目数的占比大约为国有企业的3/4的水平,不过,其新产品开发经费这一投入指标已经高于国有企业的相应水平——在2008年,国有独资公司的这一指标只是相对较为接近国有企业90%的水平。这进一步证实了从趋势上看,国有独资公司的研发经费投入强度呈上升态势,并日渐超过国有企业的投资强度。

表7-5 2010年国有企业与国有独资公司占全部及内资大中型工业企业新产品开发及生产的比重情况

单位:%

指标	新产品项目数		开发新产品经费	
	比重①	比重②	比重①	比重②
国有企业	10.25	14.15	8.19	11.64
国有独资公司	7.38	10.18	8.73	12.41
指标	新产品产值		新产品销售收入	
	比重①	比重②	比重①	比重②
国有企业	8.41	13.41	8.89	14.22
国有独资公司	6.16	9.83	6.07	9.71

注:比重①:指的是国有及国有控股企业占大中型工业企业新产品开发及生产的比重情况;比重②:指的是国有及国有控股企业占内资大中型工业企业新产品开发及生产的比重情况。
数据来源:国家统计局.中国统计年鉴[M].北京:中国统计出版社,2011.

从企业专利情况看,国有企业的相对优势进一步削弱。如表7-6所示,国有企业的专利申请数及拥有发明专利数占全部大中型工业企业的相应比重显著低于其R&D活动的水平,大体上居于6%~7.5%的水平。在全部内资大中型工业企业中,国有企业的专利申请数及拥有发明专利数所占比重也相应低于其R&D活动的水平,其中,专利申请数所占比重相对高些,为10.49%;拥有发明专利数所占比重最低,仅为8.65%。国有独资公司在专利方面的表现,大约都为国有企业相应比重的一半上下的水平。这一水平明显与前面描述的国有独资公司在科研投入强度方面的优势不相称。另外,无论是国有企业,还是国有独资公司,其有效发明专利数所占比重都明显弱于其专利申请数,这表明,这些企业实际拥有的有效发明专利量与其申请专利的积极性相比,表现得水平要低一些。与2008年相比,国有企业在拥有有效专利数方面的相对优势,呈现出微小幅度的下降态势;但在发明专利申请数方面,所占比重有所上升。这也表现出,国有企业专利申请行为趋向于积极。

表7-6　2010年国有及国有控股企业占全部及内资大中型工业企业研究与试验发展（R&D）活动的比重情况

单位：%

指标	专利申请数		#发明专利		有效发明专利数	
	比重①	比重②	比重①	比重②	比重①	比重②
国有企业	7.41	10.49	7.28	10.58	6.25	8.65
国有独资公司	4.06	5.75	3.65	5.30	3.07	4.25

注：比重①：指的是国有及国有控股企业占大中型工业企业研究与试验发展（R&D）活动的比重情况；比重②：指的是国有及国有控股企业占内资大中型工业企业研究与试验发展（R&D）活动的比重情况。
数据来源：国家统计局.中国统计年鉴［M］.北京：中国统计出版社，2011.

从上述国有大中型企业R&D活动的主要经济指标占全部大企业的相应比重情况来看，国有大中型企业具有R&D活动相对活跃、投入水平相对较高，但在产出方面，则表现为新产品产出能力相对较强，而专利的产出情况相对较弱的特点。这一现象如果简单以专利的产出水平作为衡量企业创新能力的准绳，就很容易得出"国有大企业R&D活动的投入—产出效率，低于一般大企业平均水平"的结论。导致上述问题的原因，①除企业技术创新效率低外，还有一个重要原因是，以往包括国有大企业在内的内资企业，对专利的重视程度不够高。2006年初，国家知识产权局组织进行了一项针对国内11万多家的专利状况调查，这项调查表明，企业的专利实力分布不均，专利实力较强的内资控股企业数量极少。②

随着全社会的创新意识及知识产权保护意识的提高，这一局面已经在发生积极的变化。尤其是中央企业，作为国有大企业的集聚体，它们在创新方面具有明显的优势。国资委的统计数据显示，截至2009年底，中央企业累计拥有有效专利76183项，其中，发明专利21266项。当年，中央企业专利申请39203项，其中，发明专利申请19993项，占申请总量的51%，远高于26.1%的国内平均水平。授权发明专利4891项，占授权总量的23.9%，高于13%的国内平均水平（李荣融，2010）。在全部中央企业中，有22家企业累计拥有有效专利超过1000项，其中，中国石化、中国石油、兵器装备集团、国家电网、宝钢累计拥有有效专利超过3000项（国资委，2010）。截至2011年底，全国国有企业拥有自主知

---

　　① 另一种可能的解释是，国有大企业中一部分企业的业务特点决定了它们适合推出新产品，却不一定适合申请专利，尤其是发明专利。
　　② 这项调查显示，截至2005年底，我国只有1.4%的国内企业提出过专利申请。有限的企业创新投入的增加并未获得高的专利产出，高达98.6%的企业从未提交过1件专利申请，原因之一就是企业缺乏专利保护意识。

识产权专利 21.4 万项，其中，中央企业 13.7 万项。大型企业已成为科技创新的重要力量，中央企业拥有科技活动人员和研发人员 125 万人，其中两院院士 226 人（李小健，2012）。

从国有大中型企业 R&D 活动的变化态势看，近年来，一方面，国有大中型企业 R&D 活动的主要指标在全部工业企业中所占比重值，呈现出小幅下降的态势；另一方面，国有大中型企业 R&D 活动的主要指标的绝对值均呈现出稳步上升的态势，尤其是中央企业，日益在国有大企业的创新中发挥引领和带动作用。国资委的统计数据显示，中央企业科技活动经费的支出，连续多年保持 20% 以上的年增长幅度。2006~2009 年，中央企业科技活动经费年均增长 28.5%，远高于同期销售收入和利润增幅。2009 年，中央企业科技活动经费总额达到 2633 亿元，科技投入占销售收入比重达到 2.1%。其中，R&D 经费达到 1468 亿元，占中央企业科技活动经费总额的 55.7%，两项指标值均比 2006 年翻了一番。自 2003 年国资委成立以来，中央企业平均支出的 R&D 经费占科技经费的比例一直保持在 55% 以上的高水平，高于全国大中型工业企业平均水平 5 个百分点左右。另外，2009 年，中央企业 R&D 经费投入额，已经相当于全国研发经费投入的 31.8%。在《国家中长期科技发展规划纲要（2006~2020 年）》确定的我国需要突破的 11 个重点领域，中央企业都有涉及；16 个国家重大科技专项中央企业参与了 14 个；已有 40 家中央企业被命名为创新型企业，还有一批企业正在开展创新型企业试点工作。上述数据表明，近年来，中央企业技术创新活动的投入水平稳步增加，创新能力不断提高。

二、国有大企业创新的特征分析

国有大企业的创新活动有两面性：一方面，国有大企业历来有资金投入、人才和技术资源条件方面的优势，其创新活动的起点和水平一般都较高，在技术进步和生产率增长方面拥有一定的优势；另一方面，国有企业的所有制因素决定了无论规模大小，因其企业制度内生的激励劣势，国有企业的技术创新效率一般都表现得相对差强人意。具体到实践中，国有大企业创新活动呈现出以下四个特征：一是在技术研发资源投入上，重"硬"轻"软"；二是在技术研发领域选择上，重"用"轻"研"；三是在创新活动的水平上，呈现出"高不成，低不就"的特点；四是在创新活动的形式上，"离散的"、"阶梯式"创新相对常见，而"连续的"、"系统性"创新却相对少见。

(一) 重"硬"轻"软"

重"硬"轻"软"指的是国有大企业的技术研发资源相对集中用于购置"硬件",而非发展"软件"。郑京海和刘小玄(2002)的实证研究得出的结论是,国有企业生产率增长主要依靠对新技术(设备)的投资,而不是技术效率本身的提高。规模大的企业生产率增长的更快,主要就是因为它们有更多的资源优势去进行新技术(设备)的投资。两位作者认为,在技术效率和效率改进方面,国有大企业没有任何优势。

重"硬"轻"软"是现阶段中国大企业创新活动的普遍特征。2007年,国家统计局对全国规模以上工业企业创新活动的专项调查表明,企业创新经费的半数以上用于购置机器设备和软件,内部研发经费为1/3还略少。而欧盟国家创新费用的60%以上用于自主研发。这项调查显示,2006年,我国开展创新活动的规模以上企业创新费用支出达到5821亿元,比2005年增长23.1%,其中购置机器设备和软件费用支出为3250.6亿元,占创新费用的55.8%;用于企业内部的研发活动支出为1888.3亿元,占32.4%;购买相关技术的支出为470亿元,占8.1%;委托外单位进行研发活动的支出为212亿元,占3.6%。

在国有大企业身上,重"硬"轻"软"的特征表现得尤其突出。一方面,国有大企业的"硬"件优势在很大程度上是显性的。有研究评选了国内创新排名前100位的企业,即所谓的"TOP100企业",在这些企业中,国有企业在生产设备的技术水平方面优势明显。数据显示,国有企业和外资企业的国际先进水平生产设备比重最高,均超过25%;国内一般水平生产设备比重较低,均低于20%。相比之下,私营企业的国内一般水平生产设备比重较高,接近30%;国际先进水平生产设备比重较低,低于12%,表现出相对落后的生产设备装备特征(中国企业评价协会,2009)。另一方面,轻"软",是国有大企业多年来因循的惯性经营思维。王明友(2000)指出,偏重"硬技术"创新,忽视"软技术"创新,是国有企业创新活动的一个特点。国有企业创新活动往往强调产品本身的创新或者是过程创新中的生产设备和生产工艺创新,这是一种局限于"硬技术"创新的技术创新观念。由于长期受计划经济的影响,多数企业对"软技术"创新还没有引起足够的重视,忽视产品外围创新、管理技术创新等"软技术"创新的现象普遍存在。

(二) 重"用"轻"研"

重"用"轻"研",指的是国有大企业的技术研发资源相对集中用于相对短期见效的、应用型技术的研究开发,而非发展具有长期战略意义的、基础性或战

第七章 国有大企业创新政策研究

略性技术的研究开发。这是现阶段中国大企业创新活动的又一普遍特征,它是由中国现有的产业技术资源条件所决定的,在当前的发展阶段上,大企业难免侧重于应用性的创新活动,而回避需要深度研发的创新活动。

重"用"轻"研"在企业技术引进及吸收消化方面表现得尤其明显。陈清泰(2006)写到:技术引进可以有两种模式选择。一是仅为使用而引进;二是为提高创新能力而引进。由于机制上的落后,在绝大多数情况下,国内大企业在技术引进上肯于花钱,因为可以立竿见影;而对消化吸收却吝于投入,因为似乎"远水解不了近渴"。我们可以用日本工业曾经经历的发展阶段做一个类比。20世纪50~70年代,日本工业主要靠引进欧美技术,这种技术升级方式能够在短期内起得较好的效果,但从长期看,缺乏独立创新能力的企业,其竞争力难以持久化;70年代中后期,日本提出"科学技术立国",实现了从以引进、模仿和追随为主,向以创新能力和培育领先技术为主的模式转变。目前,中国工业正处于类似于日本70年代的发展阶段,也面临着从引进向创新的工业增长模式的转变。不过,到目前为止,这一转变仍然是在过程中,包括国有大企业在内,绝大多数企业还面临着创新模式转型的艰巨挑战。

国内企业技术引进与消化吸收的投入比例失调严重,这一问题由来已久。资料表明,日本引进技术的时期,平均花1美元引进技术,要花约7美元进行消化吸收和创新,目的是把引进的技术"嚼碎吃透",彻底完成一个技术学习的过程,以登上新的技术平台。韩国也大体相似。改革开放以来,中国引进技术的项目数和总支出可能比日本与韩国之和还要多,但用于消化吸收的费用只相当于引进费用的7%,与日本差了100倍(陈清泰,2006)。

如表7-7所示,2008年,国有大企业技术引进和消化吸收费用的比例是1:0.15,明显低于全部企业1:0.26的水平,更低于内资企业的1:0.37的水平,与日本与韩国工业升级时的水平差距极大。这种大量引进技术却不重视消化吸收的状况,并不利于企业创新能力的提高。从2010年的数据看,值得关注的有以下几点:①国有大企业技术引进和消化吸收费用比例有了大幅度的提升,其1:1.05的水平,已经明显高于全部企业的1:0.43的水平;不过,国有企业的相应比例1:0.65仍落后于内资企业的1:0.70的水平。②国有企业购买国内技术经费的相对量有了相当大幅度的上升,而同期国有大企业技术引进和购买国内技术经费的比例却从1:0.67下降为1:0.59。这或许是因为国有大企业技术水平相对要高,它们更多需要从国外引入技术源;而国内技术在供给技术水平相对中下的一般国有企业方面的能力出现了显著的提升。③2008~2010年,企业技术引进和技术改造经费比例的变化也值得关注,国有企业的技术改造经费支出水平有较大幅度的上升,大中型工业企业和国有大企业的相应指标水平都有小幅下

中国企业创新政策研究

表7-7 2008年和2010年全部规模以上工业企业及国有企业的其他技术活动经费之于技术引进经费的倍数的对比

单位：%

指标	消化吸收经费倍数		购买国内技术经费倍数		技术改造经费倍数	
	2008年	2010年	2008年	2010年	2008年	2010年
大中型工业企业	0.26	0.43	0.39	0.57	10.01	9.42
内资企业	0.37	0.70	0.64	1.12	16.03	18.13
国有企业	0.17	0.65	0.69	4.22	23.34	60.07
大型企业	0.15	1.05	0.67	0.59	22.82	19.14

资料来源：根据《中国科技统计年鉴（2009）》第134页及《中国科技统计年鉴（2011）》第57页相关数据计算得出。

降。这在很大程度上应该跟国际金融危机后国内大企业主要靠新建投资拉动经济增长的发展模式有关。

（三）"高不成，低不就"

国有大企业创新活动重"硬"轻"软"和重"用"轻"研"这两个特点，共同导致国有大企业的创新水平或多或少地呈现出"高不成、低不就"的特征。首先，国有大企业与国内其他企业相比较，往往在技术或技术资源拥有的绝对量上有领先优势，这使它们具备一些从事稍高水平的技术创新活动的物质条件。其次，国有大企业的技术或技术资源拥有量的优势，一旦放到世界范围内、跟国外技术领先的大企业相比时，就不复存在，甚至会反衬出国有大企业创新活动在系统性和可持续性方面的劣势，呈现为一种"比外不足，比内有余"的特点。最后，在技术活动的相对水平上，国有大企业有时还落后于其他所有制类型的大企业。技术或技术资源的绝对量上的优势，加上技术活动的相对水平上的劣势两相调和，致使国有大企业的创新水平呈现出一种"高不成、低不就"的特征。这表明国有大企业创新活动的根基有待稳固化。

前面提到的"TOP100企业"，在这些企业中，国有企业与国内其他企业相比，在生产设备的技术水平和技术工人结构方面在整体上拥有明显的优势。一方面，如前面提到的，国有企业的生产设备的先进程度居前，与外资企业，同属于生产设备条件最好的企业类型。另一方面，从技术工人结构分布情况看，高级技术工人比重最高的企业类型是国有企业，为38.9%，而且，国有企业的初级技术工人比重相对较低，表现出较为先进的技术工人分布特征，甚至优于国内的外资企业。虽然国有大企业在与国内其他企业相比较时，表现出有非常好的技术资源条件，它们在技术资源的绝对拥有量上在国内企业中占有领先优势；但是，在研发活动的相对水平上，"TOP100企业"与国外技术领先的大企业相比较时，却又呈现出巨大的差距。这些企业R&D经费支出占营业收入比重的平均水平只有

3.8%，其中，有 62 家企业 R&D 投入不足营业收入的 5%，甚至相当一部分企业不足 2%。远远低于发达国家技术领先企业的 10% 的水平。同样是"TOP100 企业"，研发人员占全体员工的比例也只有 10%，远远低于发达国家技术领先企业 30% 的水平（中国企业评价协会，2009）。

即使是在与国内其他企业相比较时，国有大企业在研发活动的相对水平上也常常显得比较落后。有研究针对早两批的 198 家创新型企业 R&D 投入、研发人员数量及其增长速度情况进行统计分析。其结论是，在 2005~2007 年，国有独资企业的研发人员占 198 家的比重亦超过 60%，远高于股份制及其他所有制类型企业的水平。同时，研发经费投入总量远远高于股份制及其他所有制类型的企业，占 198 家企业研发经费投入总额的比重在 60% 左右，且呈逐年增加趋势。2005~2007 年，国有独资企业和股份制及其他所有制类型企业的研发经费投入都呈现出较快增长趋势，但国有企业增长得更快一些，2006 年和 2007 年分别达到 42.5% 和 32.2%，快于股份制及其他所有制类型企业的 34.3% 和 27.5%。这说明，国有独资企业对研发经费投入的力度在持续增强。尽管如此，若比较两类企业研发经费投入占主营业务收入的比重时，我们却看到，股份制及其他所有制类型企业的比重在 3.5%~4% 的水平，远高于国有独资企业的 1.2%~1.3% 的水平。

（四）"离散的"、"阶梯式"创新相对常见，"连续的"、"系统性"创新相对少见

上述三个特征都表明了国有大企业的创新活动，较多依赖于外在的、物化的技术资源条件，较多集中于浅层次的、短期性的技术应用领域，处于相对低的技术水平上，这些创新活动相对较少地建立在真正为企业自主掌握的技术能力以及企业拥有的只可意会的自有知识的基础上。在这种情况下，国有大企业的创新活动，在总体上，难免呈现"离散的"、"阶梯式"的特征，而不是从企业内部演化出来的"连续的"、"系统性"的特征。对应到国有大企业的创新活动的具体形式上，往往是技术进步、技术升级或技术攻关这类创新活动居多，而整体提升技术效率的创新活动则相对较少。

三、国有大企业创新政策工具

在市场经济体系中，企业的创新活动是社会经济进步的重要动力和源泉。由

于企业的创新行为,总是会受到市场竞争的不确定性、外部性和风险因素的负面影响,为平衡这些负面影响,向企业创新活动提供更充足的正激励,各国政府都需要从本国国情出发,设计各种政策工具并加以综合运用。由于在现实经济中,企业类型千差万别,为使企业创新政策更为有的放矢,政府的政策工具通常要针对特定的企业类型而制定。在发达的市场经济国家,国有企业数量非常有限,因此,很少有专门针对国有企业的创新政策工具。

与一般市场经济国家相比,我国的企业创新政策因为有庞大的国有企业这一特殊企业群体而表现出一定的特殊性。受历史上的计划经济体制的影响,我国在较长时期内形成了由政府主导技术创新资源配置的管理体制,国有企业作为政府的附属单位,在使用和积累技术资源方面起着重要的作用。伴随社会主义市场经济体系的建立与逐步完善,传统的、以政府为主导的科技创新体制已逐步为以企业为主体的科技创新体制所取代。新修订的《科学技术进步法》更是为强化企业在技术创新中的主体地位提供了坚实有力的法律保障。近些年来,以企业所有制类型来主导技术创新资源配置的方式,也正在发生根本性转变。国有大企业同其他类型的企业,在享受创新政策方面越来越被一视同仁。

(一) 普惠性的政策工具

政府用于激励企业创新活动的政策工具,不外乎两类:一是对企业创新活动的直接的资金支持;二是对企业创新活动的间接的政策支持。从政策工具的实施效果来看,前一类政策工具针对性强,但受益面相对狭窄——国有大企业在适用这类政策工具时有一定的先天优势;后一类政策工具受益面相对广泛,更受其他所有制类型的企业以及中小规模的企业关注。

第一类是政府为企业 R&D 活动提供直接的资金支持。主要的政策工具有两种:一是政府采购,R&D 活动的成果属于接受者,并不一定是执行者;二是政府以补贴的形式提供给 R&D 活动的执行者,成果属于 R&D 活动的执行者。操作中,补贴可以有多种形式:拨款或无偿性预付款、利率补贴、贷款、贷款担保、参股。在美、英等国,政府将其 R&D 资金的 1/4 甚至更多投向企业,企业 R&D 支出中政府资金所占的比例超过 1/10(唐晓华等,2004)。政府对企业创新活动的直接的资金支持,其成败的关键在于对受资助企业的选择。对于广泛的企业群体而言,能够接受到政府直接的资金资助的企业数量毕竟是少数,为此,就需要有必要的机制,去筛选出那些能够有效利用资助资金去进行创新活动的企业。一种解决问题的思路是,在政府技术创新资金的分配中,引入竞标拍卖体制,通过企业之间的竞标减少信息不对称,使高效率企业获得更多的资金投入,消除行政性审批制的非效率倾向。同时,要建立激励相容的资金使用治理机制,加强对政府技术创新资金投入的事前、事中和事后的监督检查，以提高资助资金的使用效率（唐晓华等，2004）。

第二类是政府为企业R&D活动，提供间接的政策支持。主要的政策工具包括：税收优惠、公共技术平台的建设与服务以及其他政策扶持。税收优惠是各国政府针对技术创新企业普遍采用的政策工具。以美国为例，其税收支持措施主要有大幅降低所得税、加速折旧、投资税收抵免、降低风险投资的资本收益率等。英国则对所有公司的研发提供150%的税收减免，对于新办公司放弃税收减免，其研发费用的24%可办理现金退款等（刘小玫、陶洁，2008）。在这里，R&D税收激励政策有两种不同的实施方案，即"所得税减免"和"应税收入抵扣"。所得税减免方案是：政府从企业应付所得税额中扣除部分或全部的特定R&D支出。应税收入抵扣方案是：政府允许企业从应税收入中扣除比实际R&D支出更多的金额。受税收体制和企业整体税率的巨大影响，一些国家的企业更青睐于其中的所得税减免方案，它对不同类型企业的R&D具有相对公平的激励作用，设计合理的话，会比其他类型的方案或补助具有更低的管理成本和更高的社会收益。需要强调的是，清晰明了、前后一致及有可预见性的R&D税收优惠政策有助于企业制订长期的R&D发展计划。政策评估显示，只有当R&D税收激励政策实施时间比较长时，激励效果才比较明显；过于复杂的方案或是频繁变更的方案将会抑制企业的R&D投资行为。R&D税收优惠政策采取的是对企业R&D活动事后补偿的方式，除了R&D活动外一般对资助对象没有其他具体的规定和要求，表现出对资助对象不加以选择或者选择性很弱，这种政策有助于帮助所有从事R&D活动的企业，尤其是那些不可能获得政府直接资助的小企业（唐晓华等，2004）。

我国政府已经出台了多项为企业创新活动提供直接或间接支持的政策工具。在直接的资金资助方面，一方面，每年有稳步递增的财政科技投入，直接用于对企业创新活动的项目资金支持；而且，政策性银行还通过发放软贷款和设立特别融资账户等方式支持企业创新、引导商业金融机构支持创新与产业化。另一方面，实施促进创新的政府采购政策，建立财政性资金采购创新产品的制度、激励创新的政府首购和订购制度以及本国货物认定制度等。例如，财政部根据《中华人民共和国政府采购法》，制定和印发了《自主创新产品政府首购和订购管理办法》，明确要求国家机关、事业单位和团体组织使用财政性资金开展自主创新产品政府首购和订购活动，以发挥政府采购的政策功能，鼓励、扶持自主创新产品的研究和应用。在间接的政策支持方面，国务院发布的《关于实施〈国家中长期科学和技术发展规划纲要（2006~2020年）〉若干配套政策的通知》，在税收扶持方面提出了一系列很有力度的政策，比如，加大了企业对企业研发投入的所得税前的抵扣力度,允许企业当年发生的研发费用的150%来抵扣当年的应纳税所得额;允许企业加速用于研究开发的设备仪器的折旧——企业用于研发的设备仪器,单位价值在30万元以下的,允许企业一次或分次摊入管理费用,单位价值在30万元以上的,允许企业采取缩短折旧年限或加速折旧的政策;加大高新技术企业税收减免力度、对创业风险投资收益给予税收减免;等等。

2007年,国家统计局对全国规模以上工业企业2004~2006年的创新活动进行了专项调查,其中涉及对扶持企业创新的政策反映的调研。调研表明,企业家们对普遍受益的政策认可度较高,对扶持力度不够但影响作用较大的政策也给予高度关注,对适用特定范围或新出台的政策由于企业受益面小或对政策不够了解认可度稍低一些。超过1/2的企业家认为是"作用显著"的政策,主要是像税收政策这样的间接支持政策,包括"鼓励企业培养和吸引人才的政策"、"技术开发费用计入成本的政策"、"技术开发费加大抵扣所得税的政策";而"由企业承担政府部门的科技项目"、"政府采购政策"这类直接支持政策,由于受益企业面相对较窄,被1/3左右的企业家认为是"作用显著"的政策。

由于国有大企业大多是我国重要产业部门和关键领域的骨干企业,它们在开展创新活动方面具备了有利的规模与资源条件,因此,它们大多能够从"由企业承担政府部门的科技项目"、"政府采购政策"这类直接支持政策中受益更多。同时,国有大企业在参与创新型企业试点工作、承担国家科技计划引导的国家及行业科研任务、建设有技术优势和有影响力的研发机构、发展产学研合作、促进科技人才培养等诸多方面发挥了积极作用,这也使它们相对容易享受到国家对创新能力强的大企业的普惠性政策的支持。

(二) 特殊性的政策工具

激励不足是国有大企业开展创新活动时面临的最为突出的问题。为此,针对国有大企业的特殊性政策工具,很重要的一个方面,就是针对提高对国有大企业创新的激励,尤其是长期激励问题而提出的。

改变国有大企业的激励机制,一个重要的政策着眼点是调整国有大企业或国有大企业负责人的业绩考核制度。对国有大企业或其负责人的考核,通常是与他所在企业的经营业绩直接挂钩的。以往的国有企业业绩考核制度有两个特点:一个特点是在企业经营业绩考核体系中,基本没有纳入技术创新指标,或者在少数企业中应用,它们所占权重也相对比较小;另一个特点是企业或企业负责人的经营业绩考核指标,往往强调企业的短期经济效益,难以体现出对需要长期投入的科研发展活动的要求。这两点并不利于企业开展创新活动。

针对上述问题,近年来,为适应鼓励创新的要求,国有大企业的业绩考核制度正在发生变化。比如，国务院国资委在努力推出完善促进国有大企业创新的业绩考核体系的政策，重在强化企业负责人对企业创新的领导职责，加大对科技投入和创新能力建设的考核力度，制定引导企业技术创新的综合绩效评价体系。先是绝大多数的科研设计企业将科技投入增长率纳入年度考核体系，然后国资委还在探索将技术研发、产品创新、新产品的有关指标纳入一部分中央企业的业绩考核体系。在地方上，2009年4月，广东省国资委出台了专门的政策来鼓励国有企业创新活动。具体措施包括：督促企业加大科技投入，鼓励企业按销售收入的一定比例安排专项资金用于科技研发——其目标是要引导国有大企业加大科技开发投入，使其研发投入尽快达到销售收入的3%或5%以上的水平；对企业进行年度考核时，允许将影响企业业绩的研发投入实际数额作为客观减少因素予以调整；凡符合企业主业发展方向、对企业长远发展具有重大带动作用的科技创新研发、项目投资等，经审核，允许企业在最长不超过3年时间内不纳入年度考核范围。

改变国有大企业的激励机制的又一政策着眼点，是从企业分配制度改革入手，突出对技术骨干的中长期激励以及加强那些对于企业创新有重大贡献的技术人才的奖励。多年来，国有企业对创新活动采用的是相对单一的激励手段，主要有岗位绩效工资和一次性奖励这两种形式。内部激励不到位，致使一批国有大企业在推行市场化、公司化改革时，遇到了比较严重的科技人才流失的问题，该问题在国有大企业有一定技术优势而跨国公司又大举进入的行业领域表现得非常突出。为了适应不断加剧的市场竞争形势的需要，新的激励形式开始在一部分国有大企业中得到推行。比如，一些高新技术园区内的国有高新技术企业以及一些科研院所在实施企业化转制的过程中开展了股权激励试点，以使从事创新活动的骨干人员作用能得到充分发挥。

此外，国资监管部门还在督促国有大企业研究制定科技发展战略，加强对创新活动的战略规划。从国外大企业技术创新的规律看，技术先进企业往往会将创新活动融入明晰的企业战略，从而能够在某个技术领域树立长期可持续的前沿技术的领先优势。它们通常的做法是，研究一代、开发一代、生产一代，这样一种企业技术创新活动的战略体系能够保障这些大企业拥有比行业中现有的主流技术超出10年、20年的技术储备。而从国内看，国有大企业的技术水平只要比国内同行超前三五年，就算得上技术领先企业了。近年来，国资委着手研究如何建立对国有大企业科技发展的长期激励机制，一个手段就是要督促企业进行针对创新活动的整体战略规划，据此引导中央企业成为国家技术创新的骨干力量，努力形成面向未来15年的技术资源与能力储备。

四、制约国有大企业创新政策发挥作用的因素

这些年,在推动国有大企业技术创新方面,各级政府部门持续出台了不少政策,投入了不少社会经济资源,但收益还不够明显。抽象地讲,与其他企业相比较,国有大企业拥有一定的技术资源优势,在享受国家创新政策工具时,处于相对有利的地位。尽管如此,始终有一些制度性因素制约了创新政策在国有大企业身上发挥应有的作用。

(一) 体制性因素导致国有大企业创新动力与压力不足

现阶段,中国企业创新活动普遍面临着"技术因素"与"市场因素"的结合不够紧密的问题。一个重要原因是技术研发活动有较强的外部性,而在市场经济体系尚不成熟和完善的环境里,技术外溢的现象尤其突出,在这种情况下,企业在投资 R&D 活动时,难免动力不足。对于国有大企业而言,"技术因素"与"市场因素"的结合不利,不仅仅关系到市场环境方面的因素,而且还受国有资产管理体制、企业的产权制度、产业管制等体制或制度层面的制约。国务院发展研究中心针对 2005 年收入前 500 家大型企业集团的研究表明,在这些企业集团中,国有企业集团利润率最高,而研发投入强度却最低(国务院发展研究中心企业研究所等,2007)。国有大企业的创新活力差,市场化动力与压力不充分的问题可见一斑。

虽然经过改革开放逾 30 年的改革与发展,国有大企业的经营活动的市场化和公司化运作的程度已经大大提高——多数企业从法律形式上看,已经成为独立运作的市场主体,但这些国有大企业所面对的市场环境体系及受管辖的国有资产管理体制仍然有待完善。在这种情况下,国有企业的创新主体地位往往容易受到相关政府部门的干扰,市场竞争机制对这些国有大企业重大经营活动的基础性调动作用还有待进一步强化。张耘(2007)指出,一方面,政府是真正的企业拥有者,国有企业的经营业绩侧重于被纳入政府官员的行政业绩评价之中,在这样的评价体系下,国企经营者不愿意自担风险投入资金进行技术创新;另一方面,国有企业有预算"软约束",比起其他企业更容易获得资金支持,像北京每年有数千亿元政府采购和政府投资拨款,对企业的经济活动产生巨大影响,助长了部分国有企业依赖政府的思想,导致国有企业源于外部市场的竞争压力减小,技术创新动力不足。在这种情况下,如何引导国有大企业从适应计划经济体制下形成的

行政命令式的"技术因素"与"经济因素"的结合方式,转变为适应市场经济条件下完全依赖市场竞争驱动的"技术因素"与"经济因素"的结合方式,这个问题难以从根本上解决好。

王明友(2000)指出,创新必须以市场需求和提高企业的市场竞争能力为转移。任何一个产品的创新都应该从市场机会的选择与决策开始。市场机会的选择首先要考虑的是顾客需要和市场的潜在和现实需求,其次要考虑技术上的可能。对市场需求的识别与选择必须同技术机会的识别与选择相结合。长期以来,许多国有企业在技术引进、技术改造等方面的投入可以说不少,但产品的市场竞争力却未有较大的提高,原因之一就是在创新开始时没有摆正市场与技术的关系。这些企业首先不是从市场需求出发选择技术创新项目,而是首先考虑要达到什么样的技术水平、产品水平,结果形成了在产品、技术、装备上的攀比之风,而不是市场占有率的竞争,由此造成了许多投入的浪费。陈金波和梁琦(2009)以国有汽车企业为例,指出国有大企业在创新方面的突出表现是:"条件好时不愿创新,条件差时无力创新",其实质就是研发创新动力严重缺失。技术创新活动具有耗费资金多、收益不确定、跨越期限长等诸多特征,这就要求企业在研发方面必须有长远眼光和长期规划。在我国汽车产业居于主流地位的几家大型国有企业集团都有着远比国内其他汽车企业更为雄厚的研发力量,而且享有很多优惠政策,但是由于缺少建立现代企业制度,其自主创新能力不仅在改革开放以前长期发展缓慢,在实行合资以后也同样没有能够得到显著提高。

(二) 产业布局导致技术创新资源在国有大企业间分散化

20世纪90年代以来,伴随国有经济布局的战略性调整,国有大企业日益聚集到为数不多的重点行业和关键领域。这些行业和领域普遍存在企业数量过多、产业集中度低的产业布局特点。而且,在不少行业和领域,都是由多个国有大企业同时充当领导企业,这导致产业技术创新力量高度分散,难以出现有国际竞争力的企业自主创新活动。一方面,多个国有大企业都在重复购置国外技术。像国内有不少技术领域的共性技术比较落后,多个国有大企业会到国外的同一个国家和地区,甚至同一个企业购买技术支持,在汽车设计领域,这类现象非常突出;另一方面,国有大企业在自己所拥有的产业技术资源相对有限的情况下,总是倾向于去解决企业当前的应用性技术问题,而回避关系到整个产业未来发展的战略性、前瞻性和关键性的技术研究开发。

如钢铁产业,就是一个因为集中度低而造成科研力量和科技投入高度分散的典型行业。在全国数千家钢铁企业中,冶金行业国家工程中心有9家,经国家认定的企业技术中心有21家,从事钢铁工业技术开发的大学、科研机构有30多家，以上机构各自为政，缺乏信息协调和分工的机制，能力重复，研究方向、模式、领域趋同严重，难以形成合力（科学技术部专题研究组，2006）。

又如，石油化工是又一个由数家国有大企业主导的行业。在这个系统里，共有县级以上独立科研院所245家，职工50000人，科研院所转型后，几乎每个大型企业都有自己的研究院所自成体系，其有益的一面是基层科研力量得到加强，技术活动的市场导向成为发展重点，研发内容更侧重市场和企业急需，与经济效益挂钩。但由于隶属关系不同，使技术协作能力大为减弱，关系到全局的、公益性的、共性、短期研发回报率低的中长期科技创新能力明显下降，尤其是前瞻性技术的研究、重大成套技术装备的开发和技术集成的研究能力下降（科学技术部专题研究组，2006）。

（三）企业制度因素造成国有大企业激励的内在不足

受制于现行的企业治理体制，国有大企业创新活动的激励不足问题很难从根本上得到解决。所谓创新的激励不足体现在两个层面上：

在第一个层面上，是对集中体现企业家精神的国有大企业最高领导层的激励不足。现行国有企业治理体制决定了规模越大的企业，在企业制度创新尤其是激励制度上的创新空间越小；而规模越小的企业，它们的企业制度设计及激励制度改善的余地反而要大一些。缺乏弹性的国有大企业治理体制决定了无论是企业重大经营决策的成败，还是创新的成败，对国有大企业的最高管理层的职业声誉和切身利益的影响显然是不够紧密的。这必然削弱企业创新活动的原动力。陈清泰（2006）指出，在政企不分、所有权实质性缺位的情况下，企业高管人员迫于短期业绩的压力，大多不会选择技术创新战略，很难走上创新之路。不少企业没有自己的核心技术，仍对创新缺乏热情，但是却有强烈的投资、扩张冲动。这是因为创新不是政府交办的"硬任务"，不如扩大生产规模、增加产量、保持增长速度更能立竿见影，并令主管部门兴奋。这就使得很多企业宁愿低水平复制生产能力，却吝啬于技术和人力资源的投入；宁愿在同类同档次产品上持续进行低成本恶性竞争，却不愿采取差异化战略，探索通过创新、品牌和服务提高效益；宁愿引进、再引进，持续跟踪模仿，却不愿意下苦功完成一次技术学习的过程，走消化吸收再创新的道路。

樊增强（2002）认为，国有企业负责人绝大部分是上级任命的，只不过是换了"包装"的政府官员。他们没有经过真正的市场洗礼，只对行政部门负责。他们常以政府官员的身份管理企业，而官员的身份与企业家的身份是有冲突的。这是国有企业经理人员创新动力缺乏的一个重要原因。而且，国有企业负责人实行的是任期制，很多人为了实现任期目标的最大化，往往急功近利，不愿冒技术创

第七章 国有大企业创新政策研究

新的风险。

陈金波和梁琦（2009）亦指出，国有大企业的高级管理者都由上级政府任命，实行任期制，只不过是在企业任职的政府官员，而非企业家。这样的角色往往使其经营管理行为短期化。以国有大型汽车企业为例，虽然改革开放以来，部分国有汽车企业的改革取得了重大进展，但仍然存在较多体制性障碍，国家股"一股独大"，产权明晰、职责明确的现代企业制度并未真正实现，难以确立企业领导者的独立责任和利益。这些情况都大大削弱了汽车企业的创新动力，使之不愿进行期限长、风险大的技术开发，而偏好急功近利的策略，纷纷选择合资道路。两位作者认为，那种研发投资少、短期经济收益显著的做法所付出的巨大代价是很难获得跨国公司的技术扩散的，对跨国公司的技术依赖日益加强，技术创新能力发展缓慢甚至逐渐消失。符贵兴、章蓉（2006）研究了奇瑞的案例。他们认为，合资企业的一个特点就是遣散已有的研发人员，因为它不但不搞产品开发，还担心技术扩散。奇瑞发展的一个思路就是从那些大汽车企业吸收合资后解散的专业人才。第一批到奇瑞的工程师来自中国一汽。一汽大众合资时让那些年龄还不是很大的工程师提前退休了，这些工程师都在50岁左右，一辈子想造自己的车，却在最有实力的时候下岗了。奇瑞的平台激发了他们的创造热情。奇瑞的第一款车"风云"就出自他们之手。第二批工程师来自中国二汽。2000年底中国二汽走合资道路，要解散技术中心，这样有十来个工程师就酝酿出走。这些人在中国二汽开发新车时曾派往法国接受培训，"爱丽舍"就是这些中国工程师在富康的基础上改进的新车型。他们于2001年8月到芜湖，又把原东风技术中心流散到各地的人召回来，一共20多人，干了不到一年，把"QQ"和"东方之子"搞成了。

在第二个层面上，是对实施创新活动的技术骨干或中层及基层管理者，缺乏有弹性的和紧凑的激励安排。而且，国有企业在收入分配上向来有平均主义、讲究论资排辈的特点，这些倾向都不利于激励科研技术人员的创新。郑京海和刘小玄（2002）强调，注意到激励变量工资的作用是非常有意义的，无论是技术的突破还是技术水平的提高，无论是长期还是短期，浮动工资对于效率改进和技术进步都有正的影响。在两位研究者看来，浮动工资和教育对技术效率的提高起着特别的影响，它甚至可以作为所有国有企业生产率增长的决定性因素。而到目前为止，那些能够适应市场竞争要求的激励手段，只能在国有大企业中得到有限的应用和推广。

张耘（2007）强调了技术创新人才管理机制不合理，扼制企业技术人员的创新激情，产生了人员过度流动、泄露秘密、牢骚满腹的问题。他认为，有三个原因导致了上述现象的出现：第一，国企普遍存在用企业经营管理人员的评价体系衡量企业技术创新人员业绩，把技术创新目标直接定位于利润收入，不尊重技术创新的时间规律、风险规律，影响了技术人员对技术创新的长远考虑。第二，技术创新人员的贡献评价体系不合理，许多企业在管理中对管理人才和技术人才给予差别对待，重视管理人才，轻视技术人才，这比较突出地反映在薪酬和生活待遇方面，技术创新人员的薪酬总体上大大低于企业管理人员。技术资本贡献不能得到应有的回报。在外部更大利益的引诱之下，势必造成科技骨干过度流动、科技人员普遍不满等状况。第三，技术创新人才的晋升机制不合理，对有突出贡献的技术骨干基本的奖励办法是将其纳入行政官员系列，导致技术人才用非所长（张耘，2007）。

（四）其他因素抑制了国有大企业创新的能动性

还有一些其他因素抑制了国有大企业创新的能动性，影响了创新政策的落到实处。

首先，从国有制度属性上讲，有一些历史性因素抑制了国有大企业创新的能动性。像中西部地区的国有大企业，仍然面临负担重、冗员多的问题，只要这些问题没有在改革过程中得到完全化解，那就必然束缚这些企业将有限的资源投注到创新活动的可能性。还有不少军工企业，长期以来运行在一个特有的自我封闭的体系中。有大量的制度障碍限制它们与体系外企业往来和开展竞争，这些企业受到"软预算"约束的保护，从另一个层面说，也就是限制了企业的市场导向的创新活动（科学技术部专题研究组，2006）。

其次，从技术活动属性讲，中国工业技术领域的基础研究投入不足，对知识产权保护不到位，技术合作与交易的市场环境条件急待改善，这些都不利于国有大企业创新活动能动性的提高。没有好的基础研究作支撑，创新活动的难度就大，成功概率就低，企业就不愿意开展这类活动；没有行之有效的知识产权保护的法律制度，企业就会担心技术溢出的外部性会降低自己的收益，也不愿意开展创新活动；没有好的技术市场环境条件去实现技术的自由、低成本交易，企业就很难开展合作研究，也很难兑现技术转移中的市场机会，这也会降低它们的创新活动意愿。这三个方面的制约因素，是所有大企业都面临的，而不仅仅是针对国有大企业而言的。

最后，从企业经营属性讲，到目前为止，国有大企业的经营活动大多是以国内市场为主，还没有像当年的日本企业一样，经历一个国际化的历练过程。在这样一个经营发展阶段，国有大企业普遍不具备全面系统的国际市场竞争能力，缺乏在国际市场上发展有领导地位的产品和技术的能力，也就是说，它们仍运作在一个竞争水平相对低的技术与市场层面上。面对真正的国际化挑战，国有大企业创新的能动性还有待进一步提高。

五、国有大企业创新政策工具的选择机制与综合使用

由于国有大企业开展创新活动，是涉及复杂的技术、经济、文化、社会等多方面的系统工程，因此，单一的创新政策工具对其产生的促进作用的效力往往是有限的。只有适应企业发展创新活动的实际需求，组合运用多种形式的创新政策工具，实现其内容、实施方式和实施机制的有效结合，进行差别化激励，才有可能产生符合期望的政策效能。

（一）各种政策工具的适用性

不同的创新活动需要不同的政策工具的支持。政策工具必须适应创新活动的特点进行组合运用。如前面所指出的：

政府的直接政策支持工具相对更适合对具体的、有针对性的、活动结果经得起评价与考核的创新活动进行引导和支持。在市场竞争难以对企业的特定类型的创新活动形成必要的激励与约束的情况下，政府可以运用直接政策支持工具去缓解市场失灵的问题，弥补市场竞争机制的不足之处，触动企业去开展这些创新活动。像制约国有大企业创新的体制性因素、企业制度层面的因素和一些历史性因素，在短时期内都难以有根本性的转变，在这种情况下，都需要以直接政策支持工具去缓解那些制约因素所产生的不利于企业创新的负面作用。

政府间接的政策支持工具则更适合于对企业创新活动提出一般性的、方向性的要求。国有大企业的R&D经费支出占营业收入比重这类指标的水平普遍偏低，不仅远远落后于国外先进水平，甚至还不如国内企业的平均水平。这表明，创新活动所占用的资源占国有大企业拥有资源量的比重仍然低，也就是说，创新活动对于国有大企业的重要性仍然不够高。这种现状和国有大企业的产业布局特点、技术活动属性、经营活动特点等方面的因素是紧密相关联和发生联动作用的。要改变这种局面，需要综合运用必要的间接政策支持工具。

（二）关于政策工具综合使用的政策建议

目前，国有大企业在创新活动中主要存在两个突出的问题，在综合使用有关政策工具时，需要针对具体问题，有针对性地推行相适宜的政策工具。

第一，是企业乐于从事的创新活动，大多数是技术层次相对较低、对系统能力要求相对较低的创新活动。它们更愿意从事贴近市场的、应用性或竞争性强的、商业价值相对显性化的创新活动，比如，技术改造类型的创新活动，而不太愿意去开展那些长期性的、基础性的、风险相对较高的重大的和关键性的，或者是技术外溢效应非常明显的共性的技术创新活动。在这种情况下，就需要使用直接的政策支持工具，去引导和激励国有大企业去从事这样一些它们原本缺乏动力去开展的研发活动，包括一些对企业发展潜力和后劲大有裨益但中短期效益并不明显的研发项目。在运用直接的政策支持工具时，要注重加强企业项目选择的科学决策机制以及严格的项目执行后评价机制的建设，确保通过公平竞争的方式，将财政资金配置到必要的创新项目和领域中去。同时，要注意适应创新活动的实际需要，满足重要项目的资金供应的连续性的客观要求，确保好资金的最终使用效益。

第二，是企业的整体创新效率仍然偏低的问题。这个问题又跟两个方面的因素有关：一方面，国有大企业研发投入占企业拥有资源总量的比重仍然较低，其水平需要进一步提高。这也意味着技术创新在国有大企业经营活动中的地位仍然有待提升。只有当技术资源在企业内部的积累达到一定的"厚度"后，它们才有可能变得强有力、有效率和竞争力。另一方面，国有大企业的管理和技术骨干需要更多的激励，去开展创新活动。解决上述两个问题，需要双管齐下，即需要国有资产监管部门在引导企业制定科技发展战略、调整业绩考核机制、推行新的激励制度安排、改善国有大企业的创新文化等方面的有力政策的推动。例如，我国"十二五"规划明确提出，健全资本、技术、管理等要素参与分配的制度，保障技术成果在收入分配中的应得份额。现在，已有像中关村这样的国家自主创新示范区，根据《关于国有高新技术企业开展股权激励试点工作的指导意见》（国办发〔2002〕48号）和《关于企业实行自主创新激励分配制度的若干意见》（财企〔2006〕383号）的规定，在示范区内的创新创业型企业和高新技术企业中，尝试推行国有企业股权分红激励工作。这方面的工作应加快规范和发展步伐。同时，也需要各种间接政策工具，比如，以税收优惠来促进企业R&D经费支出占营业收入比重这类指标水平的提高；再如，加强知识产权保护、营造有利于企业开展创新活动的法制环境。

主要参考文献

1. 科学技术部专题研究组. 我国产业自主创新能力调研报告［M］. 北京：科学出版社，2006.
2. 张耘. 北京市国有企业技术创新问题及对策［J］. 北京：经济界，2007（5）.

3. 陈金波,梁琦. 跨国汽车公司在我国的技术扩散问题分析 [J]. 科技管理研究, 2009 (5).
4. 陈清泰. 促进企业自主创新的政策思考 [J]. 管理世界, 2006 (7).
5. 樊增强. 国有企业技术创新面临的障碍因素及其对策 [J]. 经济问题, 2002 (3).
6. 符贵兴,章蓉. 自主创新:产业壁垒弱化中的战略——以奇瑞汽车公司经验为例 [J]. 当代财经, 2006 (9).
7. 郑京海,刘小玄. 1980~1994 期间中国国有企业的效率、技术进步和最佳实践 [J]. 经济学季刊, 2002 (4).
8. 王明友. 国有企业技术创新面临的主要问题及其对策 [J]. 辽宁大学学报 (哲学社会科学版), 2000 (7).
9. 国家统计局,科学技术部. 中国科技统计年鉴 (2011) [M]. 北京: 中国统计出版社, 2011.
10. 国家统计局,科学技术部. 中国科技统计年鉴 (2009) [M]. 北京: 中国统计出版社, 2009.
11. 《中国国有资产监督管理年鉴》委员会. 中国国有资产监督管理年鉴 (2010) [M]. 北京: 中国经济出版社, 2011.
12. 中国企业评价协会编. 中国企业自主创新评价报告 (2009). 北京: 中国经济出版社, 2009。
13. 中国创新型企业发展报告编委会. 中国创新型企业发展报告 (2009). 北京: 经济管理出版社, 2009.
14. 国务院发展研究中心企业研究所等. 中国大企业集团年度发展报告 (2006):中国大企业集团的自主创新与价值链管理. 北京中国发展出版社, 2007.
15. 刘小玫,陶洁. 苏州工业园区支持自主创新的财政政策研究 [J]. 苏州财经调研, 2008 (4).
16. 唐晓华,唐要家,苏梅梅. 技术创新的资源与激励的不匹配性及其治理 [J]. 中国工业经济, 2004 (11).
17. 李荣融. 进一步增强紧迫感和责任感 加快提升中央企业自主创新能力——在 2010 年中央企业科技工作会议上的讲话, 2010-06-24.
18. 李小健. 国企自主创新亟待提升 [J]. 中国人大, 2012 (21).
19. 国务院国资委. 中央企业通过自主创新不断增强可持续发展能力, 2010-07-26.

第八章 中小企业创新政策研究

"十一五"以来,一方面,中国中小企业加速发展,在国民经济中和国家创新体系中的地位不断提高。同时,中小企业的发展环境也发生了重大改变,出现了"倒闭潮"、"资金链断裂"、"老板跑路"等一系列引起较大社会反响的问题。另一方面,"新三十六条"、"国九条"等国家帮扶中小企业的政策"重拳"又不断推出,中小企业政策环境改善的力度和中小企业的现实困难的严重性似乎形成了鲜明的反差。这表明,既有的中小企业政策体系和功能并没有切中我国中小企业的症结和要害。特别是在促进技术创新政策方面,现有政策体系和政府功能对中小企业创新的激励效果明显低于大型企业,中小企业创新激励政策亟须调整和改革。

一、中小企业发展现状和创新制约

"十一五"期间,在市场推动和政府引导的双重作用下,我国中小企业快速发展壮大。中小企业在繁荣经济、增加就业、推动创新、改善民生等方面发挥着越来越重要的作用,成为我国国民经济和社会发展的重要力量。

(一)在国民经济中的地位不断提高

"十一五"以来,中国不同规模企业中,大型企业和中型企业大部分指标占全部规模以上工业比重呈现下降的趋势,小型企业各项指标占全部规模以上工业的比重均呈现提高的趋势(见表8-1)。2010年,大型企业数量、工业总产值、主营业务收入、利润总额占全部规模以上企业的比重分别比2005年分别下降了0.09个、3.35个、3.58个和12.72个百分点,但资产总计的比重提高了1.01个百分点,大型企业资本密集的程度有所提高。中型企业数量、总产值、资产总计和主营业务收入占全部规模以上工业企业的比重在"十一五"前四年呈下降趋势,2010年有所回升;利润总额的比重在"十一五"前四年逐年上升,2010年有所

中国企业创新政策研究

回落。相比较而言,"十一五"以来,小型企业的发展增速,规模以上小型企业工业总产值、主营业务收入、利润总额占全部规模以上企业的比重均在"十一五"期间超过大型企业。同时,小型企业主营业务收入比重和利润总额比重的上升速度快于企业单位数比重和产值比重的上升速度,这表明规模以上小型企业经济效益转好。

表8-1 2006~2010年中国大、中、小企业结构变化

单位:%

	2006年	2007年	2008年	2009年	2010年
企业单位数					
大型企业	0.89	0.86	0.75	0.75	0.83
中型企业	10.02	9.98	8.73	8.76	9.47
小型企业	89.09	89.16	90.52	90.49	89.70
工业总产值					
大型企业	35.48	34.76	33.36	32.06	32.92
中型企业	30.13	30.04	29.52	29.07	29.19
小型企业	34.39	35.20	37.11	38.87	37.89
资产总计					
大型企业	39.07	39.30	38.09	39.12	39.85
中型企业	33.87	33.50	32.70	31.99	32.25
小型企业	27.06	27.20	29.21	28.89	27.90
主营业务收入					
大型企业	37.09	36.30	34.55	33.31	34.11
中型企业	30.16	29.75	29.21	28.58	28.81
小型企业	32.75	33.95	36.24	38.11	37.08
利润总额					
大型企业	44.11	42.02	34.42	31.55	33.23
中型企业	29.53	30.25	30.79	32.91	32.70
小型企业	26.36	27.72	34.79	35.54	34.07
全部从业人员年平均					
大型企业	23.40	23.15	22.30	23.14	24.18
中型企业	32.54	32.76	31.56	31.57	32.29
小型企业	44.06	44.09	46.14	45.29	43.53

数据来源:根据中国国家统计局数据计算。

(二)创新激励政策力度加大

"十一五"期间,我国在完善中小企业创新激励政策体系方面迈出了重要步伐。在2003年颁布的《中小企业促进法》和2005年出台的《国务院关于鼓励支

持和引导个体私营等非公有制经济发展的若干意见》的基础上，2009年，国务院出台了《关于进一步促进中小企业发展的若干意见》（简称《意见》），为进一步促进我国中小企业发展提供了综合性的政策框架。《意见》以解决中小企业现实困难、保持平稳较快发展、推进结构调整、引导中小企业转变发展方式、全面提高企业整体素质和市场竞争力为目标，以二十九条政策意见的形式提出了进一步扶持中小企业发展的政策措施，包括完善中小企业政策法律体系、缓解中小企业融资难、加大对中小企业的财税扶持、加快中小企业技术进步和结构调整、支持中小企业开拓国内国际市场、加强和改善对中小企业的服务、引导中小企业加强管理、加强中小企业工作的组织领导八个方面的内容。这些政策有的是针对金融危机背景下中小企业遇到的突出困难和问题，有的则旨在消除制约中小企业长期发展面临的制约和瓶颈，但围绕一个政策目的，即通过优化外围环境和增强自身素质，激活中小企业的创新能力，提高中小企业的创新积极性，提升中小企业在国家创新体系中的地位和作用。

（三）服务体系建设加快

"十一五"期间，各级政府加大了中小企业服务体系建设的支持力度，中小企业服务体系建设步伐明显加快。中央财政设立了中小企业服务体系发展专项资金，用于支持中小企业公共服务平台建设和中小企业公共服务业务的开展。到2010年底，全国有近30个省（区、市）在促进中小企业发展的地方法规和政策文件中，对服务体系建设做出了明确规定，18个省、市出台了推动服务体系建设的指导性文件，21个省、市出台了推动信用担保、服务机构、创业基地、公共服务平台建设等方面的文件，为中小企业服务体系建设创造了良好的法律政策环境。截至2009年底，全国中小企业服务机构发展到818家，近1/3的省市初步形成了省、市、县三级中小企业服务机构为核心、各类服务机构参与的服务体系框架，部分省、市建立了中小企业服务联盟等多层级、多机构定期协调机制和工作交流机制。面向中小企业的信息服务、融资服务、创业服务、技术创新服务、人才培训服务、市场开拓服务等在全国范围内逐步开展，中国中小企业信息网、中小企业公共服务平台、小企业创业基地、银河培训工程、信用担保体系建设等稳步推进，拓展和充实了中小企业的服务内容。

在政策支持下，中小企业服务平台建设快速推进。截至2010年底，大多数省、市出台了推动中小企业公共服务平台建设的文件，对服务平台的建设和运营给予了财政资金支持，认定中小企业公共服务平台共计1131家。中小企业信用担保机构取得长足发展，实力不断增强，业务水平和服务质量稳步提高，中小企业信用担保体系基本形成，在缓解中小企业融资难、促进中小企业发展方面发挥了重要作用。截至2009年底，全国中小企业担保机构已达5547家，筹集担保资金3389亿元，当年为37万户中小企业贷款提供担保额超过1万亿元。创业服务工作全面展开。以"创办小企业，开发新岗位，以创业促就业"为重点，在全国推动形成了创业辅导服务与创业基地集中培育相结合的模式，各类创业咨询会、创业辅导"大篷车"、创业者沙龙等活动形式多样。在各级财政资金支持、社会投资积极参与下，小企业创业基地迅速发展。截至2010年底，全国已建立小企业创业基地1600多个，入驻企业12万家，就业人数达到400万人。管理服务工作全面推进。全面实施国家中小企业银河培训工程，完成30多万人次的免费集中培训、50万人次的远程网络培训和110万人次的信息化培训。

（四）中小企业群体快速壮大

第一，中小企业总量规模快速扩大，在国民经济中的主体地位进一步突出。"十一五"期间，我国工商登记的中小企业数量从2005年的500多万户增加到2010年底的1000多万户（不含个体工商户），年均增速达15%左右，中小企业占我国企业总户数比重高达99%以上，中小企业是国民经济的主体。据第二次全国经济普查资料统计数据，2008年底，我国中小型工业企业共有190万户，占全部工业企业总户数的99.8%，中小企业是工业经济的绝对主力（见表8-2）。

表8-2 规模以上工业中小企业增长情况

	2005年	2009年	增长（%）
企业数量（万个）	26.9	43.1	60.2
从业人员（万人）	5314	6788	27.7
资产合计（亿元）	149706	300569	100.8
总产值（亿元）	160355	372499	132.3
出口交货值（亿元）	30088	41519	38.0
上缴税金（亿元）	6372	14849	133.0

注：数据来源于《中国中小企业发展年鉴》2006年和2010年。

第二，中小企业经济社会贡献日益突出，成为我国经济平稳较快发展、构建和谐社会的重要力量。中小企业创造的最终产品和服务价值占国内生产总值的比重从2005年的50%提高到2010年的60%以上；中小企业提供的税收占全部税收的比重从2005年的40%提高到2010年的50%以上；中小企业提供了近70%的进出口贸易额。据第二次全国经济普查资料统计数据，截至2008年底，我国中小型工业企业全年主营业务收入达到36.3万亿元，占全部工业主营业务收入的比重达到67.8%。2009年，规模以上中小企业完成工业总产值372499亿元，占全部规模以上工业总产值的近70%。

第八章　中小企业创新政策研究

第三，中小企业吸纳就业功能突出，为缓解就业压力、支持国有企业改革、推进城镇化、保障民生、维护社会稳定做出重要贡献。"十一五"时期，中小企业提供了80%以上的城镇就业岗位，提供了城镇新增就业岗位4400万以上。第二次全国经济普查资料显示，2008年底，我国中小型工业企业从业人员达到1亿人，占全部工业企业从业人员的83.6%。中小企业成为吸纳农村富余劳动力、国有企业下岗职工再就业、高校毕业生就业的重要渠道。

第四，中小企业技术创新能力不断增强，成为我国提升创新能力、加快经济发展方式转变的生力军。中小企业提供了全国约65%的发明专利、75%以上的企业技术创新和80%以上的新产品开发，有4000多家中小企业建立了省级企业技术中心。

第五，中小企业产业结构更趋优化，成为调整和优化经济结构的重要推动力量。中小企业从一般加工制造等传统领域向基础设施、战略性新兴产业、高新技术产业、现代服务业等行业扩展；落后中小企业大量退出产能过剩的工业领域。中西部中小企业快速发展，全国具有一定规模的中小企业产业集群达到2000多个，50%的工业中小企业进入集群发展。

（五）阻碍中小企业创新发展的障碍

"十一五"期间，我国中小企业发展取得了显著的成绩，但与大型企业特别是中央企业相比较，中小企业创新投入、创新产出还较少，创新的积极性还不高，创新的效率还较低。制约中小企业创新发展的障碍仍然存在，中小企业创新环境仍有待进一步完善。

第一，中小企业产业层次低。中小企业在传统产业中的比重太高，在高技术产业、战略性新兴产业和以高技术服务业为代表的现代生产性服务业领域的发展不足。中小企业在产业链中的分工层次低，产品差别化小，恶性价格竞争的情况严重。大量中小企业产业集群只是完成了产业集聚的初级过程，区域服务和创新体系不完善。

第二，中小企业创新能力弱。目前，中小企业普遍存在研发投入强度不高，技术创新、工艺创新和产品创新的观念不强，自主知识产权和自主品牌少，高新技术产业化能力有限的问题。导致中小企业创新能力弱的主要原因包括：一是创新环境不理想，企业的创新风险大，创新收益没有保证。创新面临着技术风险和市场风险，尤其在知识产权制度和执行力度还不够大的环境下，创新收益没有保障。二是研发费用投入不足，中小企业自身资金实力有限，加之研发性融资难的问题，大多数中小企业投入到技术创新上的费用非常有限，只能维持日常性的、改进性的研发支出。

第三，中小企业资金、人才等要素支撑不足。中小企业融资难、融资成本高的问题仍普遍存在。导致融资困难的主要原因有：一是中小企业自身风险较大，信用相对较差。管理方式落后，企业经营抗风险能力差；财务管理混乱，提供的会计信息质量不高，财务报表存在随意性大、真实性差的问题；企业信用差，贷款后赖账、只借不还的现象较多。二是商业银行放贷"重大轻小"的倾向依然存在。三是金融体制还不完善，中小企业融资主要依靠自筹、银行借贷等渠道，担保体系的运作还欠成熟，有效融资渠道太少。四是国家对中小企业的投资、采购规模太小，支持力度不够。另外，由于大量中小企业自身还没有形成优秀人才的合理激励机制。对引进人才的财富激励、成长空间激励、保障激励不足，优秀人才不愿意到各种保障相对较差的中小企业工作，中小企业很难招到掌握关键性技术的人才和高端的管理人才，高技术人才和综合性管理人才缺乏已经严重制约中小企业的可持续发展。

第四，中小企业服务体系建设仍然相对滞后。中小企业服务体系的功能和能力还远不能满足中小企业"转方式、调结构、上水平"的需求。一是中小企业服务网络尚不健全。服务信息渠道不畅，服务资源辐射带动性不强，服务机构之间的联通和协同机制有待建立和加强，服务供需对接及服务资源的优化配置有待提高。二是服务机构能力有待提升。中小企业服务机构服务能力不强，不能满足中小企业日益增长的服务需求，服务业务拓展和带动社会服务资源的能力有待于提高。三是服务功能有待增强。个性化、特色化、专业化服务不足，针对性不强，服务领域和内容有待拓展。服务缺乏基本规范和标准，服务质量有待提高。四是资金投入不足。公共服务基础设施建设、服务业务拓展、服务能力提升缺乏充足、稳定的资金来源，财政资金对社会投资的引导作用有待发挥，支持力度有待加强。

二、中小企业发展的新阶段与政策需求

"十二五"是我国中小企业转型升级的关键时期。随着中小企业服务体系和政策环境的进一步完善，中小企业将对国民经济社会发展做出更大的贡献，中小企业转型升级的内容将更加丰富，形式将更加多样，中小企业有望在战略性新兴产业、工业基础件和关键零部件等重要领域发挥更加积极的作用，中小企业将通过在更高层次利用公共科技资源和全球要素加快转型升级。

(一)"十二五"时期中小企业转型升级的新特点

随着中小企业发展环境的进一步改善和中小企业自身素质的提升,"十二五"期间我国中小企业的转型升级步伐将进一步加快。整体上看,未来我国中小企业转型升级将表现出以下新的特点:

(1)中小企业将在战略性新兴产业中发挥更加重要的作用。随着国家发展战略性新兴产业的战略思路日渐清晰、政策环境日渐成熟,各级政府培育和发展战略性新兴产业的政策力度不断加大。可以预见,具有敏锐市场机会捕捉能力的中小企业将大量进入节能环保、新一代信息技术、生物、高端装备制造、新能源、新材料、新能源汽车等领域,并在研发、制造、高技术服务、示范应用等各个环节发挥积极的作用。

(2)中小企业将在核心技术和关键零部件领域有更大作为。一方面,随着供应链中的总成厂商由制造环节成本优势向价值链综合优势的转变,总成厂商与供应链上从事零部件供应的中小企业的市场关系将发生深刻的变化,总成厂商对供应商的要求除了必要的成本控制外,对零部件产品的设计和工艺的要求会越来越高,这种转变将成为促进中小企业技术能力提升的重要驱动力。另一方面,一些具备战略眼光的中小企业经过长期的人力资源和知识积累,已经具备了在某些关键零部件和基础件领域进行创新的能力。

(3)中小企业将通过在更高层次上利用公共科技资源促进自身的技术能力提升。近年来,随着市场环境的变化和科研院所体制改革的深入,中小企业通过各种各样的方式积极开展与大学和科研机构的技术合作,但整体上看,目前我国中小企业与公共科技资源合作的层次还很低,在合作方式上以委托研发和技术咨询等单方向的技术"转移"为主。未来随着中小企业自身技术水平的提升和企业对知识产权需求的增加,中小企业与公共科技资源以互补性的知识为基础进行共同研发的开放式创新会越来越普遍。另外,随着知识产权保护制度的不断完善,以学术创业为代表的高技术创业也会越来越频繁。

(4)中小企业将利用更加多元化的方式"走出去"利用全球要素和市场。随着人民币汇率升值和劳动力等要素成本的上升,未来几年我国工业外贸环境不容乐观。外向型中小企业要想继续依赖国际市场谋求生存和发展,除了产品品质的继续提高外,还要在营销方式和要素组织方面加速转型。与以往单一的订单式生存相比,中小企业将更多地通过直接投资利用国际要素和资源,通过自建销售渠道加强对渠道和价格的控制,通过品牌建设提高产品附加价值。

（二）通过创新实现转型升级

随着我国产业体系的日趋完善和中小企业数量的快速增长，中小企业爆发式成长的市场机会越来越少，中小企业从外延成长向内涵发展转变的压力越来越大。在这种情况下，近年来我国中小企业通过创新实现转型升级的步伐明显加快。

制造业中小企业的创新主要围绕两条主线展开：一是通过生产设备更新改造提高促进生产标准化和现代化；二是通过核心技术人员培育和引进改善生产工艺流程。由于我国装备工业的快速发展和国家对中小企业技术更新改造扶持力度的不断加大，特别是信息技术进步和中小企业产业集群布局特征大大加速了一般工艺技术在中小企业的扩散和应用速度，传统的生产设备引进和改造已经不是中小企业技术进步的唯一路径。

近年我国中小企业在技术转型升级方面表现出两方面新的特征：一是企业越来越重视提升掌握关键技能技术人才的数量和质量。针对浙江省制造业中小企业的一项调研显示，中小企业的技能型人员中，初级工、中级工、高级工、技师和高级技师占全部技能型人员的比重分别为 54.73%、32.56%、8.77%、3.12% 和 0.82%；从技能型人员的教育结构看，小学及以下文化程度、初中和高中学历、大中专学历、大学本科及以上文化程度人员占技能型人员总数的比重分别为 8.79%、73.58%、13.36% 和 4.27%（钟幼茶，2008）。与德国、日本等工业发达国家相比，我国中小企业技能型人员中高技能、高学历人才的绝对数量和比重都明显偏低，严重制约了企业的新产品开发和工艺改进。在这种情况下，近年来中小企业明显加大了高技能人才的培养和引进力度，高技能工人招工难、企业对工程师等关键技术人员的激烈争夺，都显示了中小企业在这种转型升级方式方面的努力。中国社会科学院工业经济研究所 2010 年针对全国 10 个产业集群的问卷调研显示，全部 435 个受访企业中有 61.5% 的企业都采取技术人才引进的合作创新活动。近年我国中小企业技术转型升级的另外一个特征是企业越来越重视通过嫁接外部科技资源提升产品和设备的技术水平。同样来自中国社会科学院工业经济研究所的调研显示，有近 70% 的集群企业认为合作创新对促进销售收入增长和技术水平提升有较大贡献。株洲轨道交通、丹阳高性能金属材料、扬州半导体照明产业集群中都有 70% 以上的企业不仅同大学科研机构有过技术咨询活动（相应的比例分别为 76.0%、88.1% 和 84.6%），而且开展了与大学科研机构的合作研发活动（相应的比例分别为 72.0%、50.0% 和 84.6%）（黄速建，2010）。

（三）中小企业创新的政策需求

经过 30 多年的经济高速发展，我国经济发展进入了新的发展阶段，转变经济发展方式是今后我国经济发展的主题，产业调整和升级进程加快、提升企业的成长力和竞争力至关重要。在新的经济发展阶段，我国中小企业发展思路也出现新的特征，即由过去主要关注中小企业数量的增长，转变为更加注重中小企业发展质量的提升和效率的增长，特别是中小企业技术创新能力的提高。同时，广大中小企业对政策也提出了新的需求，以解决经营发展中面临着的实际问题。在此宏观背景和微观背景下，我国中小企业政策也应该从政策思路、政策措施和政策评估等方面进行全方位的调整，以更好地促进中小企业的创新。

我国当前对中小企业政策的基本思路是扶持和援助。自 2002 年 6 月《中小企业促进法》颁布以来，通过颁布实施一系列的中小企业政策法规，我国中小企业政策体系逐步完善，各级政府对中小企业的政策支持力度在逐渐加大，政策覆盖范围不断扩大，政策措施和手段也呈现出多样化的趋势，政策成效不断显现。总体而言，我国当前对中小企业政策的基本思路是扶持性的和援助性的，这在应对 2008 年全球金融危机以及 2011 年下半年我国部分地区中小企业融资难、民间借贷违约凸显所出台的中小企业政策中尤为明显。

扶持性政策和援助性政策对于缓解短期中小企业经营困难、改善中小企业经营环境发挥了一定作用，但也应该认识到当前中小企业政策存在的弊端和问题，难以满足中小企业转型、升级和推动创新的要求。这些弊端和问题主要体现在如下三个方面：

第一，从政策的特征来看，扶持性政策和援助性政策缺乏长期性、协调性和可操作性。当前针对中小企业的政策主要是为了解决短期中小企业经营中出现的突出问题，事后补救甚于事前预防，"头痛医头，脚痛医脚"，导致中小企业难以形成稳定的、长期性的预期；政策之间缺乏协调性，政出多门，不能形成着眼长远效果的政策体系，也影响了政策的实施，降低了政策的可操作性。不仅如此，一些旨在进一步放开民营经济、中小企业投资领域，降低市场准入限制的政策实施细则迟迟没有出台，政策落实困难的问题依旧突出。创新活动，特别是重大创新一般风险大、周期长，在政策缺乏长期性和协调性的情况下，企业创新活动难以得到长期稳定保障，对于研发实力和资金实力不是很强的中小企业而言，进行持续创新的政策环境并不乐观。

第二，从政策的制定实施来看，扶持性政策和援助性政策缺乏有效的运作机制。诸多中小企业扶持政策缺乏明确的实施主体、责任主体，或者缺乏具体的项目为政策载体，导致了诸多扶持政策难以推进，落实困难；预期政策效果难以实现，部分政策仅停留在文本层面。同时，由于缺乏专业、高效、客观的政策效果评估主体，政策实施过程中出现的问题不能及时发现，政策的实际效果难以得到客观的评估，不利于政策措施的优化，不利于政策体系的完善。很多时候，中小企业甚至不知道有哪些扶持中小企业创新的政策措施，即使知道，也会因为不熟悉申请流程而放弃，这导致本身力度就不够的中小企业创新激励政策在执行过程中再打折扣。

第三，从政策的效果来看，扶持性政策和援助性政策在一定程度上干扰了市场机制的运转。随着我国社会主义市场经济制度的逐步确立，经济主体须依照市场经济规律要求进行决策和经营，而当前我国的中小企业扶持政策仍然具有较为浓烈的行政干预色彩，忽视了市场手段的重要作用。这些政策可能进一步强化中小企业的投机化和短期化行为，且政策效应越强，这种导向作用更明显，甚至存在企业从扶持性政策中"寻租"的现象。这不利于企业实施长期经营战略，进一步放大了市场波动，破坏了市场机制的运转。

为了克服当前扶持性和援助性中小企业政策的弊端和问题，满足中小企业对创新支持政策新的需求，中小企业政策转型是我国中小企业发展新阶段提出的新要求，我国的中小企业政策必须由扶持性政策向完善服务体系和服务功能转型。

三、中小企业创新的服务体系

针对我国中小企业创新的现实特点和需求，以及当前我国中小企业管理中存在"缺乏主体、缺乏责任人、缺乏落实、缺乏评估"等问题，我们提出，未来我国中小企业创新服务体系建设和服务功能完善要从服务主体培育、服务机制形成、服务队伍建设、服务方式改革等几个方面有重点、有层次地推进。

（一）培育中小企业服务体系

加快建设专业的、覆盖广泛的、公益性的、综合性的中小企业服务机构是完善我国中小企业创新服务体系的当务之急和重中之重。建议以已有的中小企业服务中心或中小企业促进会为基础，在省、市、县三级设立中小企业综合服务机构。综合服务机构自身可以不直接提供服务，但必须能够提供其他政府、社会和商业机构有关中小企业服务的有效信息。以综合服务平台为主体，汇总和统计服务机构、服务平台和服务业务信息，搭建服务信息综合管理平台，征集和聘任各领域专家，加强中小企业服务智力支持，促进实现全社会中小企业服务资源的统一配置。通过建立热线电话、网上咨询、网络订购和速配等便捷通道，加速服务与中小企业需求的对接，从而将综合服务机构建设成为整合和调动各类社会资源、实现中小企业服务需求"分诊"和快速响应的"门户"，建设成为国家、省、地、县四级服务体系纵向贯通、不同类型服务机构横向联系的关键节点。

（二）创新中小企业服务机制

社会性团体的积极性和创造力是发挥中小企业服务体系活力的根本。建立中小企业综合服务机构与协会、商会和研究会等社团的长效联系机制，理顺体制机制，充分发挥社团的积极性和创造性，将社团建设成为广大中小企业规模化、组织化服务管理的重要推动力量，建设成为中小企业与综合管理机构和各类公共服务平台对接的重要载体。鼓励发挥社团组织在行业标准制定、行业自律、信息发布、展览展示、促进产学研合作、参与政府政策制定等方面的积极作用，支持社团以组团、联合等灵活多样的方式开展中小企业服务工作。

（三）建设中小企业服务队伍

中小企业服务专业人才队伍素质的提升是完善中小企业服务体系的前提。加强中小企业服务机构从业人员专业素质培训，以提升服务能力为重点，形成一批专业素质高、服务意识强的中小企业服务队伍。按照专业化、社会化发展方向，推动建立专家志愿服务队伍和专业化服务队伍。尽快推进中小企业服务专业人才的认证和资格考试制度，形成中小企业服务人才队伍建设的长效化、制度化。

（四）改革中小企业服务方式

建立有效的服务机构运行机制是服务体系有效运行的制度保障。以满足中小企业服务需求为根本要求，建立适合我国中小企业发展现状和实情的服务机构运行机制。按照公益性公共服务、商业性公共服务和商业性个体服务适当分工、协调发展的原则，推动形成公益性公共服务政府采购、商业性公共服务政府补贴，机构合理盈利、企业合理付费，商业性个体服务市场化定价、政府有效监督的有利于中小企业服务体系可持续发展的运营机制。

建立有效的监督和评估机制是发挥政府对中小企业服务体系指导和引导作用的重要渠道。以独立的、第三方的科研机构为主体，建立中小企业服务机构和服务平台评价机制，建立规范科学的、针对不同类型机构和平台的服务内容、服务方式和服务效果的评估体系和评估方法。明确评估标准，规范评价流程，通过逐步完善不同服务产品的服务标准，促进服务机构的规范发展，提高服务质量。

项目制是中小企业服务资源配置和政策落实的基本改革方向。澳大利亚和意大利是目前中小企业政策落实最有效、中小企业发展状况最好的国家。根据澳大利亚和意大利等发达市场经济国家的经验，中小企业政策和服务通常都落实到由具体部门、具体人负责的政策项目和服务项目上。由于中小企业政策内容繁杂，同时政策实施对象数量多、分布广，因此项目制的中小企业政策和服务有以下三方面的好处：一是由于落实到项目，有明确的责任人，权责清晰；二是根据预先设定的项目"里程碑"事件，有利于分阶段、有步骤地实施；三是上级管理部门可以根据总休和阶段目标对政策落实进行有效的评估，在保证政府引导的同时，大大提高了政策的效力，有效解决了"有政策、没落实"的问题。

（五）加强中小企业人才培养

人才缺失和人才流失是影响中小企业发展的重要障碍，在构建和优化中小企业服务体系进程中，要将突破中小企业人才发展障碍作为重点任务来抓。继续实施中小企业"银河培训工程"，加大对各类中小企业人员的分层、分类培训，利用现代信息技术，通过远程网络培训等方式使更多的中小企业享受到此项服务。组织实施中小企业"百千万"人才培养工程，每年认定100个省级人才培训示范平台、1000名管理培训师和10000名服务机构负责人、高级经理或中高层管理人员。建立东部地区对西部地区小企业人才培训的帮扶工程，通过组织东部发达地区技术管理人才前往西部交流、挂职和培训等活动，缓解西部落后地区中小企业技术和管理人才匮乏的难题。

主要参考文献

1. 黄速建等.中国产业集群创新发展报告 2010–2011［M］.北京：经济管理出版社，2010.
2. 钟幼茶.中小企业技能型人才现状调查［J］.经济纵横，2008（4）.
3. 张玉明.中国中小上市公司成长报告（2010年度）［M］.济南：山东人民出版社，2010.
4. 秦军.科技型中小企业自主创新的金融支持体系研究［J］.科研管理，2011（1）.

第九章 跨国公司技术溢出与创新导向的外资政策研究

在经济全球化的背景下,跨国公司已经成为一国经济增长与技术进步的重要推动力量。从国家创新体系考察,跨国公司主导的外商直接投资(FDI)是我国工业创新的重要源泉。毫无疑问,外资企业在相当长的时期内都是中国企业技术学习的对象,外资企业的行业内技术溢出是客观存在的。然而,中国在利用外资改造传统产业、提升产业技术水平方面,还有很长的路要走。目前,跨国公司进入中国的主要动因是寻求市场和低劳动力成本,中国"以市场换技术"的战略效果仍有待评估,从既有的研究来看,许多行业外资企业对本国企业的技术溢出效应不明显。因此,在增长方式由要素驱动型向创新驱动型转变的过程中,通过制定有效的公共政策,使 FDI 对中国企业创新产生更积极的带动作用,是现阶段利用外资政策的核心内容。吸引跨国公司研发密集环节向中国转移,促进中国企业技术消化、吸收能力的提高,最大限度地承接和利用外资的技术溢出,逐步提高中国企业在与外资合作过程中的谈判能力和主导能力,是政策制定中必须要考虑的现实问题。在现阶段,我国利用外资政策目标正在从范围规模向质量效益转变,创新导向的利用外资政策研究亟待加强。

一、FDI 技术溢出效应及其影响因素:相关理论研究

虽然人们普遍认为 FDI 是促进东道国技术进步的重要因素,但相关的经验研究却未得出一致性的结论,这是由 FDI 技术溢出问题的复杂性本身所决定的。除了衡量方法所导致的差异外,FDI 技术溢出的效果还受到东道国市场因素、区域因素、行业因素、时间效应、技术差距以及跨国公司和本土企业本身的特征等多重因素的影响,因此,即使在同一研究框架下,也可能因研究样本和时间窗口的不同而得出截然不同的结论。因此,特定影响因素对溢出效果的影响必须放到特定情境中去理解。

(一) 技术差距和东道国吸收能力

技术差距和吸收能力被认为是影响溢出效应的重要因素。相关研究表明，本土企业要获得技术溢出效应，需要与跨国公司之间保持适度的技术差距（Crespo 和 Fontoura，2007）。如果技术差距太小，企业将没有机会通过模仿学习提高技术水平（Kokko，1994；Findlay，1978；Wang 和 Blomstrom，1992）。然而，技术差距太大，也会阻碍本土企业的技术吸收。在国家层面，技术差距对溢出效应的影响存在一个转折点，Borensztein 等（1998）称这一转折点为发展门槛，认为东道国应具备一定的劳动技术水平和基础设施水平才能跨过发展门槛，享受 FDI 技术溢出带来的益处。在技术差距既定的情况下，东道国企业的吸收能力对溢出效应起着重要的调节作用。大量研究都用 R&D 支出水平来衡量吸收能力（例如，Girma，2003；Karpaty 和 Lundberg，2004）。Keller 和 Yeaple（2003）、Kanturia（2000、2001、2002）等的研究发现，只有 R&D 投入水平较高的高技术部门，才能获得 FDI 的正向技术溢出。

(二) 东道国环境因素

（1）市场规模。一些研究结论证实，东道国市场规模的大小直接影响着跨国公司在东道国的 R&D 投入，从而影响技术溢出效应的发挥。Muralidharan 和 Phatak（1999）针对美国跨国公司在 34 个国家的 R&D 活动的研究所得出的基本结论是，东道国市场规模越大，跨国公司的 R&D 规模就越大，研究开发活动的水平也越高。

（2）市场结构。一些研究表明，竞争的市场结构更有利于 FDI 技术溢出效应的产生（Wang 和 Blomstrom，1992）。而 Kokko（1994）的研究发现，总体上来看，市场结构对技术溢出的影响是不确定的，当本地企业与跨国公司技术差距比较小时，竞争加剧能够促进创新；但当技术差距比较大时，跨国公司的进入会阻碍本地企业创新，因为跨国公司对当地企业在市场上产生了挤出效应。跨国公司作为技术溢出源，只要能够继续维持其垄断地位，它就不会把最先进的技术向东道国的子公司转移。而在另外一些行业，跨国公司在东道国市场并不具有统治地位，本地企业与它们是直接竞争的，尽管技术差距存在，但溢出仍然会发生。

（3）区域特定因素。由于技术溢出的渠道受区域层面因素的影响（Crespo 和 Fontoura，2007），因此，技术溢出效应被认为存在区域差异。傅元海等（2010）认为，FDI 聚集水平越高，技术人员双向流动可能越频繁，模仿学习效应越大，内资企业可以获得更多的中间产品生产技术。许多学者实证检验了区域因素对溢出效应的影响，但并未得出一致性的结论。一些研究表明，FDI 的行业内溢出在

第九章 跨国公司技术溢出与创新导向的外资政策研究

全国范围内较为显著，而在更小的区域范围内则不明显（Aitken 和 Harrison，1999；Yudaeva 等，2003），而另一些学者（Ponomareva，2000；Girma，2003；Xu 和 Sheng，2010）的研究却得出了相反的结论。Crespo 等（2010）对葡萄牙的实证研究则发现，跨国公司与本地企业的区域集聚对溢出效果产生了正向影响。杜群阳等（2007）认为，区域差异主要体现在政府科技研发投入、人力资本、基础设施、重工业产值比重、国有经济比重等方面，并检验了这些因素对溢出效应的影响。冼国明、严兵（2005）利用中国省际面板数据对外资在中国的溢出效应进行了研究，结果表明，不同地区均存在正向的外资溢出效应，但溢出效应呈现出东部最强、西部次之、中部最弱的格局。他们认为，这种状况主要与各地区的技术吸收能力有关。

（三）东道国企业特征

（1）企业规模。Aitken 和 Harrison（1999）分析了东道国企业规模对 FDI 溢出效应的影响。研究结果显示，对于员工人数少于 50 人的小企业，FDI 显示出显著的负向溢出效应。他们认为，小企业在与大企业竞争过程中的不利地位导致了负向溢出。王红领等（2006）对中国企业行业面板数据的分析表明，企业平均规模对技术溢出存在正向影响。然而，Girma 和 Wakelin（2001）的研究却发现，中小企业从外资企业中获得了更多的技术溢出。显然，学者们对于企业规模这一维度的影响也没有得出一致性的结论。笔者分析，以员工人数或企业资产衡量的企业规模与吸收能力并无直接关系，这导致了研究结论相互矛盾。

（2）企业所有权结构。Li 等人（2001）对中国企业的研究发现，国有企业主要通过竞争效应获得 FDI 的技术溢出，而非国有企业则更多地通过示范和传播效应获得技术溢出。Buckley 等（2002、2007）分别利用 1995 年和 2001 年中国细分的行业横截面数据对外资在中国产业内的技术溢出情况作了分析。对 1995 年的数据分析表明，外资只对非国有部门产生了明显的生产率溢出效应；而对 2001 年的数据分析却表明，非港、澳、台的外资在技术密集型产业对国有部门产生了显著的生产率外溢效应。国内一些学者也指出，不同所有制企业获得的 FDI 溢出情况有所差异。国有企业容易克服 FDI 的挤出效应，但其职工队伍相对较稳定的用人制度阻碍了员工从外资企业向国有企业流动，不利于外资企业的技术溢出。相比而言，其他所有制企业经营比较灵活，获取外资企业先进技术的示范和模仿效应的动机明显比国有企业要强，往往采取较为开放的用人制度，人员流动形成的 FDI 技术溢出效应明显（杨帆，2007）。

(四) 跨国公司特定因素

(1) FDI进入程度。许多学者通过FDI资本存量刻画其进入程度,并证实了资本存量与技术溢出之间正相关的结论(Caves, 1974; Blomstrom和Persson, 1983)。但也有研究表明,FDI资本存量与技术溢出效应不相关。例如,Yasuyuki Todo (2006) 通过分析发现,外资企业资本存量的大小并不对东道国企业的生产率产生影响,而外资企业的R&D存量却与东道国企业生产率之间存在正向关系。从中国的实际情况来看,多数研究利用中国的行业数据、地区数据或者企业微观数据,考察FDI技术进步之间的关系,得出FDI的技术溢出效应显著为正的结论(沈坤荣、耿强,2001;赖明勇、包群等,2005;王红领等,2006)。

(2) FDI来源国。一些学者认为,FDI来源国的差异对技术溢出效果存在影响。Karpaty和Lundberg (2004) 针对瑞典本土企业的研究证实,日本企业比美国企业产生了更多的技术溢出。然而,Haskel等 (2002) 的研究发现,在英国,日本企业产生了负向的技术溢出,而美国和法国企业则产生了比较明显的正向技术溢出。Hu和Jefferson (2002) 研究了中国的电子和纺织行业,结果发现,来源于OECD国家的跨国公司比港澳台地区的外资企业能够产生更明显的溢出效应。Takii (2011) 以印度尼西亚制造业企业为样本研究发现,来自东亚的跨国公司产生了正向的溢出效应,然而来自亚洲以外的跨国公司并未产生明显的溢出效应。这些研究基本上都将正向的技术溢出归因于合适的技术差距。从这些研究可以看出,来源国的影响并不是绝对的,在其他条件相同的前提下,溢出效应主要受到两国技术差距的制约。

(3) 跨国公司对子公司的控制程度。学者们对该维度的研究未得出一致性的结论。有些学者认为,较高的外资控股比重不利于技术溢出。例如,Kokko (1994) 研究发现,技术差距并不是构成技术溢出障碍的绝对因素,大的技术差距和较高的外资控股比重叠加在一起,才是导致技术溢出困难的最主要原因;Dimelis和Louri (2002) 对希腊企业进行的研究表明,跨国公司对子公司持股比重较小时,溢出效应更明显;Takii (2005) 应用印度尼西亚的企业数据,也得出了相似的结论。然而,Javorcik和Spatareanu (2003) 利用罗马尼亚的数据却得出了相反的结论:只有在外商独资的情况下,才能产生行业内的正向溢出;产业间纵向的技术溢出则仅存在于合资、合作的情况。后一结论得到了Javorcik (2004) 的进一步证实。

(4) 跨国公司的投资动机。正如Yasuyuki Todo (2006) 所揭示的那样,研发投入强度应该代替资本投入强度来确定技术溢出来源的多少。Girma (2003) 研究发现,技术应用型投资能够产生更多的技术溢出。此外,跨国公司的投资是否以本地市场为销售目标也会从根本上影响技术溢出的效果。Tian（2007）通过对中国 1996~1999 年 11324 家企业的面板数据得出 FDI 行业内技术溢出效应为负的结论。他分析，其原因在于所研究的样本多数是"飞地型"加工贸易公司，当地厂商难以得到跨国公司生产的产品而进行模仿和学习。

（五）研究总结与启示

对 FDI 的技术溢出文献的简要考察发现：①研究对象大部分是工业制造业部门（Murakami，2007），而对某个产业集群特别是专门的产业内研究涉及较少。许多研究没有考虑行业特征（技术范式）对技术扩散方式的影响，因此在通过统一的技术溢出衡量指标来进行评价时，自然会产生偏差。②国外的研究采用行业横截面数据较多得出正效应的结论，而采用面板数据作回归分析大多是否定的答案。而国内采用面板数据则大多支持 FDI 的创新促进论。可以看出，方法与样本的选择对结论有一定的影响，这与双方技术差距以及时点、时段的选择有关。③相关研究普遍采用综合效率指标（如全要素生产率）作为衡量技术进步的因变量，部分研究则将专利申请量作为衡量指标。前者忽视了配置效率和技术效率的交叉影响，后者对技术创新能力的衡量则过于简单化。衡量指标的不科学直接导致研究结论难以令人信服。④相关研究都建立在特定的假设基础上，即在外部条件既定的前提下，技术溢出是自动发生的。而从经济现实来看，技术溢出与微观层面企业的技术学习意愿紧密相关。因此，东道国企业技术学习意愿应该作为重要影响因素予以考察。

从既有的文献来看，一些影响因素如东道国企业规模、FDI 来源国等，并非技术溢出的终极影响因素，除了跨国公司行为和环境因素以外，多数因素可以收敛到技术差距和吸收能力，一些因素不能排除伪相关的情况。因此，技术差距和东道国企业吸收能力是关键要素。综上所述，对于我国吸引外资而言，制度环境是既定的，则影响因素可以归结为四维变量：跨国公司技术转移和技术保护行为、两国企业技术差距、本国企业技术学习意愿和技术创新能力，其中，技术创新能力在不同的情况下体现为不同的方面。

二、跨国公司技术溢出的作用机制及其发生机理

(一) 跨国公司对我国企业创新的作用机制

跨国公司技术溢出的效果常常难以衡量,根本原因在于 FDI 同时通过多种渠道促进东道国企业的技术创新。这几种渠道交织在一起,形成直接和间接的溢出效应。而且,这些渠道产生作用的周期和效果与东道国企业的创新能动性紧密相关。根据 Findlay(1978)、Kokko(1994)等人的研究,FDI 技术溢出的渠道主要有四种:示范效应、人员流动效应、竞争效应和产业关联效应。实际上,从知识获取的方式以及外资促进本土企业技术创新的过程来看,FDI 对我国企业创新的作用机制有三种:

1. 竞争机制

竞争机制即外资企业的进入加剧了国内市场的竞争程度,迫使本国企业被动加大研发投入,加速生产技术、生产设备的更新升级(Aitken 和 Harrison, 1999)。王红领等(2006)认为,外资进入促进了中国内资企业研发能力的提高,这主要归功于竞争机制的作用。实际上,FDI 对东道国的企业技术创新存在两种作用——促进作用与抑制作用,而抑制作用主要是通过竞争机制体现出来。在存在较大技术差距时,外资的进入会造成中国企业技术升级的屏障。例如,在手机、计算机、汽车市场,外资品牌对本土品牌在高端市场上形成挤压,致使本土企业进一步锁定在低端产品,较低的利润水平进而造成了这些企业创新投入的不足。在技术差距不大的情况下,竞争会增强企业的生存压力,从而逼迫企业创新。另外,外资的进入会导致可替代产品的增加而加剧竞争的激烈程度,短期内压低本土企业的利润空间,从而可能降低本土企业的创新投入水平,抑制企业创新。在这两种作用下,企业的创新能力主要取决于企业的创新意识和学习意愿。实证研究支持了以上两种可能性的存在。例如,Murakami(2007)对日本企业进行研究表明,长期看内资企业受外资企业竞争压力影响,提高了生产率,技术溢出效应为正;但短期内由于本土企业市场力量的减少,全要素生产率有所降低;Liu(2008)以中国制造业为研究对象,也得出了相似的结论。Mansfield 和 Romeo(1980)研究了在英国的美国企业研发活动对技术溢出效应会产生的影响,研究结果表明,美国企业进入所带来的竞争压力促使大多数英国企业进行技术学习和模仿,从而带来了更多的溢出。

第九章 跨国公司技术溢出与创新导向的外资政策研究

2. 示范机制

在跨国公司与东道国企业之间存在技术差距的前提下，东道国企业可以通过学习、模仿外资企业的新技术、新产品、生产流程和管理经验来提高自身技术水平。Girma 和 Waklin（2001）指出，本地企业可以通过对外资企业的模仿与学习，不断改进生产方法，提高劳动生产率，获得溢出效应。在不存在直接的人员流动和技术转移的情况下，外商直接投资也会由于其市场表现而成为本土企业学习和模仿的对象。尽管由于跨国公司对核心技术的保护，本土企业不可能通过外部观察和模仿直接学习到所需要的技术知识，但在同一市场上，本土企业很容易获得跨国公司的创新信息，并通过学习缩短创新时间。例如，一些外资汽车企业推出新的汽车，一些设计理念会溢出到整个汽车产业，带动本土企业产品创新；本土企业还可以通过购买跨国公司在本土销售的产品，以"逆向工程"的方式获得技术溢出。

3. 知识流动机制

与前两种机制相区别，知识流动机制是指在跨国公司与本土企业之间存在直接的知识流动，这种知识是通过人员、设备或文本规程来传导的。知识流动可以发生在同一产业内，也可以发生在纵向产业间。具体而言，直接的知识流动可以通过从外资企业获得高素质人力资源、购买外资企业先进设备或零部件、与外资企业合资合作、作为外资企业的供应商而接受技术指导等方式实现。合资合作的项目主要通过人员面对面交流和技术文本的共享而实现知识流动。相比之下，人员流动所带来的知识流动由于不需要人际转移而更加直接。Kokko（1994）指出，跨国公司的高技能员工向东道国企业流动，促进了知识转移和技术溢出。本地企业可以通过向外资企业"挖人"获得高技术员工的技术诀窍（Fosfuri 等，2001）。纵向的技术溢出发生在纵向产业关联过程中。Kokko（1994）指出，跨国公司在与东道国供应商或下游客户合作的过程中，会发生技术知识的转移。Cheung 和 Lin（2004）也指出，跨国公司与本地供应商之间可以通过技术诀窍的转移和人员培训等方式，产生技术溢出效应。

（二）跨国公司技术溢出的两阶段模型

一般而言，外商对我国直接投资都是以母公司在东道国设置子公司（或分公司）的形式出现。跨国公司对东道国的技术溢出实际上可以分为两个阶段：在第一阶段是母子公司之间的技术转移；第二阶段是子公司向东道国的技术溢出。而且，第二阶段的溢出效果受到第一阶段技术转移程度的制约。如果跨国公司母公司和子公司所拥有的技术知识分别用 K_b、K_p 表示，我国企业实际获取的技术知识用 K_t 表示，第一阶段的技术转移率用 i 表示，第二阶段的技术溢出效率用 v 表

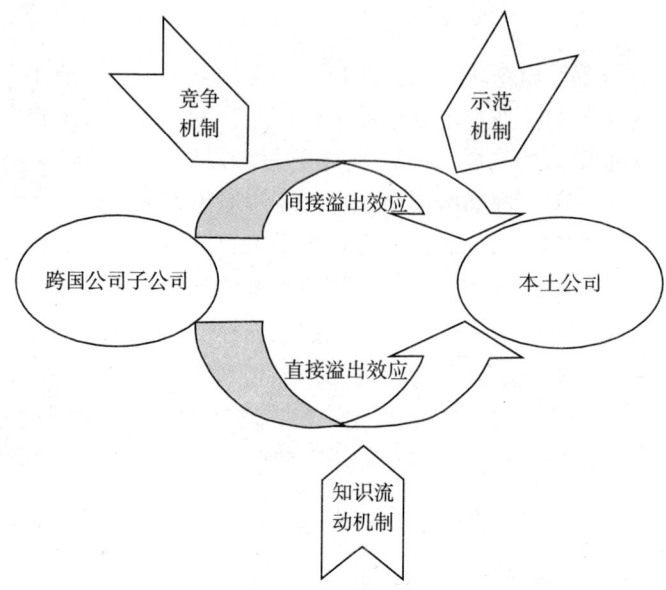

图 9-1 跨国公司技术溢出的作用机制

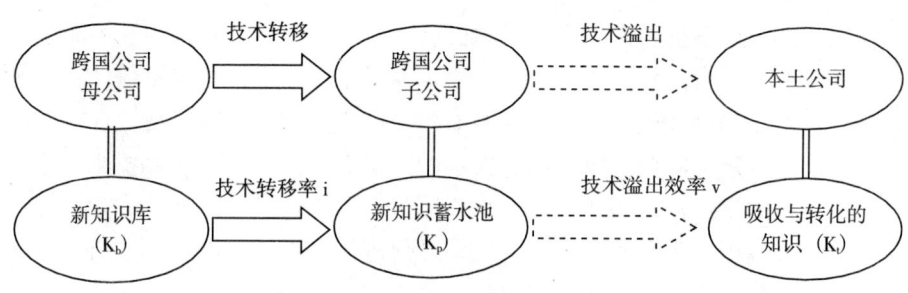

图 9-2 跨国公司技术溢出的两个阶段

示,则一般意义上的技术溢出效果 $K_s = K_b i + K_p v$。

了解 FDI 促进我国企业创新的路径具有重要意义。因为通常讨论技术溢出,一般把进入中国的外资企业作为一个"黑箱",来研究如何从这一"黑箱"中获得更多的技术溢出。然而,进入中国的外资企业通常只是跨国公司设在海外的一个子公司,充其量只是其全球战略布局中的一个据点而已。如果这一据点只是利用中国的廉价劳动力,充当全球组装车间的角色,从知识吸收来看,中国企业并没有获得在地理上接近"知识源"的优势,因而很难从跨国公司的全球知识网络中学习到所需要的技术知识。相反,如果跨国公司将中国作为全球知识网络中的重要节点,则中国企业由于地理上的靠近,将通过各种互动机制获得知识溢出。因此,从系统观出发,我们不仅需要设计"增溢性"政策工具,更需要强化"索源性"政策工具,以获得更多的知识来源和知识溢出。

(三) 不同渠道下技术溢出的关键影响因素与发生机理

对于中国这样一个非均衡发展的大国,外资政策需要同时考虑普适性和特殊性。不管是何种政策工具,都必须找到政策得以发挥作用的着力点,这些着力点便是特定溢出渠道下的关键影响因素。对于特定的产业,中国这一特定东道国的市场环境和区域环境是既定的。通过之前的理论综述可知,影响技术溢出的关键变量主要在于跨国公司与本地企业的行为与能力以及企业之间的网络关系。

由于产业内水平溢出与产业间垂直溢出的内在机制不同,而且各机制作用下新知识形成的内在机理存在差异,因此,不同渠道下影响技术溢出的关键影响因素是不同的。如果用 B 表示跨国公司的技术转移行为,D 表示两国企业的技术差距,W 表示本土企业的技术学习意愿,C 表示技术吸收能力,I 表示自主研发能力,A 表示资源配置能力,L 表示结网能力,则在不同溢出渠道下,技术溢出的微观过程如图 9-3 所示。

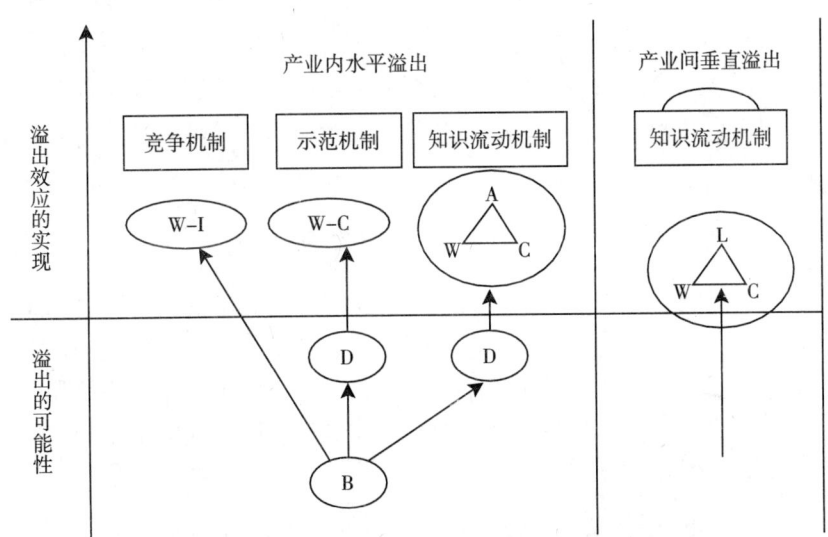

图 9-3 不同渠道下技术溢出的路径及关键影响因素

揭示技术溢出微观过程的意义在于,通过明确溢出路径中的各关键点,可以为外资政策找到准确的着力点,提高政策工具在实施过程中的有效性。实际上,政策工具是作为制度变量作用于各影响因素,从而调节技术溢出效果的。

三、促进技术溢出的外资政策调适目标

当前，中国的产业技术深化与产业技术升级需要创新战略的支撑，而创新战略并不是要排斥外资的进入，而是要更好地利用外资，使之服务于中国的创新战略。然而，应当看到的是，目前地方政府在引进外资方面存在两种错误倾向：一种是受 GDP 政绩观的影响，不顾科学发展的大局，盲目引资、过度引资，甚至一些不符合产业政策的项目也享受了引进外资的优惠政策。这种做法已经引起了产能过剩、重复建设、产业结构升级缓慢、区域间恶性竞争等问题。同时，由于技术知识本身具有的缄默性等特征，加之国外企业采取的核心技术封锁手段，使得我国在利用外资过程中很难掌握核心技术控制权，利用外资的质量难以提升。另一种是在本地民营经济较为发达的地区，认为外资进入是与民资争利，各方对利用外资存在消极情绪，外资比重过低，跨国公司在整个创新体系中的促进作用难以发挥。从 FDI 激发内资企业创新的作用来看，我国新时期利用外资应该实现以下三大政策目标，即提升产业创新能力、区域创新能力和企业创新能力。

（一）通过合理竞争激发民族产业创新能力

市场竞争是创新的动力之源，真正的创新能力是竞争的结果，而非保护的结果。除了涉及国家安全和关系国家经济命脉的产业以外，积极引导外资流向先进制造业和现代服务业。针对不同产业的要素禀赋特征、市场竞争格局和产业发展规划，选择与之相适应的利用外资的方式和项目。塑造内外资企业公平的竞争环境，逼迫企业以创新求生存。

（二）通过引入创新体系的"关键节点"提高区域创新能力

企业根植于特定的区域环境之中，良好的区域创新体系是加速企业创新的外部保障。加快构建区域创新体系，通过产业链招商，培育良好的区域产业生态，使本土企业深度嵌入国际产业链，并逐步提升其在产业链中的自主地位。通过对区域创新体系的整体评价，找到提升区域创新能力的"关键节点"，这一节点可能是生产体系中的龙头企业，也可能是供应链中的重要支撑环节。

（三）通过引入知识密集型企业和环节增加中国企业学习机会

适当的技术差距是获得最大溢出效果的必要条件。核心技术和关键技术总是以专有知识的形式隐藏于研究开发和生产的诸多环节，引进外资的目标要聚焦于这些关键环节，而尽量避免使中国成为这些企业的组装基地。随着我国企业自身能力的不断提升，当前与国外企业存在过大技术差距的领域已经越来越少，因此，引进外资的对象应该锁定那些行业内具备先进技术水平的企业，更确切地说是引入它们的研发机构和先进制造系统。除了示范机制以外，知识流动机制中的人员流动机制是主要的技术溢出渠道。

四、建立基于创新能力培育的外资政策

基于前面的理论分析，笔者认为目前外资政策体系的着力点应放在促进国内企业创新能力培育的基点上。从技术溢出的机理和渠道入手，创新导向的外资政策体系设计的目标是尽可能增强技术溢出的正效应，降低外资进入的负效应。为实现这一目标，可灵活运用下列三类政策工具（如图9-4所示）：

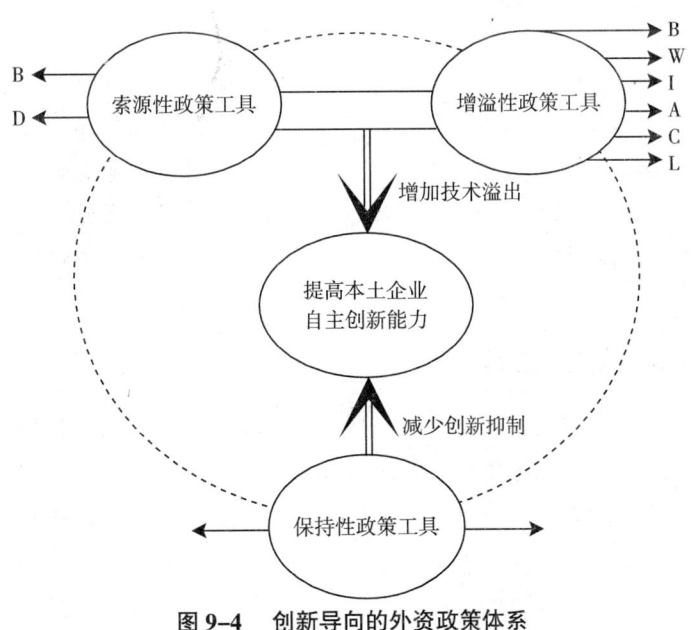

图9-4　创新导向的外资政策体系

（一）索源性政策工具

（1）建立重点产业的鼓励性政策。更新《外商投资产业指导目录》，对于鼓励类外商投资企业和重点开发地区的引资项目，可以继续实行有选择的优惠政策。"两税合一"是中国利用外资政策法规由"政策优惠"转向"国民待遇"的标志性的一步。新《中华人和共和国所得税法》统一了内外资企业所得税率，在一定程度上减少了外资企业享有的"超国民待遇"。但是，对于外资企业的"超国民待遇"应该区别对待，新《中华人和共和国所得税法》还有进一步调整的空间。在实行"国民待遇"原则的同时，对于西部大开发、高科技产业、环境保护和低碳经济、循环经济以及基础设施等领域，对符合国家产业政策、技术含量高且转让成分大、外销比例高、环境污染小的外商投资企业，可以给予一定的优惠政策，以带动新兴产业发展，促进区域协调发展。

（2）优先保障"智力输入型"外资进入。优先保障先进制造业企业、生产性服务性企业、知识密集型企业以及知识密集型环节进入中国。要获得更多的技术溢出，前提是跨国公司将更多的知识密集型环节放在中国。此处所讲的知识密集型环节不仅仅指研究开发环节，也包括先进制造环节，也就是能够体现跨国公司先进生产技术水平的机器设备、制造系统以及工程技术人员。对于这些项目，除了享受中国各地的产业园区政策以外，还可以享受优先获得项目用地和相关的税收减免。例如，对于外资企业进口的先进自用设备，继续免征关税。

（3）建立基于竞争格局、技术差距和产业链竞争力的选资政策。针对水平溢出，根据特定产业的市场竞争状况，引入具备合适技术差距的跨国公司。对于市场竞争秩序较为混乱、产业集中度不高的行业，可以选择与国内技术差距适中的跨国公司进入，增加本土企业模仿创新的机会，增强企业的创新压力，通过企业之间的兼并重组优化产业组织形式；针对垂直溢出，优先引入对我国产业链竞争力提升作用强的跨国公司，使本土企业在与跨国公司的合作中提高自身创新能力。

（二）增溢性政策工具

从增溢性政策来看，以往通常将选择外资进入方式作为调节溢出效果的一个工具，例如鼓励合资的优惠政策。但从实际效果来看，这样的政策并未取得预期的效果，也就是通常所说的"以市场换技术"的策略并不成功。出现这种情况的原因不外乎两个方面：一种情况是，欲引进的外资并不具备先进技术，一些在避税区注册的"假外资"与内资企业以"假合资"的方式恶意获得优惠政策；另一种情况是，外资企业虽然拥有先进技术，但对于它们而言，由于合资这种方式天然增加了技术外溢的风险,它们会千方百计降低溢出水平,最常用的措施就是将核心的研究设计和核心部件的生产放在母国,以保护核心技术。改革开放后的30年内,在中国注册的汽车合资企业没有申请一项专利技术,这从一个侧面反映了跨国公司对核心技术外溢的防范。在此情况下,与那些将关键环节放在中国的独资企业相比,合资企业所产生的技术外溢反而要少得多,因为前者可以通过人员的流动实现技术溢出。因此,以往鼓励外资以合资方式进入中国以获得更多技术溢出的政策设计或许是一个悖论。在实践中,增溢性政策工具需要与索源性政策工具搭配使用。在获得"溢出源头"的情况下,增加溢出的政策目标可以通过改变跨国公司的行为以及提高本土企业的创新意识和投入来实现。

(1)鼓励跨国公司提高本地根植性。可以通过税收减免的方式鼓励跨国公司雇用更多的本地人员,或者与本地企业建立上下游关联或战略联盟,例如,可以通过所得税减免的方式提高跨国公司本地采购的比例。提高跨国公司本地根植性还要减少加工贸易型外资公司的进入,提高跨国公司本地研发、本地制造的比重。

(2)提高本土企业技术学习的意识。目前,能够不惜重金从跨国公司"挖人"的中国企业并不多见,事实上,多数情况是本土企业具备一定技能的员工频繁向跨国公司跳槽。逆向技术溢出的发生更多地反映出本土企业技术学习意识的淡薄。地方政府在招商过程中,可以通过各种组织形式对本土企业进行指导,引导企业吸引跨国公司的高技术员工,与跨国公司组建技术联盟等。

(3)提高本土企业自身能力。技术溢出并非是自动发生的,而是与本土企业的自身能力密切相关。从各种溢出渠道来看,技术吸收能力、自主研发能力、资源配置能力和结网能力都对溢出效果产生影响。技术吸收能力和自主研发能力都依赖于员工素质、研发投入和组织学习能力,因此,通过鼓励企业提高研发投入、培训投入、建立创新实验室等手段,可以提高企业获取技术溢出的能力。此处的资源配置能力主要是指由于人员流动而带来的知识的内部分享与转化能力。除了企业加强内部管理以外,还可以通过集群的公共创新平台促进企业之间的交流和相互学习。结网能力依赖于外部网络环境,因此要建立重点区域的集群招商政策。根据区域性产业集聚特征和先进制造业基地的发展要求,引导外商投资园区化。

(三)保持性政策工具

引进外资对国内企业创新也是一柄"双刃剑",外资不仅会由于溢出效应提升国内企业的技术水平,也会由于产品市场和控制权市场的竞争而抑制国内企业创新。所谓保持性政策工具,就是尽可能降低外资进入的负面影响,保证国内企业创新持续性的政策措施。对于那些战略性的、需要适度保护的产业,例如,涉及国家安全的产业、关系国计民生的重大装备制造业、战略性新兴产业,一方面要采取审慎的外资政策,为这些产业的发展保留足够的市场空间。对于有可能涉嫌垄断的外资并购案,加大审查力度。另一方面,要鼓励本土企业提高自主研发投入和创新能力,增强企业竞争力,从而提高外资并购的门槛,提高产业竞争力,确保国内龙头企业及其品牌的"本土所在"和"本土所有",更为重要的是要防止相关产业创新资源的流失。

主要参考文献

1. Aitken, B. and Harrison, A. Do Domestic Firms Benefit from Direct Foreign Investment? Evidence from Venezuela [J]. American Economic Review, 1999, 89 (3): 605–618.

2. Blomstrom, Magnus and Hakan Persson. Foreign Investment and Spillover Efficiency in An under Developed Economy: Evidence from the Mexican Manufacturing Industry [J]. World Development, 1983, 11 (6): 493–501.

3. Blomstrom, M. and Sjoholm, F. Technology Transfer and Spillovers: Does Local Participation with Multinationals Matter? [J]. European Economic Review, 1999 (43): 915–923.

4. Borensztein, E., J. Gregorio and J. Lee. How Does Foreign Direct Investment Affect Economic Growth [J]. Journal of International Economics, 1998 (45): 115–35.

5. Buckley, J. Peter, Jeremy Clegg and Chengqi Wang. The Impact of Inward FDI on the Performance of China's Manufacturing Firms [J]. Journal of International Business Studies, 2002, 33 (4): 637–655.

6. Buckley, Peter J., Chengqi Wang and Jeremy Clegg. The Impact of Foreign Ownership, Local Ownership and Industry Characteristics on Spillover Benefits from Foreign Direct Investment in China [J]. International Business Review, 2007 (16): 142–158.

7. Caves, R. E., Multinational Firms, Competition and Productivity in Host–country Markets [J]. Economica, 1974 (41): 176–193.

8. Cheung, Kui-yin, and Ping Lin. Spillover Effects of FDI on Innovation in China: Evidence From the Provincial Data [J]. China Economic Review, 2004, 15 (1): 25–44.

9. Crespo, N. and Fontoura, M.P. Determinants Factors of FDI Spillovers, What Do We Really Know? [J]. World Development, 2007, 35 (3): 410–425.

10. Crespo, N., Isabel Proença & Maria Paula Fontoura. The Spatial Dimension in FDI Spillovers: Evidence at the Regional Level from Portugal [Z]. WP17/2010/DE/UECE/CEMAPRE. Department of Economics at the School of Economics and Management (ISEG), Technical University of Lisbon, 2010.

11. Dimelis, S. and Louri, H. Foreign Ownership and Production Efficiency: A Quantile Regression Analysis [J]. Oxford Economic Papers, 2002 (54): 449–469.

12. Findlay, R., Relative Backwardness. Direct Foreign Investment, and the Transfer of Tech-

第九章 跨国公司技术溢出与创新导向的外资政策研究

nology: A Simple Dynamic Model[J]. The Quarterly Journal of Economics, 1978, 92 (1): 1-16.

13. Girma, S. Absorptive Capacity and Productivity Spillovers from FDI: A Threshold Regression Analysis [Z]. Working Paper 25/2003. European Economy Group, 2003.

14. Haskel, J., Pereira, S., & Slaughter, M. Does inward Foreign Direct Investment Boost the Productivity of Domestic firms [Z]. Working Paper 452. Department of Economics, Queen Mary, University of London, 2002.

15. Hu, A.G. and Jefferson G. FDI, Technology Innovation and Spillover: Evidence from Large and Medium Size Chinese Enterprises[Z]. Mimeo Waltham, Massachusetts, United States: Brandeis University, 2001.

16. Hu, A.G.and Jefferson, G. FDI Impact and Spillover, Evidence from China's Electronic and Textile Industries [J]. The World Economy, 2002 (25): 1063-1076.

17. Sadayuki Takii, Do FDI Spillovers Vary among Home Economies?: Evidence from Indonesian Manufacturing [J]. Journal of Asian Economics, 2011 (22): 152-163.

18. Javorcik, B., & Spatareanu, M. To Share Or Not to Share: Does Local Participation Matter for Spillovers from Foreign Direct Investment? World Bank Policy Research Working Paper 3118. Washington, D. C.: The World Bank, 2003.

19. Javorcik, B. Does Foreign Direct Investment Increase the Productivity of Domestic Firms? In Search of Spillovers through Backward Linkages [J]. American Economic Review, 2004, 94 (3): 605-627.

20. Kanturia, V. Productivity Spillovers from Technology Transfer to Indian Manufacturing Firms [J]. Journal of International Development, 2000 (12): 343-369.

21. Kanturia, V. Foreign Firms, Technology Transfer and Knowledge Spillovers to Indian Manufacturing Firms: a Stochastic Frontier Analysis [J]. Applied Economics, 2001 (33): 625-642.

22. Kanturia, V. Liberalisation, FDI, and Productivity Spillovers – an Analysis of Indian Manufacturing Firms [J]. Oxford Economic Papers, 2002 (54): 688-718.

23. Karpaty, P. and Lundberg, L. Foreign Direct Investment and Productivity Spillovers in Swedish Manufacturing [Z]. FIEF Working Paper Series 194, 2004.

24. Keller, W. and Yeaple, S. Multinational Enterprises, International Trade, and Productivity Growth: Firm-level Evidence from the United States [Z]. NBER Working Paper 9504. Cambridge, MA: National Bureau of Economic Research, 2003.

25. Kokko A. Technology, Market Characteristics, and Spillovers [J]. Journal of Development Economics, 1994 (43): 279-293.

26. Li, X., Liu, X. and Parker, D.. Foreign Direct Investment and Productivity Spillovers in the Chinese Manufacturing Sector [J]. Economic Systems, 2001 (25): 305-321.

27. Liu, Z., Foreign Direct Investment and Technology Spillovers: Theory and Evidence [J]. Journal of Development Economics, 2008, 85 (122): 176-193.

28. Mansfield, Edwin and Anthony Romeo.Technology Transfer to Overseas Subsidiaries by U.S.-

Based Firms [J]. Quarterly Journal of Economics, 1980 (95): 737–750.

29. Murakami Y., Technology Spillover from Foreign Owned Firms in Japanese Manufacturing Industry [J]. Journal of Asian Economics, 2007 (18).

30. Muralidharan, Raman & Arvind Phatak.International R&D Activity of U. S. MNCs: An Empirical Study with Implications for Host Government Policy [J]. Multinational Business Review. 1999, 7 (2): 97–105.

31. Sourafel Girma & Katharine Wakelin. Regional Underdevelopment: Is FDI the Solution?: a Semiparametric Analysis, Centre for Economic Policy Research, University of Nottingham, 2001.

32. Ponomareva, N. Are There Positive or Negative Spillovers from Foreign-owned to Domestic Firms [Z]. Working Paper BSP/00/042. Moscow: New Economic School, 2000.

33. Takii, S. Productivity Spillovers and Characteristics of Foreign Multinational Plants in Indonesian Manufacturing 1990–1995 [J]. Journal of Development Economics, 2005 (76): 521–542.

34. Tian, X. Accounting for Sources of FDI Technology Spillover: Evidence from China [J]. Journal of International Business Studies, 2007, 38 (1), 147–159.

35. Wang, J. Y. & Blomstrom M.Foreign Investment and Technology Transfer: a Simple Mode [J]. European Economic Review, 1992, 36 (1): 137–155.

36. Xu, X. & Y. Sheng, Are FDI Spillovers Regional? Firm-level Evidence From China [J]. Journal of Asian Economics, doi: 10.1016/j.asieco, 2011.

37. Yasuyuki Todo. Knowledge Spillovers from Foreign Direct Investment in R&D: Evidence from Japanese Firm-level Data [J]. Journal of Asian Economics, 2006, 17 (6): 996–1013.

38. Yudaeva, K., Kozlov, K., Malentieva, N., & Ponomareva, N. Does Foreign Ownership Matter? [J]. The Russian Experience. Economics of Transition, 2006, 11 (3): 383–409.

39. 傅元海, 唐未兵, 王展祥. FDI 溢出机制、技术进步路径与经济增长绩效 [J]. 经济研究, 2010 (6).

40. 赖明勇, 包群, 彭水军, 张新. 外商直接投资与技术外溢: 基于吸收能力的研究 [J]. 经济研究, 2005 (8).

41. 沈坤荣, 耿强. 外国直接投资、技术外溢与内生经济增长 [J]. 中国社会科学, 2001 (5).

42. 王红领, 李稻葵, 冯俊新. FDI 与自主研发: 基于行业数据的经验研究 [J]. 经济研究, 2006 (2).

43. 冼国明, 严兵. FDI 对中国创新能力的溢出效应 [J]. 世界经济, 2005 (10).

44. 杨帆. 外商直接投资与我国科技进步 [J]. 福建论坛 (人文社会科学版), 2007 (5).

第十章 企业创新技术标准政策研究

技术标准是指由固有技术轨迹形成的,在使用上具有排他性的,供有条件通用和重复使用的技术或格式类型。对于具有强技术关联性的行业,采用统一的技术标准是实现产品间兼容、降低运营成本、发挥网络外部性的必要条件。随着信息技术的广泛使用,越来越多的行业越发地表现出强网络性,这不断扩展着技术标准的适用范围。由于技术标准一旦形成,将成为一定范围内产品技术所必须遵循的规格,掌握技术标准的企业或企业联盟能够通过转让、认证、许可等多种方式垄断行业技术市场,获得高额利润。因此,从某种意义上讲,技术标准是创新活动在商业化阶段的最高形式和终极目标,掌握或控制行业技术标准也成为企业创新的重要激励。

一、技术标准的商业意义

技术标准的形成是企业创新成果商业化的具体手段,与工艺类标准相比,技术标准一方面锁定技术发展方向,另一方面成为标准发起者的垄断资本。掌握行业技术标准不仅能够控制行业技术发展方向,影响其他企业的创新活动,还能够形成技术垄断,获得超额利润。

(一)锁定技术发展方向

技术标准的出现能够在一定程度上,甚至完全锁定技术发展的方向,这主要是由技术的相关性、投资的不可逆性和正外部性造成的(David,1985)。技术相关性是指一个产品的生产和使用过程必须遵循统一的规则,产品从制造到消费的整个过程所使用的技术都是一致的或相关的。具有"硬件—软件"形式的产品最能够表现出技术相关性:计算机和软件、播放器和碟片都必须采取统一或兼容的技术标准,才能够实现产品的正常使用。投资的不可逆性是由巨大的安装成本造成的。技术标准是一个系统内诸多成熟技术的集成,因此在产生和扩散过程中伴随长期艰苦的研究与开发活动、巨额的固定资产投入、长期系统的教育和培训等，都会产生巨大的安装成本。因此，要设立新标准、改变已经实施的旧标准，哪怕是做局部的调整和升级都需要经过特别严格的论证，只有在新标准对效率的提高和效用的增加足够大到能够抵消新的安装成本，新标准的设立才具有经济上的意义。规模的报酬递增是较为普遍的经济现象，对于技术标准来说，规模报酬递增是由其正外部型所决定的。对于具有网络型特征的产品来说，随着用户数量的增多，每增加一个用户所产生的边际效益（这部分效益中绝大部分由新加入的用户获得，还有一小部分被分配给使用该技术标准产品的所有用户）不断上升，而相应的成本却能基本保持不变。

简单而言，技术标准的"锁定性"是由于标准转换成本过高造成的。技术相关性决定了采用新的技术需要更换新的设备，建立新的用户网络，对操作者和用户进行重新培训；投资的不可逆性决定了巨大的前期投入使厂商和消费者都无法承担改变标准带来的沉没成本；规模的报酬递增决定了改变标准将失去之前积累的生产规模和用户基础。因此，技术标准一旦形成就会将技术的发展锁定在标准所规定的范围之内，改变标准或改变技术发展轨迹在绝大多数情况下是得不偿失的：一些标准的改变本身并不会产生显著的效率提升，例如计算机键盘的布局标准、道路机动车行驶标准（左行/右行）、办公纸张大小的标准等，标准的改变是完全没有必要的。另一些已经形成的技术标准虽然已经被证明并非最优，但由于转换成本过高仍然被继续采用。例如美国在核反应堆上选择的轻水标准与其他技术相比其实存在一定的差距（Cowan，1990），但是由于核电技术的研发和核电厂建设的投资巨大，在不考虑风险的情况下，改变标准需要付出的成本也大于可能带来的收益。

（二）形成垄断资本

技术标准最基本的特征是排他性。排他性首先表现在技术标准的产生过程上，Baskin（1998）认为标准的产生是技术创新阶段性终止，只有某项技术创新项目彻底结束，才能够对该项新技术实行标准化。因此，标准化的过程其实是一个平台，使参与者能够交换关于新技术的相关知识，只有那些参与到技术创新过程中，拥有相关技术知识的核心公司，才可能有效使用新技术标准，并从中获利（Antonelli，1994；Blind，2004；Farrell 和 Saloner，1985）。与此形成对比的是，由于高昂的适应成本和受限制的吸收能力，没有对标准化过程实施影响的局外者在使用标准规范时可能面临巨大劣势（Antonelli，1994；Matutes 和 Regibeau，1996；Maskus 和 Penubarti，1998）。除在标准制定阶段产生对局外者的排他性之外，在标准制定之后还会产生产品使用上的排他性。当需要同时使用两种产品才能满足某种需要时（例如计算机和操作软件、播放器和碟片），这两种产品需要在标准上实现统一或兼容，否则不能达到预期效果。如果技术标准与专利相联系（现实通常也是这样的），技术标准就成为私人物品，排他性的特征将为标准的拥有者带来垄断利润。

正因为技术标准具有排他性，对于企业来说，技术标准带来的预期收益主要来自于三个方面：第一，技术标准能够直接为微观经济体生产效率提升和生产成本下降起到推动的作用。这个收益主要反映在企业的一般性财务报表中。第二，技术标准的采用能够促进产品的扩散，从而产生更高的预期需求。正外部性能够提高消费者选用符合同一技术标准产品的预期收益，如果用户基础超过了某一规模，新加入的消费者受益超过要付出的成本，消费者的数量将进入"自增长"阶段，在企业营销投入下降的同时消费者数量却不断上升。这一收益主要表现在企业的市场占用率上。第三，如果技术标准与专利挂钩（通常情况下，技术标准确实与专利对应），那么本应作为公共知识的标准信息将成为产权明晰的私人知识，这将对技术标准的掌握方，也就是拥有相关知识产权的企业带来额外的利润收入。在某些情况下，这一收益可能成为企业的主要利润来源，例如美国高通公司的主要收入来自于专利转让（实质上是标准许可）。这一收益主要反映在企业的无形资产交易收入上。由于技术标准是一类产业实现网络外部性的重要载体，因此，也成为市场经济条件下、竞争环境中唯一被允许，甚至在很多领域被鼓励形成垄断的企业无形资本。

二、当前技术标准政策存在的主要问题

标准化工作自新中国成立初期就已经开始了，改革开放以后，工业部门的标准化逐步与国际接轨。但是，在技术引进的大环境下，标准的制定和颁布很多时候是技术的供给引致的：在引进某项技术的同时也就引进了对应的标准。这导致了技术标准的发展与中国国情脱钩的现象：一些领域的标准过于超前或过于滞后，一些领域的标准极其零散，相互不兼容的情况时有发生。具体说来，我国现阶段标准化工作中的问题有如下四点：

（一）政策对形成技术标准的推动作用大于市场机制

在改革开放之前，适应计划经济的要求，标准化的工作基本上是由国家推动的。1963年召开了第一次全国标准化工作会议，编制了我国第一个标准化发展

10年规划。到改革开放初期,中国已建立起了覆盖较为全面的国家标准体系。改革开放之后,政府加大了推动标准化的力度,为适应开放的新要求,这一时期的标准化工作特别注重与国际标准接轨。从20世纪80年代开始,我国开始积极加入各类标准化国家组织,并承担国际标准化组织(ISO)和国际电工委员会(IEC)相应的技术委员会工作。1982年,国家颁布了《采用国际标准管理办法》,提出了在分析的基础上采用国际标准,建设与国际接轨标准体系的标准化工作方向。1988年人大常务委员会通过《中华人民共和国标准化法》,使得标准化工作纳入法制轨道。从政策推动的角度看,我国标准化工作并不落后。例如从立法上看,大多数发展中国家主要的标准化法规颁布于20世纪90年代,而我国的标准法颁布于1988年。从标准的数量和覆盖面看,我国各种标准修编工作在20世纪90年代达到高峰,标准的存量从1992年开始逐年上升,到2002年达到2万余件,基本覆盖了国民经济生产活动的方方面面。相对于较强的政策推动力,我国标准化的市场竞争机制建设较为落后,技术标准的国内竞争也非常不足。一方面,有能力颁布自主标准的企业数量非常少。我国引以为自豪的制造业大多采用的是国外标准或按照国家标准进行生产,在大量订单面前,企业缺乏制定企业标准的动力。另一方面,过强的行政力量也阻碍了标准的市场竞争。标准的产权和使用权也经常通过行政划拨的方式转移,例如中国联通在2.5G时代采用CDMA标准的"133"号段在3G标准正式实施时划拨给了中国移动。

(二)重视标杆企业但忽略联盟力量

中国技术标准制定的一般过程是先树立一个标杆(企业或科研机构),然后依靠行政力量在全行业推行标准。例如,EVD标准中的上海广电、TD-SCDMA标准中的大唐电讯都是标准的主要发起者,在标准的技术研发和推广过程中起着至关重要的作用。树立标杆企业的好处是能够充分保障标准制定者的利益,对企业或科研机构进行标准研发起到一定的激励作用。但是,作为一个体系存在的技术标准涉及的技术、业务、制造、配套非常广泛,依靠单个企业或机构的力量难以完成整个商业推广过程。从国外技术标准的发展情况看,绝大多数成功的国际标准依托的都是联盟组织。例如,垄断全球数字影音光盘标准的DVD论坛联盟的成员企业超过230家,主导企业包括东芝、松下、索尼、三菱、日立、先锋、JVC、飞利浦、汤姆逊、时代华纳等,这些企业在编码技术、硬件制造和片源提供上都处于世界领先地位,但仍需建立联盟才能形成一个具有竞争力的标准。相比较,中国缺乏强有力的制定和传播自主技术标准的联盟组织。目前,中国的标准联盟组织结构非常松散,有的标准甚至根本就没有正式的联盟组织,标准的发起者只有一家。例如,在1994年就推出样机的无线网络连接标准WAPI的发起者是西安电子科技大学,这项标准在安全方面优于当时盛行的IEEE802.11标准。但是,作为大学机构的西安电子科技大学并没有推动成立WAPI联盟,即便是后来在实验室基础上成立西电捷通公司,但仍缺乏尽快建立联盟的意识。在这种情况下,依靠西电捷通单打独斗(虽然得到了国家支持),很难对付来自国外垄断企业组成的IEEE联盟的竞争。直到2009年,以美国为代表的IEEE联盟成员才勉强同意将WAPI以独立标准形式进入国际标准体系的计划,而WAPI要成为一项真正的国际标准进行商业运用还遥遥无期。

(三)混淆市场容量和用户基础

中国是全球人口最多的国家,随着人民生活水平的不断提高,在未来必将成为越来越多的产品最大单一市场。一项技术标准的制定和推广需要一定规模的市场容量支持,在这一点上,人口众多是我国自主技术标准战略的优势条件。赵英(2007)对我国制造业技术标准的12项最重要影响因素进行评价的结果中,只有"国内市场规模及市场潜能"一项的表现"非常有利"。庞大的内需市场是制定自主技术标准的最大依托力,自主技术标准扩散的重要推动力。但是,作为具有锁定效应的技术标准而言,市场容量必须转化为用户基础才能够推动标准的扩散,在这一问题上,政府和企业的认识还不够。长期将市场容量等同于用户基础是十分危险的,由于技术标准具有排他性的特征,如果用户基础被国外标准锁定,那么我国巨大的市场容量也只能成为国外标准的战略资源。

(四)技术标准的战略地位有待提高

我国目前标准化工作重点是最低/安全标准和品种简化标准的制定和管理。1979年颁布的《中华人民共和国标准化管理办法》中规定,"标准一经批准发布,就是技术法规",对于政府制定标准的落实和管理是较为严格的。如果说最低/安全标准和品种简化标准能够提高制造业的规模经济,保障产品质量,规范行业行为,那么兼容性/接口标准以及对应的用户基础反映的则是产业竞争力的高低。与最低/安全标准和品种简化标准相比,中国政府和企业对技术标准制定具有重要意义的兼容性/接口标准的重视力度不够。从政府政策角度看,直到21世纪初才明确提出通过实施标准战略提高中国企业竞争力的战略方针。从企业的角度看,大多数企业虽然已经能够按照政府办发布的标准组织生产,但是企业主动制定技术标准的意识还不足。在国际标准市场中,中国企业也始终处于不利的被动地位,技术标准还没有成为我国制造企业竞争力的重要要素。

中国企业创新政策研究

三、中国企业制定自主技术标准的基本思路

从目前中国的国情出发，以中国制造企业技术禀赋和市场环境为基础，在技术实力、品牌影响力和国际化程度尚不能与发达国家跨国公司抗衡的阶段，企业制定自主技术标准的基本思路包括培育和保护用户基础、提高制造能力、提高标准互补性、提高和利用专利开放度、关注产品成熟度低的行业、设置"转化器"和提高国内市场独立性。

（一）培育和保护用户基础

用户基础（Installed Base）是指选择使用某种技术产品消费者数量，由于技术的排他性，这些用户将成为该技术继续发展的依托。如果技术顺利发展，战略使用得当，随着用户基础的扩大，使用该技术的消费者越来越多，将带动更多的潜在用户选择该技术。我国拥有全世界最大的国内市场，如果内需得到释放，将对我国制造业的发展带来巨大的促进作用。但是，就技术标准而言，市场容量要转化为用户基础才能够发挥作用。我国软件行业的领导企业金山公司正是忽略了用户基础的重要性，才在中文办公软件的竞争中输给了微软公司。

在微软 Office 办公软件进入中国市场之前，金山公司的 WPS 具备很高的市场占有率，用户基础十分发达。在这样的市场环境下，微软选择了在技术上对优势企业的兼容战略。1994 年，金山公司与微软签订协议，使得 Office 中最主要的部件 Word 能够和已经大量存在的 WPS 用户实现信息交流，并通过更实用的操作界面和优惠迅速削弱金山公司在国内办公软件领域的优势。在取得一定数量的用户基础之后，微软终止和金山公司的合同，推出新的 Word 版本，使得 WPS 用户不能与 Word 之间继续进行信息交流，对金山公司的 WPS 构成致命性打击。2002 年，金山公司单方面推出可以兼容 Word 的 WPS2002，宣告与微软历时 8 年的标准之争失败。金山公司的失败一部分原因在于相对微软更弱的技术能力和研发实力，但更重要的原因在于中国企业忽略了对技术标准用户基础的培育和保护。

（二）提高制造能力

制造能力是指将技术标准赋予到产品中的能力，具体来说就是在同一技术路径下，以更低的成本、更高的质量、更快的速度制造产品的能力。从国外的经验看，新兴的高科技行业中，技术和资本在产品的最终价值中所占的份额较大，对

第十章 企业创新技术标准政策研究

于这类产业，制造能力的高低更少地反映在劳动力成本上，更多地由企业更有效率的工艺流程和制造技术所决定。对于我国而言，制造能力作为技术标准战略的重要要素还具有特殊意义。与国外研发主要集中于企业不同，我国有相当大一部分研发力量（特别是基础研究）分布在由国家出资资助的研发机构和大学中。这与国外技术的创造者为企业，技术标准的实施者也为企业的情况不同。科研机构和大学由于缺乏制造能力，其研发成果难以实现产业化，也难以形成技术标准。科研机构和大学所创造的技术必须嫁接于具有市场特征、拥有制造能力的企业上才能够发挥出对制定自主技术标准的积极作用。

广州数控车床和中科院沈阳计算技术研究所是我国重要的机床数控系统研发单位，经过多年的发展，两家各自形成一套数控系统技术标准，相互不兼容。但是，广州数控车床作为一家企业，在研发实力并不占优的情况下，却在相当长一段时间里比计算所具有更高的市场占有率。由于缺乏数控系统的重要载体——机床的制造能力，沈阳计算所研制的数控系统不能及时与最终消费者见面，错失先机，更重要的是，由于产量极小，新系统得不到广泛的市场验证，改进的速度也非常慢。直到沈阳计算所与沈阳机床结成战略联盟，获得制造能力，才形成今天与广州数控车床，以及同样与企业进行联盟的华中科技大学三大标准三足鼎立的局面。

（三）提高标准的互补性

标准的互补性越强，其能够形成的正外部性也越强，能够获得的用户基础也越多。作为领先企业，对技术标准互补性的拓展主要是向下拓展和向外拓展。例如新的影音文件载体——CD 的包装为正方形，边长刚好为胶质唱盘的一半，DVD 的包装尺寸刚好与录像带一致，这就方便了经销商和消费者在原有的唱盘架上和录像带架上存放 CD 和 DVD。CD 和 DVD 的尺寸标准实现了向下兼容，减少了消费者的转换成本。Windows 在设计之初采取较为开放的原则，支持和鼓励符合 Windows 标准的软件设计，使得能够在 Windows 平台运行的软件数量增多，提高了 Windows 的竞争力，这属于技术标准互补性的向外拓展。作为后起企业，由于在技术水平上处于劣势，也不具备能够和领先企业相抗衡的标准平台系统，因此提高自身标准的互补潜力应主要采取向上拓展和向内拓展的方式，具体来说就是使自己的技术具有兼容国际上同时期出现的其他标准，以及兼容相关产品技术标准的特点。过分地强调标准的独立性，无疑是减少互补潜力，对技术标准的推广是非常不利的。

EVD（Enhanced Versatile Disc）是 2003 年由 9 家中国企业牵头推出的新一代数字影音编码标准，2005 年，EVD 标准获得中国信产部支持，各项技术研究相继展开。但是，EVD不能兼容当时在全球更具技术优势和市场竞争力的DVD标准，EVD联盟内企业也缺乏将更多的电影转化为EVD格式的能力和授权，EVD标准的互补潜力非常小。最终，EVD标准还未来得及和DVD进行正面的竞争便瓦解，目前只有上海广电等极少数几家企业还在进行EVD的改良研发工作，原EVD的联盟中的绝大多数企业已经将战略转向DVD技术标准的研发和生产中，市场上也很难看到EVD碟机和碟片。

（四）提高和利用专利开放度

专利开放度反映和决定了发展中国家企业获取国外专利授权的难度，国外知识产权向发展中国家开放将优化发展中国家企业制定自主技术标准的环境。专利是发达国家领先企业形成技术垄断、构筑标准壁垒的重要法律武器，对于技术本身很简单的产品来说，专利甚至是企业获得长期垄断利润的唯一手段。对于发展中国家的企业来说，专利则形成制定自主技术标准的重要障碍。企业要取得自主技术标准的突破，就要尽量避让已经由发达国家企业构建的专利网络，并通过各种途径获得来自发达国家的专利授权。

龙芯（Loongson）是中国科学院计算所自主开发的通用CPU，采用了自主技术标准。自2001年开始研发以来，龙芯的技术水平和稳定性不断提高，但是由于采用类似于MIPS指令集的标准，始终受到来自美国的专利保护压力，龙芯的产业化发展受到极大限制。2009年6月，全球领先的工业级处理器供应者美普思公司（MIPS Technologies）宣布，正式与中国科学院计算技术研究所签署架构授权协议。这意味着，从协议签订日起，所有使用龙芯处理器的电脑及其他电子设备，都可以实现与MIPS的兼容，无须担心任何潜在的知识产权纠纷。MIPS的开放对长期处于探索过程、尚未真正打破产业化瓶颈的龙芯而言，无疑是实现市场跨越的重要一步。虽然MIPS的授权伴随着龙芯被外国标准"招安"的风险，但在全球化的趋势下，中国自主计算机芯片标准要扩大市场份额，获得国外专利授权和融入已有技术标准体系是必由之路。

（五）关注产品成熟度低的行业

产品成熟度反映的是产品演化的时间、阶段。新产品刚刚出现的时候，相应的技术标准用户基础一般比较脆弱，容易被新进入的企业和其他标准所打破。当产品发展到一定阶段，网络外部性造成的技术标准垄断将形成很高的进入壁垒，新的技术标准将很难进入市场。从发达国家网络时代技术标准发展的规律看，普遍采用的是前导型的技术标准制定，即在新产品出现之初就制定和推广的技术标准，技术标准与产品共同发展成熟。对于发展中国家来说，也要选择发展相对不成熟的产业作为自主技术标准的突破口，避让成熟产品市场存在的高进入壁垒。换句话说，产品发展越不成熟，留给发展中国家企业的战略空间就越大。因此，发展中国家的企业在新兴产业中能够获得比传统产业更明显的战略优势。

DRAM（Dynamic Random-Access Memory，动态随机访问存储器）是重要的计算机部件。20 世纪 70 年代末到 90 年代中期的 10 多年时间里，DRAM 先后出现了从 64K 到 256M 七种标准。在最初的 10 年时间里，美国和日本引导了全球 DRAM 产业的研发和制造。作为 RAM 的升级替代产品，DRAM 在 90 年代之前处于发展的初级阶段，产品性能还有待改善，稳定性有待进一步增强。韩国的三星、LG 等后起企业抓住了这个机遇，积极发展本国研发，通过多种方式对美、日领先企业进行追赶。1992 年底，三星和 LG 与日本企业同步推出了 64M 标准的 DRAM，而再经历 30 个月的奋力赶超之后，1994 年 8 月，三星公司成功地开发了世界上第一个 256M 标准的 DRAM，打破了日、美在 DRAM 产业上的技术垄断，奠定了以韩国企业为主导的新的标准体系，赢得了技术标准战略的胜利。

（六）通过转换器扩大技术规模性

技术规模性反映技术的规模效应大小具体表现为产品的正外部性大小，规模性越强的技术，市场所能容纳的技术标准数量越少。目前，绝大多数技术标准均被发达国家的跨国公司垄断，使得发展中国家企业很难从中找到生存和突破的夹缝，树立新标准也很难获得技术规模性。但是，通过转换器（Converter）技术和制度的使用，可以实现多种技术标准之间的相互兼容，打破发达国家在技术标准上的垄断。

闪联（Intelligent Grouping and Resource Sharing，IGRS）标准是 2003 年在原信息产业部支持下成立的中国信息设备资源共享协同服务标准，其目的是提高各种电子产品之间的信息交流程度。面对国外在多种电子产品传输标准上的垄断，闪联提出了综合转换的全新构架，在通信及内容安全机制的保证下，支持各种使用不同标准的 3C（Computer，Consumer electronics & Communication devices）设备间的智能互联、资源共享和协同服务，实现"3C 设备+网络运营+内容/服务"的全新网络架构，为未来的终端设备提供商、网络运营商和网络内容/服务提供商创造出健康清晰的盈利模式，也为用户提供高质量的信息服务和娱乐方式。2007 年 11 月，中国闪联标准提案通过了 ISO/IEC 最终委员会草案（FCD）投票，进入 FDIS 阶段，成为全球第一个 3C 协同国际标准几成定局，取得了技术标准竞争的阶段性胜利。

中国企业创新政策研究

（七）提高国内市场的独立性

国内市场的独立性反映技术在国境内封闭的难度和可能性。技术能够有效地以国界划分边界，将有利于发展中国家自主技术标准的制定和推广。一般来讲，实体产业的国内市场独立度高于虚拟产业，外部性主要反映在国境内的产业市场独立度高于外部性经常跨越国境实现的产业。

移动通信行业是具有强外部效应的网络型产业，单纯从整体经济福利的角度看，全球形成统一的制式标准是最优，多个标准共存将降低消费者福利，增加产业运营成本。在第三代移动通信（3G）的标准竞争中，由我国主导的 TD-SCDMA 标准最终被国际电信联盟（ITU）确立为 3G 国际标准之一。与 CDMA2000 和 WCDMA 相比，TD-SCDMA 的起步较晚，成熟度相对较差，由于存在时分双工体制自身的缺点，空口速率远低于 WCDMA 和 CDMA2000。但是，中国有全世界最大的国内移动通信市场（截止到 2012 年 3 月，我国手机用户突破 10 亿），虽然通信是一个跨界的虚拟过程，但网络外部性特征仍然可以在我国国境内得到充分的发挥。由此，TD-SDMA 受到了各大主要电信设备制造厂商的重视，全球一半以上的设备厂商都宣布可以生产支持 TD-SCDMA 标准的电信设备，大力促进了 TD-SCDMA 自主标准的产业化。

四、促进企业自主技术标准发展的政策措施

发展中国家企业发展自主技术标准的主要目的是提高技术水平、扩大产品市场和加强产业安全，基于这三大目的，本部分主要从国家、部门和企业三个层面讨论促进自主技术标准发展的政策措施。

（一）提高技术水平的技术标准政策

在国家层面，要制定和定期更新国家技术发展路线图。国家技术发展路线图的制订和修改应由国家权威的科技部门牵头，并联合各行业协会和在各领域具有突出贡献的国内外专家共同参与。路线图的内容应该包括对当前国内和国际技术预测的调查，国家关键技术的选择，各领域技术发展环境的分析，短期、中期和长期国家技术战略任务，详细的战略任务技术路线图等。其中要规定技术标准引进的方式和制定自主技术标准的条件和时间节点。国家技术发展路线图的制定和不断修订可以从两个方面促进企业自主技术标准的发展：首先，对技术的分类可

以起到整合相关技术研发资源的作用。例如,推进我国制造业信息化的关键技术涉及工业机器人技术、数控机床设计和制造技术、传感技术、数字化设计制造技术、绿色设计制造技术和超精密及微米/纳米制造技术等领域。通过制定制造业信息化路线图,可以将掌握这些相关技术的大学、科研机构和企业资源进行整合,促进集成系统技术的发展,而具有集成性和系统性特征的技术是最容易产生技术标准的技术类型。其次,技术路线图中对未来技术发展的预测传递出国家在未来制定"正式标准"的偏好,这一信号有助于各种技术研发单位确定相应的技术研发的方向。例如,我国正在进行350km/h等级高速铁路成套技术的攻关,这形成了一个覆盖材料、加工、电气、电子等多个工业部门的产品平台,企业要成为未来中国高速铁路系统的供应商和技术拥有者,就必须按照350km/h等级的要求规划技术研发战略,这一个公共平台将有助于形成自主的高速铁路技术标准体系。

在部门层面,要通过重大专项拉动行业技术能力的提升。我国工业体系中,制造业所占的份额较大,制造业中,从事代工生产的比重较大。2011年,电子信息产业出口结构中,一般贸易的比重仅为18%左右,出口的主要形式是来料加工和进料加工。2007年开始的国际金融危机对中国以代工为主要模式、以欧美为主要市场的制造业冲击不小,外向型特征明显的工业部门损失惨重,这反映了中国建立在规模经济基础上的制造优势的脆弱性,也反映了中国制造业必须加强技术实力的紧迫性。从技术研发到形成具有商业价值的产业能力再到技术标准的确立是一个漫长的过程,我国在一段时间里对创新的理解还只能是这个过程的第一个阶段,短期内还难以实现自主研发成果基础上的产品突破和标准突破。由于研发活动的回报期过长,以制定自主技术标准为目标的技术研发存在起步难的问题。在国家技术路线图的指导下,通过部门内重大专项的实施启动行业基础技术、平台技术的研发,能够在一定程度上解决自主技术标准形成过程中缺乏"起动力"的问题。部门重大专项由国家资助,重点是瞄准技术发展和需求变化方向的基础性研究,这为产业化和自主标准的形成奠定了基础。例如,目前正在实施的和即将实施的大型油气田及煤层气开发、新一代宽带无线移动通信网、水体污染控制与治理、重大新药创制等重大专项的研发重点是行业基础技术或通用技术,但目标都是形成产业化能力,这为未来自主技术标准的确立奠定技术和产业基础。

在企业层面,要提高技术创新的系统性和连续性。随着国家创新战略的提出和深入,企业技术创新的积极性和动力均有所增强,对研究开发活动的经费投入和人员投入不断增强,企业R&D经费内部支出从2000年的537亿元增加到2010年的5186亿元,占全部R&D经费内部支出的比重从2000年的59.93%提高到2010年的73.42%，企业已经成为我国技术创新的主体力量。但是，现阶段，企业技术研发的目的主要还是解决生产中出现的问题，降低生产成本，对形成系统技术能力的投入还比较少。2010年，全国R&D经费内部支出7063亿元，其中试验开发5844亿元、应用研究894亿元、基础研究324亿元，试验开发的比重远超过基础研究。虽然试验发展能够帮助企业在短期内突破部分技术瓶颈，迅速形成或提高生产力，形成经济效益的速度也比较快，但是对保持技术创新的系统性和连续性的作用并不大，更不能形成技术标准。有实力的企业要制定中长期创新规划，根据对未来技术发展方向的判断，长期扶持基础研究，提高自主技术的系统性和连续性。这些研究的见效时间慢，成功率低，风险大，并不符合企业对技术研发活动效益的一般评判标准。因此，要从改变企业对待基础研究的态度入手，为长期持续的基础研究创造良好环境。长期基础研究的积累能够强化企业技术能力的宽度和深度，宽度的拓宽有助于增强对相关技术的理解力，提高引进技术标准谈判中的议价能力；深度的加深可以形成在某一领域领先的技术水平，这正是加入技术标准俱乐部的先决条件。

（二）扩大产品市场的技术标准政策

在国家层面，要进一步完善国家技术标准体系。完善国家技术标准有两个层面的含义：从"完"的层面看，国家技术标准体系是一个完备的体系，对各个行业各种产品都应该有指导性或限制性的约束。完备的技术标准体系能够提高产品之间的兼容性，减少不必要的浪费，降低消费者变更购买产品的转移成本。例如，在2006年工信部颁布手机充电器统一标准之前，中国市场存在上百种不同型号的手机充电器接口，甚至同一品牌不同型号手机之间也无法实现充电器的互用，消费者不得不承担购买专门充电器的额外成本。充电器接口标准颁布以来，已经有超过4亿台手机采用了新标准，随着2010年修订标准的颁布，中国手机充电器的规格进一步缩小范围，消费者购买手机充电器的费用支出大幅减少。统一标准还能减少电能的损耗和电子垃圾的数量。根据工信部电信研究院泰尔实验室的估算，执行新标准的电能转换效率，比不执行标准提升10%~20%，一年节电可达5亿度左右。从"善"的层面看，技术标准体系的建设既要以外向型的经济特征为基础，符合国际市场的需求特点，更要从我国技术实力和技术特点出发，提升技术标准对本土企业的帮助。例如，在高清电视信号标准的选择上，我国并没有采取ASTC、DVB-T等国外标准，而是极力支持由上海交通大学和清华大学主导的ADTB-T和DMB-T的发展，虽然采用两种标准对电视观众而言没有多大的区别，但采用国内标准却对民族高清电视产业的市场拓展起到巨大的支持作用。

第十章 企业创新技术标准政策研究

在部门层面,要避免盲目地用"正式标准"代替"事实标准",操之过急或操之过多都会造成事与愿违的结果。EVD 标准失败的教训告诉我们,技术标准之间的竞争包括技术之争、市场之争和主权之争三个内涵(刘振刚,2005)。在技术之争的层面上,政府起到了极大的推动作用,各种行政手段的使用使得 EVD 相关技术被迅速整合,核心和"短板"技术也得到局部突破。但是,EVD 自诞生以来却遭遇种种"不幸",这表明:技术上的竞争最终要回归到市场上,由消费者做出最终评判,强制推行的手段虽然可以在短期凝聚产业化能力,但是从长期看并不是务实的选择。政府出于加强产业安全的考虑,可能会过多地干预产业技术轨迹的发展路线,过多地参与产业技术资源的整合,事实证明,这样的做法不但不会起到提升产业安全的作用,适得其反,反而会桎梏产业的正常发展,浪费技术资源,失去战略机遇。技术标准的制定要尊重消费者的客观选择,在用户基础没有出现转移之前,不可盲目地制定"正式标准"。技术标准政策的重心要从市场出发,而不是技术,这不仅符合技术赶超者技术标准形成机制的客观规律,同时,也是基于对我国技术实力差,国内市场巨大客观现实的选择。

在企业层面,要提高对技术标准的重视程度,提高产品兼容性。在形成自主的具有主导力的国际标准之前,国内企业生产的产品应该对主要目标市场国家的技术标准具有良好的兼容性。前面反复提到的 EVD 案例,除了联盟问题之外,EVD 不能实现和当时主流的 DVD 标准兼容也是其失败的原因之一。其实,即便是在技术领先的情况下,如不采用与国际标准兼容的技术发展路线,在国际市场开拓上也会受到很大限制。日本的手机技术是全球领先的,第一台彩色 LCD 手机、第一台带相机的手机都出自日本手机品牌。但是,在 2G 时代,日本采用了和 GSM 不兼容的 PDC 标准,并且采用了手机制造和运营搭售的模式,这严重制约了日本手机产业的国际市场开拓。目前,中国手机销售前三甲被采用兼容技术的欧、美、韩品牌占据,索爱(从某种意义上讲并不是日本品牌)的市场份额为 5%左右,而其他日本品牌的市场占有率均在 1%以下,这充分说明了采用兼容技术标准对国际市场开拓的重要性。

(三) 加强产业安全的技术标准政策

在国家层面,要加强反垄断,特别是针对发达国家跨国公司的技术垄断行为要采取强有力的政策措施。2002 年底,美国联邦法院驳回了 9 个州对微软在电脑操作系统上形成垄断实施严厉惩罚的要求,按照最高法院认可的协议要求,微软只需要面对一些为期 5 年的微弱的惩罚性措施。按照美国反垄断的惯例,像 Windows 这种市场占有率超过 90%的产品一般都会以拆分告终,但美国的司法机构却放松了对微软的惩罚,只是要求进行一些策略上的调整。微软案给我们的启示是，面对技术垄断和标准垄断等新的垄断形式，传统的对垄断行为的结构主义规制难以适用。并且，发达国家为了保持在技术上的领先地位，构筑针对发展中国家的技术壁垒，对基于知识产权的垄断行为并没有持严格禁止的态度。对于发展中国家来说，如果不能对跨国公司的技术垄断行为进行规制，将长期受来自发达国家控制的技术标准约束，在经济上需要支付专利使用费，在战略上也处于被动局面。针对技术标准引起的垄断行为的规制仍然还是一个世界性的难题：一方面，传统的拆分等反垄断处罚并不能取得预期的效果。不同于由规模经济引起的垄断行为，技术标准的垄断是在自由竞争、市场开拓、特殊机遇和技术领先基础上形成自然垄断（黄武双，2007）。技术垄断企业构筑强有力的专利池体系（Shapiro，2000），这种垄断势力是不会因为业务上的分离而消失的，对垄断企业拆分之后，新的企业仍然会继承老公司的垄断势力（美国司法机构对微软的轻判在很大程度上出于此考虑）。另一方面，技术标准的出现是网络外部性作用的结果，反垄断行为本身可能就是一种无效率的做法。因此，作为后起国家的反垄断措施，既不能影响到垄断标准网络外部性对社会福利的促进作用，又要将垄断对国内产业发展的负面影响降低到可以接受的程度。在不影响网络外部性效用的情况下，可以采取复合多元化的技术标准体系。例如，在移动通信 3G 标准的选择上，我国采取了综合的标准体系，自主的 TD-SCDMA 标准有效地遏制了 CDMA2000 和 WCDMA 等国外标准获取超额垄断利润。

在部门层面，要增强对国际标准变动和升级的敏感程度，避免和减轻国际技术标准突变引起的对国内相关产业的冲击。在 WTO 等国际贸易组织的制约下，关税壁垒呈逐年下降的趋势，发达国家转向设立名目繁多的技术壁垒以限制来自中国等发展中国家对本国制造业的冲击，技术标准是经常使用的工具。2002 年 4 月 31 日，欧洲议会通过 CR（Child Resistance 儿童保护）法案，规定在 2 美元以下的打火机必须设有儿童防护开启装置，否则一律不准进入欧洲市场。而当时欧洲打火机市场的情况是：日、韩等国出口的打火机几乎没有 2 美元以下的，而占据欧洲市场 70%以上的温州打火机仅有不到一成的产品属于超过 2 美元的中高档打火机。CR 法案可以说就是针对中国打火机出口企业设立的贸易壁垒。从根源上讲，温州打火机出口事件并不是一个法律事件，与产品档次也没有直接的关系，产品档次低无非是欧盟所找到的借口。要避免类似 CR 法案等技术标准事件对中国制造业的冲击，必须要发挥国际组织的作用，利用 WTO 章程和其他法律武器捍卫自身权利；更重要的是，要在事前进行防范，包括从部门层面对国际技术发展进行实时跟踪，参与国际标准的修编工作等。

在企业层面，要扩大引进技术的来源，避免被单一技术供应商锁定。我国制造企业在与跨国公司进行专利转让谈判中经常处于极端的劣势，其主要原因在于谈判是在一个卖方单边垄断的市场环境中进行的。出口导向的制造业发展模式要求产品必须符合目标市场（我国主要的出口市场集中于欧、美、日等发达国家）的技术标准要求，而这些技术标准又掌握在发达国家的跨国公司手中，中国制造企业在专利使用上的开支巨大。例如，2002年，经过新一轮的谈判，中国制造企业每出口一台DVD播放机需要分别向掌握DVD标准的3C联盟和6C联盟交纳5美元和4美元的专利使用费，同时还要向拥有解码技术的汤姆逊和拥有音视频压缩技术的杜比和DTS交纳专利使用费，中国DVD生产厂商出口DVD播放机所需支付的专利使用费超过10美元。刚刚成立的蓝光专利授权联盟（BD4C，参与者包括东芝、三菱电机、汤姆逊河华纳兄弟家庭娱乐集团）公布的专利使用收费表中，蓝光视频光盘、只读光盘每张收4美分，蓝光解码器每台收1美元，编码器1.5美元。而蓝光视频播放机、刻录光盘驱动器、视频刻录机每台则分别收4.5美元、6美元、7美元。通过专利转让，技术标准获取的利润远远超过制造环节。并且，在面临诸如金融危机等市场动荡时，风险却主要由制造厂商承担。因此，在新技术出现的最初阶段，国内企业应该尽可能多方面引进技术，延长国外标准在国内形成垄断用户基础的时间。这一方面能够在技术引进时遏制卖方垄断势力，另一方面能够争取到更长的战略缓冲期，提高中国企业对新标准的适应性。

主要参考文献

1. 赵英. 提高我国制造业国际竞争力的技术标准[J]. 中国工业经济，2007（4）.

2. 黄武双. 技术标准反垄断的特征及其对我国反垄断立法的启示——从微软垄断案说起[J]. 科技与法律，2007（3）.

3. 刘振刚. 技术创新、技术标准与经济发展[M]. 北京：中国标准出版社，2005.

4. 邓洲. 中国企业技术标准战略研究[J]. 南京大学学报（哲学、人文科学、社会科学版），2010（3）.

5. Antonelli, C. Localized Technological Change and Evolution of Standards as Economic Institutions[J]. Research Policy, No.2, 1994.

6. Baskin, E., Krechmer, K. & Sherif, H. M. The Six Dimensions of Standards: Contribution Towards a Theory of Standardizaiton[C]. Selected Papers from the Seventh International Conference on Management of Technology, 1998.

7. Blind, K. The Economics of Standard: Theory, Evidence, Policy[M]. London: Edward Elgar, 2004.

8. Cowan, R. Nuclear Power Reactors: A Study in Technological Lock-in. No.50, 1990.

9. David, P. A. Clio and the Economics of Qwerty[J]. American Economic Review, No. 5, 1985.

10. Farrell, J. & Salnoer, G. Standardization, Compatibility, and Innovation [J]. RAND Journal of Economics, No.1, 1985.

11. Matutes, C. & Regibeau, P. A. Selective View of the Economics of Standardization: Entry Deterrence, Technological Progress and International Competition [J]. European Journal of Political Economy, No.12, 1996.

12. Maskus, K. E. & Penubarti, M. How Trade-related are Intellectual Property Rights? [J]. Journal of International Economics, No.39, 1998.

13. Shapiro, C. Setting Compatibility Standards: Cooperation or Collusion? [M]. Expanding the Bounds of Intellectual Property, 2000.

第十一章 企业技术创新商业化的融资政策研究

企业技术创新是 21 世纪社会经济发展的主要动力。良好的融资环境、便捷的融资渠道、高效的融资效率和较低的融资成本,能够激励企业进行技术创新尝试,降低企业技术创新风险,提升企业技术创新成功几率,是支持企业技术创新必要的融资制度保证。本章重点对企业技术创新商业化的融资政策进行研究。

一、融资需求分析和融资工具选择

一般说来,技术创新企业的发展过程需要大致经历研究开发、创办、发展乃至成熟等阶段。根据西方企业生命周期理论,技术创新企业的生命周期一般包括四个阶段:种子阶段、初创阶段、扩张阶段和成熟阶段。技术创新企业不同生命阶段在企业规模、市场开拓以及企业成长等方面都具有不同的特点,各个阶段面临的风险程度、资金需求量及类型、收益状况也存在差异,这导致了企业技术创新不同阶段融资方式的差异。企业所处的阶段不同,其融资的方式也不尽相同,有的阶段以某种融资方式为主,有的阶段是多种融资方式并用。因此,创新型企业商业化的不同阶段具有不同的融资需求特点,在融资工具选择上也存在着差异。

(一)"种子阶段"面临的融资需求特点及主要的融资工具选择

"种子阶段"是指技术的酝酿与发明阶段。这一阶段以研究开发为目标,其最终的结果是产生一项具有高技术含量和再开发价值的发明创造,尚不具备产业化的动作条件,一般很难直接带来经济效益。这个阶段的主要特点是技术风险大,未来前景不明,但同时对资金的需求量却并不小。处于"种子阶段"的技术创新型企业由于较高的风险和缺乏抵押担保物,一般从外部融资较为困难。与"种子阶段"的企业特征相对应,在技术创新企业处于"种子期",融资服务的提供者一般为对创新企业经营者、技术人员或对相关技术、产品十分熟悉了解的个人或企业。融资渠道主要是企业自筹资金、政府资助、天使资金的权益性投资或债权性投资以及民间借贷。

(二)"初创阶段"面临的融资需求特点及主要的融资工具选择

初创阶段是将研发阶段的实验性技术、产品或系统转化为适用产品或系统的阶段。在这一阶段,技术风险仍然是主要的风险,但这一风险逐步地降低。这个时候企业还是不能从产品销售中获得维持公司生存和发展所需要的资金,但是企业在这一阶段需要大量的资金用于购买生产设备、进行产品开发以及销售等,因此获得更大规模的外部资金成为公司发展的基本前提,融资风险成为此阶段重要的风险因素。由于企业在这时候还没有过去的经营记录,所以从银行获得贷款的可能性并不大,外部资金来源渠道主要是政策性银行资金、资本市场私募资金、场外市场出售股权、融资租赁等。与初创阶段企业特征相对应,风险投资、天使资金以及大公司的战略性投入开始逐步增加,市场化的商业性资金来源逐步占据主要的地位。

(三)"扩张阶段"面临的融资需求特点及主要的融资工具选择

在扩张阶段,企业的产品已经进入市场,潜力也部分地体现出来,销售收入和现金流量迅速增长,企业的技术风险已经大幅度下降,面临的主要风险已经转移到市场风险和管理风险。此时,企业仍处于净现金流量为负值的亏损阶段,要扩大业务、增加设备,还需要融入更多的资金,以进行产品的完善和后续产品的开发。这个阶段,企业规模迅速扩大,资金需求规模增加。这时的企业一般不希望采用股权融资方式以避免控制权分散和降低未来收益,而更愿意采用债权融资的方式。在风险可控的情况下,商业银行开始为这些企业进行债务融资。此时风险投资也会对企业进行后续投资,战略投资开始较大规模地进入创新型企业,部分市场前景特别看好的企业已经开始能够利用股票市场进行早期的公司股票发行。

(四)"成熟阶段"面临的融资需求特点及主要的融资工具选择

成熟阶段,也可称为规模化阶段。这个阶段企业的产品在市场上占有较大的份额,盈利额剧增,通过资金的经营形成了较大规模,风险也逐渐减少。项目公司已经成长为一个具有稳定现金流量、市场份额的公司。另外,由于企业进入规模化生产需要更广泛的产业资本投入,以获得产业的规模经济效益。不过,在这个阶段,创新型企业在资本市场方面,除业务领域与传统产业有着较大区别外,其融资行为与传统产业并没有重大的差别。在稳定的市场份额和现金流量基础上建立的信誉使得项目公司可以更为广泛地利用成本更低的融资方式，包括发行公司债券、以更高的价格发行公司股票、商业银行更加优惠的贷款条件、更大的借款额度等。同时这一阶段中大公司对项目公司的并购或项目公司对其他公司的并购开始出现，可以利用银行贷款或发行收购债券的方式获得并购所需要的资金。随着企业规模的扩大和商誉的树立，融资环境变得宽松，企业有更多的融资渠道获得资金，对很多企业来说，融资难问题不再成为制约企业发展的主要因素。

从以上企业技术创新商业化不同阶段面临的融资需求特点和融资工具选择看，技术创新型企业在创业之初除自有资金外，主要融资渠道是获得亲戚、朋友等的资金支持，在创新想法或创意成型之后（产品原型）可以获得风险投资、政策性资金的加入，公司开始实现正向现金流后可以得到商业金融机构帮助。一般来说，从技术创新企业不同阶段涉及的资金链衔接过程来看，企业科技创新的最大风险在科技创新企业自有资金和亲戚、朋友等支持资金用尽之后和风险投资的介入之前，这一阶段通常被称为创新企业的"死亡谷"。国内外的经验表明，"死亡谷"一般处于"种子阶段"或"初创阶段"，普遍面临资金链条断裂的风险，此时企业技术创新融资问题成为制约企业进一步发展的主要因素。

二、中国支持企业技术创新的融资政策现状

实施在财政、金融、税收等方面的优惠扶持，进行直接或间接投资，是政府部门在企业创新中最主要、最普遍的职能，也是科学技术实现创新和发展最直接、最有力的推动。为了鼓励我国企业进行技术创新，我国在金融政策和融资工具上不断创新，采取了一系列措施。目前，我国支持企业技术创新融资政策的现状可以综合概括为以下几个方面：

（一）通过政府直接投资或利用基金、贴息、担保等方式支持企业创新

一项科研成果从最初构想到形成产业，一般要经过种子、初创、扩张和成熟四个阶段。由于种子和初创两个阶段风险较大、收效较慢、资金需求量又较多，故银行通常不愿意提供贷款，一般投资者也不愿意出资支持，此时主要依靠政府通过科技项目直接投资，利用基金、贴息、担保等方式，引导各类商业金融机构

支持创新与产业化。

有关资料表明,与发达国家政府是排在企业之后的第二大创新资金来源不同,我国政府是技术研究和开发资金的投入主体。政府可以根据科技发展战略,选择重点创新领域予以投资。政府的直接投资,可以为创新提供物质支撑和资金储备,引导产业创新的方向,刺激企业创新经费的增长,它不仅可以缓解企业的资金困难,提高企业科技创新的积极性,引导企业增强创新能力,而且可以带动风险资本和其他社会资金的加入。根据 OECD 的统计资料,政府每投入 1 美元资金可以带动企业 1.7 美元 R&D 经费的增长。

除了直接投资以外,财政补贴也是政府常用的支持企业科技创新的方式之一。各地政府还通过设立担保公司、为担保公司提供财政补贴、建立担保机构的资本金补充和多层次风险分担机制等方式,为商业性金融提供间接支持。例如,成立于 1999 年的北京中关村科技担保有限公司,到 2004 年末共为 1600 家科技型及符合国家产业政策的中小企业累计提供了 70 亿元的融资担保。2001 年,国家税务总局出台为担保机构提供 3 年免征营业税的优惠政策,财政部也于当年 3 月发出通知,允许担保机构按当年保费收入的 50%提取责任准备金和一定比例的风险准备金。2003 年 7 月财政部颁布的文件规定,政府出资的中小企业信用担保机构发生的代偿损失,在年末担保责任余额 5%以内、担保机构提取的风险准备金不足以弥补的,主管财政部门审核后可给予一定补偿,有条件的地区可适当提高补偿比例。

基金扶持也是政府常用的支持企业科技创新的方式之一。1999 年经国务院批准,科技部、财政部以中央财政拨款为资金来源,共同发起设立了专门用于支持科技型中小企业技术创新项目的政府专项基金。主要以贷款贴息、无偿资助和资本金投入等方式,通过支持成果转化和技术创新,培育和扶持科技型中小企业。至 2005 年,创新基金累计支持了 8000 个项目,支持总金额达到 52 亿元。国家科技创新基金设立以后,一些地方政府也相继设立了创新基金。例如,北京市设立了旨在推动本地区科技型中小企业技术创新、促进科技成果产业化的"北京市创新、创业资金",上海市科委设立了"上海市科技型中小企业技术创新基金",江苏省设立了重大成果转化专项资金等。这类基金除了为国家创新基金提供配套资金外,通常将支持重点放在产业化初期(种子阶段和初创阶段)、技术含量高、市场前景好、风险较大、商业性资金进入尚不具备条件、最需要由政府支持的科技型中小企业项目,并为其进入产业化扩张和商业性资本的介入起到铺垫和引导作用。通过实施创新基金项目,有效地引导了社会资金共同支持和发展高新技术。除此之外,政府还可以依靠社会力量形成专门用于创新的基金,由政府掌握并进行有计划的发放和资助。它可以根据用途分为不同的类型,其中常见

第十一章 企业技术创新商业化的融资政策研究

的有：①小企业自主创新基金，这是政府为了鼓励和支持小企业创新而专门设立的基金。②军转民基金，这是一种技术再投资基金，主要用于支持国防工业技术向民用产业技术转移。

税收优惠也是政府常用的支持企业科技创新的方式之一。税收优惠政策是政府推动创新的最集中体现，也是企业从政府得到的最有力的支持。主要优惠形式有：①加速折旧，对用于实现研究的新技术设备实行加速折旧制度。②减免所得税，用于高技术研究开发的投资可连续几年享受减税。③减免关税，对进口的先进技术和机械设备等降低或免除关税。④减免风险资本收益的税收，对创新中的风险资本投资实行税额减免，对风险投资的收益免除所得税。

低息融资也是政府常用的支持企业科技创新的方式之一。政府通过政策金融机构以低息贷出公共资金支持资助创新，它同普通商业银行贷款之间的利率差也就是对创新的实质性资助。政府或政策性融资，一方面直接为企业创新提供了资金；另一方面也对民间金融机构产生了明确而有力的导向作用，调动了大量社会资金向创新转移。

（二）鼓励和推动创业风险投资规范发展

我国风险资本市场萌芽于 20 世纪 80 年代中期，和世界上大多数国家的情形类似，我国风险资本市场的萌芽是在政府的推动下从以政府为主导的风险投资开始的。

1985 年，中共中央在《关于科学技术体制改革的决定》中指出："对于变化迅速，风险较大的高新技术开发工作，可以设立创业投资给予支持。"在中国人民银行和当时国家科委的支持下，相继成立了中国新技术产业投资公司、中国招商技术有限公司、江苏省高新技术风险投资公司、广州技术创业公司等类似的公司。这些公司的成立，标志着我国风险资本市场的萌芽。

我国风险资本市场萌芽的另一块土壤是各级政府属下的高新技术创业开发区。1991 年，国务院在《高新技术产业开发区若干政策的暂行规定》中指出："有关部门可以在高新技术产业开发区建立风险投资基金，用于风险较大的高新技术产业开发。条件成熟的高新技术开发区可以创办风险投资公司。"我国政府已经认识到风险资本的作用并给予了一定重视。但是，风险投资业在我国经历了近十年漫长的孕育期，还未能形成现代意义上的风险资本产业。

1997 年以后，风险投资作为支持科技创新的一种重要金融工具，得到了各级政府的高度重视。1999 年 12 月，国务院办公厅转发了科技部等七部门提出的《关于建立我国风险投资机制的若干意见》。该意见将风险投资公司定义为"以风险投资为主要经营活动的非金融性企业"，并打破了当时《公司法》中关于累计投资额不得超过本公司净资产 50%的限制。在企业制度、资金募集、内部激励和约束机制、创建风险资本退出渠道等方面，文件都有一些突破。在国务院文件的基础上，一些地方政府对风险投资活动的发展采取了更为积极的政策。如允许采取有限合伙制度、政府出资组建风险投资机构、对这类基金给予一定的税收优惠等。

此后，支持风险投资事业发展不仅成为《国家中长期科学和技术规划纲要（2006-2020）》及其配套政策中的重要内容，而且被写入许多地方政府颁布的各类文件、规章中。2005 年 11 月，国家发展和改革委等十部委联合颁布《创业投资企业管理暂行办法》（简称《办法》）。该《办法》进一步细化了风险投资活动的有关规定，支持各级政府运用税收政策扶持投资企业并引导其增加对中小企业尤其是中小高新技术企业的投资，允许中央政府和地方政府设立政策性创业投资引导基金，通过参股和提供融资担保的方式，促进民间资金设立创业投资基金。此外，《办法》在出资方式、全额对外投资豁免、建立对管理人的成本约束和激励机制、允许风险投资企业通过债权融资方式增强投资能力等方面都有了新的突破。

2006 年初颁布的《实施〈国家中长期科学和技术规划纲要（2006-2020）〉的若干配套政策》（以下简称《配套政策》），首次提出在法律法规和有关监管规定许可的前提下，支持保险公司投资创业风险投资业务。同时提出要完善创业风险投资外汇管理制度，规范法人制创业风险投资企业外汇管理，明确对非法人制外资创业风险投资企业的有关外汇管理问题。2005 年国家外汇管理局发布的《关于境内居民通过境外特殊目的公司融资及返程投资外汇管理有关问题的通知》中，也专门为境内创业投资企业开放了在境外设立特殊目的公司并从事创业投资活动的通道。

此外，作为《配套政策》的实施细则，财政部即将出台 13 项具体税收激励细则。其中对投资于中小高新科技企业的 VC 企业，实行投资额按比例抵扣应税所得税的优惠政策。

（三）建立支持创新的多层次资本市场，中小企业板和创业板市场先后建立

为解决我国资本市场层次单一、中小企业融资难的问题，2004 年在深交所开设了中小企业板。《配套政策》则进一步提出要大力推进中小企业板制度创新，缩短公开上市辅导期，简化核准程序，加快科技型中小企业上市进程。

2009 年 10 月 23 日创业板开板仪式后，首批 28 家创业板公司将于 2009 年 10 月 30 日集中在深交所挂牌上市。这意味着备受市场关注的创业板市场将在 30

第十一章 企业技术创新商业化的融资政策研究

日正式开市交易。创业板的建立,其目的主要是扶持中小企业,尤其是高成长性企业,有助于有潜力的中小企业获得融资机会,促进企业的发展壮大,为风险投资和创投企业建立正常的退出机制,为创新国家战略提供融资平台,为多层次的资本市场体系建设添砖加瓦。

除了上市融资外,在未上市高新技术企业股份转让方面也取得了进展。2006年1月,中关村科技园区内未上市企业进入代办转让系统试点工作开始启动。今后还将在总结试点经验的基础上,逐步允许具备条件的国家高新技术产业开发区内未上市高新技术企业进入代办系统进行股份转让。

(四)支持企业技术创新的融资政策具有明显的行业差异和规模差异特征

众所周知,技术创新风险的类型及程度在很大程度上影响到投资方式的选择和资金的来源,而风险的大小表现为投融资难度的增减。技术创新参与者由于所具备的条件以及面临的环境不同,因而所要承担的风险也就不同,相应地支持其技术创新的融资政策自然存在明显的差异。从中国已有的融资政策来看,因为行业的不同和规模的差异,企业技术创新具有较为明显的风险差异,因而其企业技术创新融资政策具有典型的行业差异和规模差异特征。

一方面,支持企业技术创新融资政策的行业差异,主要体现在国家配套产业政策时对鼓励发展的行业(或产品)提供融资政策支持,而对限制发展的行业(或产品)在融资政策上予以限制。在鼓励发展的行业(或产品)上,比较典型的例子体现在扶持战略性新兴行业的优惠融资政策上。从具体融资支持方式来看,除通过政府直接投资或利用基金、贴息、担保等方式直接支持战略性新兴行业加强技术创新外,还同时鼓励引导社会资本或者风投对战略性新兴行业进行投资。在中小板市场和创业板市场上,属于战略性新兴产业的企业也被优先安排享受融资平台带来的资金支持。而在限制发展的行业上,尽管其技术创新升级也比较重要,但受行业产业政策所限,相应的融资政策多以限制为主,比如近年来过热的房地产等行业,其向社会融资受到较为严格的限制。

另一方面,不同行业中由于企业规模不同,其在技术创新融资政策上也具有不同特点。国外的经验表明,不同行业中企业规模对其技术创新作用的发挥有不同的影响,即大、中、小型企业在不同行业中各具技术创新优势。Acs 和 Audretsch(1988)分析了 20 世纪 80 年代初期美国各个行业的技术创新情况,发现在技术更新相对缓慢(如照相机设备和办公设备等)、开发周期较长(如制药、外科医疗设备等)的行业,大型企业有较强的竞争实力;而在技术进步较快、产品个性化程度较高的行业（如计算机、塑料制品和程控仪器等），中小企业的优势较为明显。在此基础上，不同行业不同规模的企业，其技术创新融资具有明显的资本市场选择偏好，企业可以根据自己的企业规模等实际情况选择在纽约证券交易所（NYSE）、纳斯达克证券市场（NASDAQ）或者美国证券交易所（AMEX）上市融资。

在我国，因企业规模不同，支持技术创新的融资政策也具有明显差异。首先，企业规模不同，资金需求特点不同，融资方式选择空间也不同。对于大中型企业而言，一般具有公开的资金募集渠道，可以通过资本市场或者利用其影响力，多渠道、广范围募集技术创新所需资金；而大量的小微企业，大多只有通过自筹或者抵押借贷获取少量的技术创新资金，部分幸运的小微企业能够争取到风投资金的支持。其次，企业规模不同，国家融资政策发挥影响的方式不同。国有大中型企业一般是通过政府直接投资、财政补贴或者设立基金等方式予以直接支持；小微企业大多通过基金、贴息、担保等方式予以间接支持，或者通过中小资本市场或者创业板市场为其提供融资平台。从获得资金支持的难易程度来看，大型国有企业实力雄厚，影响力广，一般"不差钱"，即使融资相对也较为容易，大量的中小微企业则不同程度地面临着融资难问题。可以说，当前支持企业技术创新的融资政策的难点和重点之一，就是如何更有效地发挥融资政策的着力点，使不同规模的企业都能够激发技术创新的活力。企业因为规模的不同应该在融资政策上进一步区别对待，即对于迫切需要资金支持的中小微企业，应侧重于拓展其技术创新资金来源渠道；而对于"不差钱"的国有大型企业，提高其技术创新资金利用效率乃是当务之急。

三、中国支持企业技术创新融资政策存在的主要问题

（一）以政府为主导的资金投入模式缺乏社会资源配置效率

从我国的实际情况来看，在推进高新技术产业发展和企业科技创新的过程中，政府发挥了重要作用。从设立创新基金、火炬中心，到组建风险投资公司、创业投资引导基金、高科技企业贷款担保公司，中央政府和地方政府都下了很大功夫。但不可否认的是，以政府为主导的资金投入模式也存在着以下缺点：

第一，支持的范围受到限制。政府各类资金的支持对象通常被限定为高新技术产业和高新技术企业，而"高新技术产业"的范围又被限定为信息业、电子通

第十一章 企业技术创新商业化的融资政策研究

信业、材料能源、生物等少数行业。这类行业尽管是技术创新最密集的领域，但毕竟不能覆盖技术创新的全部。尤其对于应用技术来说，其产业边界往往相当模糊。"高新技术企业"则需要通过政府有关部门认证，为取得这个资质，企业往往需要花费大量的时间和精力。

第二，仍然存在一定程度的所有制歧视。例如，2003年7月财政部颁布的文件规定，政府出资的中小企业信用担保机构所发生的代偿损失，主管财政部门审核后可给予一定补偿。这个风险补偿办法就没有覆盖非政府出资的担保机构。

第三，投入产出效率不高。目前在公共资金使用方面，普遍存在重审批、轻验收；重事前评估、轻事中管理和事后评价的问题。由于公共资金使用审计制度、项目后评价制度、科研与技术评审制度的缺失或存在漏洞，导致科技界造假和权力"寻租"问题普遍，公共资金投入的低效率也就成为必然。

（二）融资体制缺陷是造成企业技术创新融资难的根本原因

第一，以商业银行为主体的融资体系结构难以适应企业技术创新发展的融资需求。一方面，与普通企业相比，处于初创阶段的高新技术企业或技术开发项目通常具有开发周期长、前期投入大等特点。由于是非成熟技术，从技术的研发到成果的转化，再到工业化生产出产品销售到市场，需要较长的时间，需要长期资金的支持。另一方面，高新技术企业自身的经营风险较大，不管是技术层面还是市场层面，面临的不确定性较高，失败的几率大。技术创新企业初期的巨大资金需求和高风险性，与商业银行的经营准则和行为模式存在"错位"。以商业银行为主体的融资体系，一般贯彻稳健经营理念，要求必须以安全性和流动性为原则，在保证资金安全的基础上追求盈利。因此，银行在从事贷款业务时，必然会对缺乏抵押和担保物的高新技术企业"惜贷"，从而规避风险。基于经营理念和行为模式上的差异，商业银行不可能在科技创新企业的初期为之提供大量资金。同时以大企业为主要服务对象的大银行也不可能像直接投资者那样关注和实时跟踪每一个投资项目，因而不可能比资本市场投资者更快、更准确地把握企业动态和风险状况，不可能比投资者更适应技术创新过程的多元化和多样性特点。为规避风险，银行必然会远离创新型企业。

第二，资本市场发展仍不完善。相对于商业银行贷款而言，直接融资更符合科技型企业的早期发展阶段特点。一方面，我国资本市场尽管已建立20余年，但仍处于不断发展和完善过程中，对科技型企业的支持仍显不足，这主要表现在我国资本市场缺少层次。我国资本市场长期局限于沪、深两个交易市场，场外交易在20世纪90年代发展过一段时间后被取缔，导致资本市场成为一个只为大企业服务的市场，中小企业很难通过资本市场获得资金支持。另一方面，由于长期行政力量的干预，我国资本市场的资本配置功能并没有得到有效发挥，存在一定的功能失效和扭曲现象，资本市场仅仅被认为是企业的"输血库"，支持科技创新的功能并没有得到有效重视。上述问题导致我国资本市场缺乏足够的深度和广度，难以为科技企业创新直接融资提供有效渠道。同时在创业板尚未推出、并购市场规模小、交易渠道不畅的情况下，风险投资活动的推出往往成本高、收益低，在很大程度上限制了风险投资活动的发展。

（三）风险投资生态系统不完善限制了技术创新的融资来源

目前，支持我国风险投资发展的制度环境仍然很不完备。一是缺乏资金来源。最近几年，美国风险投资额每年都超过1000亿美元。与之相比，我国风险投资金额远远不够。目前募集金额只有400亿~500亿元人民币，且实际投资额只有20%左右。由于我国限制金融资本和国有产业资本进入风险投资行业，也不允许以私募方式设立风险投资基金（政府基金除外），风险投资缺乏有效的资金渠道来源。

二是缺乏有利于风险投资发展的环境。尽管2006年颁布的《创业投资企业管理暂行办法》在很多方面放宽了对风险投资活动的管制，但制约风险投资发展的主要问题并没有解决：①尚未建立起适应风险投资活动发展的税收政策体系。由于现有风险投资机构基本上均以公司制形式设立，在税收上未能与其他类型公司相区分，双重纳税问题突出。②创新环境仍有欠缺。目前我国50余个高新技术园区中，大多缺乏创新活力。无论是创新文化、创新组织，还是创新型人才和信息传递，都远远不能满足创新活动的要求。对于风险投资家来说，最痛苦的不是缺少资金，而是缺乏可以投资的项目。③缺乏高质量的辅助机构。根据美国的经验，发展风险投资不仅需要风险投资机构、风险投资家以及创业企业，而且需要投资银行、会计师事务所、律师事务所、信息咨询机构等辅助机构。在我国，总体上看这类服务机构不仅数量不足，服务能力和公正性也都不够。

（四）金融工具创新不足满足不了企业技术创新商业化所需的多样化融资手段

融资租赁业务在国外已经蓬勃开展，而我国还处于起步阶段。据《世界租赁年报》提供的数据，2000年全球租赁额为4989.5亿美元，其中美国租赁额高达2600亿美元，占全球租赁总额的45%，市场渗透率（租赁交易额与全社会设备投资额之比）高达31.7%。在德国、英国、加拿大、澳大利亚、法国等国家，渗透率平均在15%~25%，即便在韩国、巴西等发展中国家，渗透率也在13%~

20%。由于融资租赁具有促进投资、商品促销等功能，已经成为发达国家设备投资的第二大融资渠道。与之相比，我国租赁市场的渗透率不足1%。目前我国一共只有12家金融租赁公司，且经营活动仍然存在较大困难，如缺乏低成本的中长期资金来源、行业规模偏小、产品创新能力不足等。

四、完善企业技术创新融资政策的建议

（一）建立符合企业技术创新特点的多层次融资体系，积极发展场外交易市场，拓展企业技术创新直接融资渠道

1. 积极发展场外交易市场，拓展中小科技企业的直接融资渠道

根据国外经验，大量中小企业的直接融资活动并不是通过证券交易所市场而是利用场外交易市场进行的。因为交易所市场容量总是有限的，难以满足占总数达90%以上的中小企业的融资需求。经过多年发展，我国交易所市场已初具规模，但场外交易市场的发展长期受到限制，交易活动极不规范。为此建议将现有的产权市场纳入多层次资本市场体系建设进行综合规划和设计，建设成为专门为中小企业融资服务的场外交易市场。具体包括：放松对私募基金和非上市公司股权交易的管制，鼓励产权市场开展非上市股份有限公司股权登记托管业务，并为非上市股份公司股权转让服务；允许在经济运行相对规范、资金需求相对比较突出、具备一定条件的地区开展股票交易的试点工作；建立产权市场与主板、二板股票市场的有效对接机制，使产权市场成为主板、二板股票市场的预备市场；明确监管部门，把产权市场纳入资本市场的监管范围；建立产权市场行业协会，加强自律。

2. 放宽对公司债券的行政管制，允许更多企业进入债券市场

2004年，中关村科技园区开始尝试将高新技术企业集合捆绑起来，采取"统一发行、统一担保、同时评级、分别负债"的形式发行企业债券。当时限于市场环境和政策法规，这一构想最终夭折。由于集合发债存在发债主体不清，难以集合评级等障碍，集合发债尝试未能获得批准也在情理之中。问题的关键是要加快对债券市场发行制度进行改革，把优质企业的发债权利交给市场，由市场而不是行政机构来决定谁可以发债。目前连大型企业的发债需求都尚未满足，加上市场承担信用风险的能力和信用风险股价水平的提高需要在充分市场竞争环境下

才能较快提高，因此只有通过提高债券发行的市场化程度，加快公司债券市场的发展，未来创新型企业才有可能通过债券市场融通资金。

（二）完善配套政策措施，促进风险投资业快速发展

就本质而言，风险投资实际上是一种适应创新模式的制度安排，而不仅仅是创新型企业的一种融资方式，因此发展风险投资行业绝不是设立几个风险投资基金、成立一些机构就可以实现的。从宏观的层面来看，发展风险投资涉及体制架构、法律环境、税收制度、运行机制、退出机制、知识产权保护等多个方面；从微观层面看，组织制度选择、企业评价、股权设置、投资管理、融资模式、企业家诚信度等也直接影响着风险投资的生存环境。因此需要政府调整理念，统一规划，协调各相关部门，着重改善风险投资环境，避免对风险投资企业及其投资活动进行微观管理。

为此，需要进一步完善相关法律法规，调整配套政策。具体如下：

第一，细化和完善风险投资机构的税收政策，使之更加符合风险投资活动的特点。税收水平直接影响着风险投资的发展。对于我国风险投资机构而言，原税收体制中有两个问题特别突出：一是股东收益双重纳税问题。现有风险投资机构基本上均采用公司制形式，对于股东来说，投资收益首先要缴纳一次所得税，分红以后又要再次缴纳所得税。二是投资管理公司收取的管理费需缴纳营业税问题，风险投资公司认为也是不合理的。为促进风险投资活动发展，建议对上述两个问题采取明确的优惠政策。对于双重纳税问题，建议对符合条件的风险投资公司给予税收减免，或者让风险投资机构采取有限合伙制，以此回避出现双重纳税问题。对于第二个问题，可考虑对管理风险投资基金并主要投资于高新技术企业的管理公司管理费收入减半征收营业税。这样做的目的主要是为了规范和指导各地鼓励风险投资发展的优惠政策，确保税法的统一性和权威性，避免出现各地政策有碍于公平竞争环境的培育。

第二，进一步拓展风险投资机构的资金来源渠道。我国现有风险投资机构的资金主要来源于政府、上市公司和大型国有企业。由于缺乏后续资金来源、国有资本的保值增值要求与风险投资机制相冲突，这种国有资本占据主导地位的资本结构在很大程度上制约了风险投资活动的发展。为解决这一问题，《创业投资企业管理暂行办法》允许证券、保险机构参股投资风险机构，并允许风投企业发行债券融资以增强投资能力，这是一个政策上的突破。目前要尽快制定实施细则，推动这些政策的落实。同时，应研究通过政策引导，将一部分游资引入风险投资基金，使之成为创新型企业的融资渠道。

第三，组建全国性的风险投资行业协会。目前在一些地方已经出现了一些区

域性的风险（创业）投资协会，这些协会在普及风险投资基本知识，建立业内信息平台，沟通与政府、学术界的联系等方面发挥了一定的作用。但由于范围有限，影响力也有限。建议组建全国性的风险投资行业协会，进一步完善风险投资信息网络和人才培训体系建设，强化对风险投资机构的规范和引导。

（三）设立政策性中小企业科技银行

从国际经验看，基于中小企业的弱势地位和中小企业技术创新市场融资中的市场失灵，建立中小企业政策性金融机构是世界各国或地区发展中小企业融资的成功经验。我国也可借鉴相关经验，成立类似的专门为中小企业技术创新提供服务的小型金融机构。

1. 组建政策性的专门面向中小企业服务的科技银行

当前，中国金融竞争非常不充分，国有银行由于信息不对称和规模歧视而对中小企业"惜贷"，地方政府的行为又严重影响着中小金融机构的贷款投向与结构。因此应当参照美国的硅谷银行，建立政策性的中小企业科技银行，为中小企业的技术引进、技术研发、新产品试验与推广等与科技创新有关的业务提供服务。

2. 股份制中小商业银行的整合与市场定位

要加快对农村信用社、城市信用社、城市商业银行的改造，将其定位于主要为中小企业服务的金融机构。政府应采取多种扶持措施，改善这些银行的资产质量，支持它们的组建和发展；加快信用合作社的改造改组工作，通过法规规定其职能，使其成为主要为中小企业服务的金融机构。

（四）加强政策支持力度，完善担保体系，充分发挥金融租赁等其他金融服务体系的作用

为促进担保机构的规范发展：一是要建立和完善对市场准入（包括设立担保机构的最低资本金要求、高管人员的任职资格等）、市场运作过程（包括制定业务规范、建立担保机构的信息披露制度和资信评级制度等）和市场退出的监管，建立相应的惩罚机制。二是要强化信用担保行业内的协作与自律。现有近4000家担保机构由于成立的时间不同、资本实力大小不一、所处的业务领域和具体政策环境各异等因素，经营情况存在很大差别，相当多的担保机构得不到银行的认可。因此，建议尽快组建全国性的担保行业自律性组织，以强化政府与担保机构之间、各担保机构之间的信息沟通，规范行业行为，提供业务指导。

我国长期以来融资租赁业务没有发展起来，除了监管部门严格限制市场准

入、相关法律法规限制了金融租赁公司的业务空间和融资能力、行政管理体制不顺等外部因素外，金融租赁公司法人治理结构缺失、缺乏风险控制能力等内部因素也严重影响了融资租赁行业的发展。建议一是放松市场准入管制，降低租赁业的投资门槛，加快对新设金融租赁公司的审批，鼓励银行、厂商和独立的投资人开展租赁业务，通过市场竞争实现优胜劣汰；二是要允许金融租赁公司发行长期金融债券、建立租赁基金、开展资产证券化业务，尽快颁布金融租赁公司委托租赁资金、同业拆借、金融租赁债券的管理实施细则，以解决租赁公司的多元化筹资渠道问题；三要加强行业管理，通过明确行为标准、建立惩罚机制等措施，规范租赁公司的行为，促进整个租赁行业的健康发展。

主要参考文献

1. Acs, Z. J. and D. B. Audretsch. Innovation in Large and Small Firms: An Empirical Analysis [J]. American Economic Review, Vol.78, 1988.
2. 朱坤林. 中小企业融资政策国际比较及其启示 [J]. 经济问题探索，2008（9）.
3. 罗正英. 中小企业融资问题研究 [M]. 北京：经济科学出版社，2004.
4. 李武龙，许承志. 金融支持企业自主创新政策的研究 [J]. 价格月刊，2008（9）.
5. 刘降斌，李艳梅. 区域科技型中小企业自主创新金融支持体系研究——基于面板数据单位根和协整的分析 [J]. 金融研究，2008（12）.
6. 叶耀明，王胜. 金融中介对技术创新促进作用的实证分析——基于长三角城市群的面板数据研究 [J]. 商业研究，2007（8）.
7. 林毅夫，孙希芳. 信息、非正规金融与中小企业融资 [J]. 经济研究，2005（7）.
8. 林德发. 我国技术创新金融支持的现状分析 [J]. 生产力研究，2009（21）.
9. 刘新民. 提高我国自主创新能力的对策建议 [J]. 宏观经济研究，2005（7）.

第十二章 技术转移政策研究

技术创新可以看做是把关于技术的知识转化为产品的过程。为了加快这种转化的速度，要考虑的重要问题之一，就是如何把以发明专利、实用新案或创意等形式存在的关于技术的显性化知识，即大学、科研机构的研究成果转移给企业，如何在产品生产、销售的价值链中把技术或产品的提供方、需要方连接起来。这个环节称为"技术转移"，它的效果和效率对创新起着重要的作用。

随着社会经济的发展、技术水平的提高，我国的科技产出规模也不断增大。据统计，2009年，我国国内专利申请量达到82.8万件，授权量达到41.2万件；[1] 我国学者发表在国际主要科技期刊和重要会议的论文达到27.1万篇；全国技术市场的技术合同交易额已突破3000亿元。[2] 我国在科技论文数量等方面已居世界前列，与世界的差距迅速缩小。[3] 但是，在如此多的科研成果、技术交易中，又有多少真正得到转化而成为了商品？这需要进一步考察。

技术转移需要特定的条件和环境。所谓条件，是指科技成果本身要具备新颖性、优越性、市场应用可能性等条件，也就是说要有技术含量和市场前途。对技术含量低、没有市场前途的成果，是没有人愿意投资生产的。科技成果的转化在特定的社会经济体制中进行，法律、规章、制度规定了技术转移的基本原则和机制，对科技成果的转化有着重要影响，这是技术转移的环境因素。例如，"放权于民"的知识产权归属政策会促进大学、科研机构向企业转移技术；国家对技术转移机构的补助政策会提高技术转移的效率；国家加强对产学研合作研发项目的甄别与评价会提高科研成果的质量。因此，在考察科技成果转化的同时，不能忽视分析技术转移政策（包括法律、规章、制度在内）所起的作用。

本章将首先从专利、技术交易的角度对我国技术转移的现状进行考察，指出我国技术转移中存在的问题；其次，考察我国对知识产权归属、收益分享、技术

---

[1] 国家知识产权局规划发展司. 专利统计简报，2010（3），2010（8）.
[2] 国家科学技术部. 2009年我国科技产出规模不断扩大，http://www.sts.org.cn/nwdt/gndt/document10071904.htm.
[3] 据国家科学技术部称，我国学者发表在国际主要科技期刊和重要会议的论文数量已居世界第二位。参见注释[1]。

转移职能、技术转移机构管理的规定,分析我国技术转移政策的取向与特点;最后,对完善我国技术转移政策做出进一步的思考,提出关于充实技术转移的"事前措施"、"事后措施"的若干建议。

一、中国技术转移的现状

技术转移包括产权化和产业化两个方面。产权化是指把科研成果转化为专利等知识产权,产业化是指把知识产权转化为产品并投入市场。专利数、技术交易量是考察科研成果产权化和产业化程度的两个重要指标。下面,我们根据公开发表的统计数据,对近年来我国专利、技术交易的发展状况,尤其是大学、科研机构、企业各方的技术转移表现,以及国家科研计划项目的产业化状况进行考察。

(一)专利申请及授权量大幅度增加,但专利技术转移水平较低

近 20 余年来,随着我国自主研发能力的提升、知识产权保护与应用意识的提高,专利申请受理量和授权量均呈高速发展态势(见表 12-1)。2009 年,专利申请受理量达到 97.7 万件,专利授权量达到 58.2 万件,分别比 2002 年增加了

表 12-1 1985~2010 年中国国内外三种专利申请受理及授权状况

年份	申请量(件)	授权量(件)	申请量比上年增长百分比(%)	授权量比上年增长百分比(%)
1985~2001	1370000	750636	—	—
2002	252631	132399	—	—
2003	308487	182226	22.1	37.6
2004	353807	190238	14.7	4.4
2005	476264	214003	34.6	12.5
2006	573178	268002	20.3	25.2
2007	693917	351782	21.1	31.3
2008	828328	411982	19.4	17.1
2009	976686	581992	17.9	41.3
2010	195547	72556	—	—

注:2010 年为上半年数据。
资料来源:国家知识产权局《专利统计年报》(2005~2007)、《国内外三种专利受理状况年表》(2008~2010)、《国内外三种专利授权状况年表》(2008~2010),http://www.sipo.gov.cn/sipo2008/tjxx/。

286.6%和339.6%。①

专利技术交易也快速发展。专利技术合同的成交量从2006年的5211项增加到2009年的5331项，成交金额从2006年135亿元增加到2009年的137.16亿元，增加幅度分别为2.3%和129.1%（见表12-2）。2009年，在全国技术市场成交合同中，涉及技术秘密、计算机软件、专利等知识产权的技术合同共计11.7万项，成交金额1826亿元，其中，专利技术在成交数量和成交金额上均占第三位。②

表12-2 2006~2010年专利技术合同成交状况

年份	专利技术合同成交量（项）	专利技术合同成交金额（亿元）	发明专利合同成交量（项）	发明专利合同成交金额（亿元）
2006	5211	135	3279	93
2007	2685	122	1343	73
2008	4353	243.97	2333	152.63
2009	5331	309.3	3281	142.0
2010	1271	137.16	—	—

注：2010年为上半年数据。
资料来源：科学技术部发展计划司，中国技术市场管理促进中心．全国技术市场统计年度报告，2006~2010．

但是，专利技术交易量在专利授权量中只占很小的比例，2009年为0.92%。专利技术交易量占全国技术合同成交总量的比例也很小。2009年，全国共有5331项专利技术合同成交，仅占全国技术合同成交总量的0.35%。同年专利技术合同成交137.16亿元，占全国技术合同成交总额的比例为10.18%。北京市技术市场管理办公室的林耕、陈靖、张若然曾经分析了2001~2006年北京市专利技术交易占专利授权量的比重由2.66%上升到8.11%的事实，他们认为8.11%的比例也仍然较低。③如果把2.66%~8.11%作为低水平的标准，那么可从表12-3中看到，近6年来我国的专利技术交易占专利授权量的比例是很低的。

专利技术交易量占有效专利总量的比例也是衡量专利技术商业化、产业化的指标。科学技术部发展计划司、中国技术市场管理促进中心编写的《全国技术市场统计年度报告》（2008）曾指出，"总体上看，通过技术市场进行商业化、产业化的专利技术占国内有效专利总量的比例较低"。通过计算可得知，2008年，国

---

① 根据表12-1计算。
② 科学技术部发展计划司，中国技术市场管理促进中心．全国技术市场统计分析报告，2009．
③ 林耕，陈靖，张若然．北京专利技术转移现状、特点及对策．http：//www.sts.org.cn/fxyj/dqyjbg/documents/2007122702.htm.

表 12-3 2006~2010 年国内专利技术交易状况

年份	专利交易量占专利授权量比重（%）	专利交易量占全国有效专利量比重（%）	专利交易金额占全国技术交易总金额比重（%）
2006	1.94	0.70	7.43
2007	0.76	0.32	5.48
2008	1.06	0.36	9.15
2009	0.92	0.35	10.18
2010	1.75	0.10	8.64

注：2010 年为上半年数据。
资料来源：根据科学技术部发展计划司、中国技术市场管理促进中心《全国技术市场统计年度报告》(2006~2009)、中国技术市场管理促进中心《2010 年上半年全国技术市场交易快报》、国家知识产权局《专利统计年报》(2005~2007)、《国内外三种专利受理状况年表》(2008~2010)、《国内外三种专利授权状况年表》(2008~2010) 有关数据计算。

内有效专利共计 92.5 万件，专利技术合同占其比例为 0.47%，2009 年该数据仅为 0.45%。[①]

以上考察表明，我国拥有的专利数量确实不少，但是，由于技术交易太少，实现的经济收益也太少。虽然通过市场交易获得经济收益，并不一定是持有专利的唯一目的，技术交易也不一定非得以专利技术合同形式进行，但是，专利技术交易毕竟是当今技术转移的主要途径。通过市场交易，大学、科研机构把科研成果转移给企业，企业从大学科研机构或其他企业获得新技术，技术输出和吸纳方均可获得经济收益。参与专利技术交易的大学、科研机构、企业越多，专利技术交易的规模就越大，技术转移就越活跃。因此，专利技术交易规模的大小可以反映出大学、科研机构和企业间的技术转移以及企业间的技术转移的活跃程度。我国专利技术交易规模小，反映了我国技术转移水平低的事实。

（二）技术转移以开发和服务为主，技术转让较少

我国的技术交易以技术开发、技术服务为主要内容，真正体现科研成果转化的技术转让较少。2004~2009 年，全国技术合同签订量从 26.5 万项减少到 21.4 万项，技术合同成交金额从 1334.4 亿元增加到 3039 亿元，平均每项合同成交额从 50 万元增加到 142 万元（见表 12-4）。但是，成交合同的七成以上是技术开发和技术服务合同，技术转让合同只占两成左右，如 2009 年，技术开发合同占 41%，技术服务合同占 38%，技术转让合同占 18%（见表 12-5）。并且，技术转

---

① 根据国家知识产权局规划发展司《2009 年国内有效专利呈现三个明显提高》(《专利统计简报》2010 年第 5 期)、《有效专利首列国民经济和和会发展统计公报》(《专利统计简报》2009 年第 5 期) 有关数据计算。

让合同所占比重持续下降,从 2004 年的 22%下降到 2009 年的 18%。从技术转让合同的成交金额也较小,其占全国技术合同成交总额的比重排在技术开发合同和技术服务合同之后。①

表 12-4 2004~2009 年全国技术合同签订数量及成交额

年份	技术合同签订数量(万项)	技术合同成交额(亿元)	平均每项合同成交额(万元)
2004	26.5	1334.4	50
2005	26.5	1551	58.5
2006	20.6	1818	88.3
2007	22.1	2226.5	101
2008	22.6	2665.2	118
2009	21.4	3039	142

资料来源:科学技术部.中国科技统计年度报告.2005~2008;科学技术部发展计划司,中国技术市场管理促进中心.全国技术市场统计分析报告,2009,http://www.sts.org.cn。

表 12-5 2004~2009 年技术合同构成

单位:%

年份	技术开发	技术服务	技术转让	技术咨询
2004	39	33	22	6
2005	37	34	23	6
2006	31	46	6	17
2007	39	38	19	4
2008	40	36	20	4
2009	41	38	18	3

资料来源:科学技术部发展计划司,中国技术市场管理促进中心.全国技术市场统计年度报告,2004~2009。

(三)大专院校和科研机构的技术转移能力远比企业低

大学、科研机构是新知识、新技术的重要创造者。大学和科研机构向企业转移其科研成果是技术转移的重要组成部分。大学、科研机构的科研成果转化,首先从取得专利开始。近年来,大学、科研机构的专利申请和授权量均增长很快,但是,大学、科研机构的专利申请和授权量占国内专利申请和授权总量的比例却

---

① 科学技术部发展计划司,全国技术市场统计分析报告.科技统计报告,2009(6).http://www.sts.org.cn/tjbg/jsmy/documents/2010/100902.htm。

越来越低。以发明专利为例,2005~2008年,大专院校的国内申请量占国内申请总量的比重从23.5%下降到21.9%,国内授权量占国内授权总量的比重从30.2%下降到27.8%;科研机构的国内申请量占国内申请总量的比重从10.8%下降到8.9%,国内授权量占国内授权总量的比重从16.4%下降到10.7%,而同期企业国内申请量占国内申请总量的比重从64.6%上升到68.6%;企业授权量占国内授权总量的比重从52.2%上升到60.9%(见表12-6)。

表12-6 2005~2008年国内发明专利职务申请受理与授权比重

年份	申请量比重(%)				授权量比重(%)			
	2005	2006	2007	2008	2005	2006	2007	2008
合计	100.0	100.0	100.0	100.0	100.0	100.0	100.0	100.0
大专院校	23.5	21.2	21.4	21.9	30.2	33.7	33.5	27.8
科研单位	10.8	8.4	9.1	8.9	16.4	13.9	13.0	10.7
工矿企业	64.6	69.3	68.6	68.0	52.2	56.3	52.5	60.9
机关团体	1.1	1.1	0.9	1.1	1.2	1.2	1.0	0.7

资料来源:国家知识产权局.专利统计年报,2005~2008.

在国内有效专利中,大学所占比重略有提高,但科研机构所占比重有所降低。图12-1显示,2006~2009年,大专院校有效发明专利量占国内有效发明专利总量的比重从19.2%提高到19.7%,科研机构的该比重从19.2%减少到9.2%,而企业的比重则从38.5%提高到50.7%。

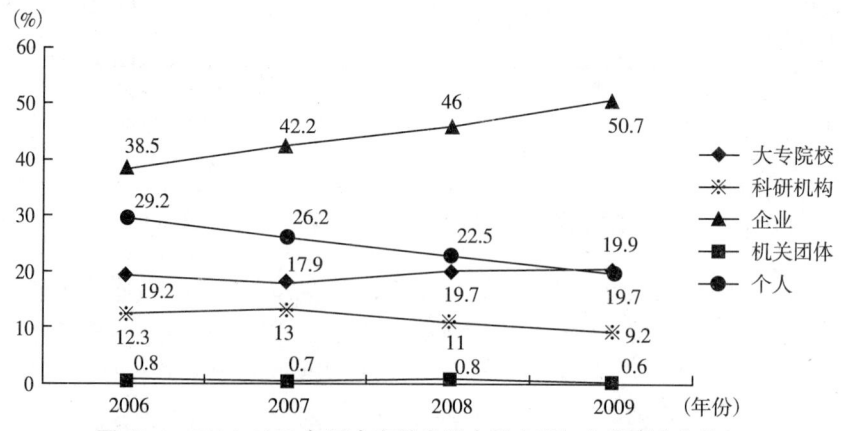

图12-1 2006~2009年国内有效发明专利专利权人类型分布状况

资料来源:国家知识产权局规划发展司.2009年中国有效专利年度报告(一).专利统计简报,2010(5).

大学、科研机构输出技术的规模也不大。2004~2009年，企业输出技术成交额从754.12亿元提高到2630.55亿元，占全国技术合同总金额的比重从56%提高到86.56%，而同期，大专院校输出技术成交额从116.62亿元增加到132.59亿元，占全国技术合同总金额的比重从9%下降到4.4%，科研机构输出技术成交额从190.43亿元增加到190.99亿元，占全国技术合同总金额的比重从14%下降到6.3%。2009年，大专院校和科研机构的输出技术成交额仅为企业输出技术成交额的12.3%。① 有研究指出，大学和科研机构虽然拥有很多专利，但是，真正进行交易的只占很小一部分。以北京市为例。2001~2006年，北京市科研机构申请专利11240项，授权5270项；成交209项，仅占授权量的3.97%。高校申请专利10633项，授权4541项；成交60项，仅占授权量的1.32%。②

（四）公共财政支持项目的技术转移规模较小

各级政府部门近年来加大了科技投入，2005~2008年，国家财政科技拨款从1334.9亿元增加到2581.8亿元，增加了93.4%，国家财政科技拨款占国家财政支出的比重从3.93%提高到4.12%。③ 在国家财政科技投入增加的背景下，国家科技计划项目的转让金额，从2005年的240.33亿元提高到2009年的574.78亿元，占全国技术成交总额的比重从2005年15.5%提高到2009年的18.91%。但是，相对于企业的技术交易的规模，公共财政支持项目的技术转化规模较小。2009年，

表12-7　2005~2009年国家科研计划项目通过市场交易情况

年份	市场交易项数（项）	市场成交金额（亿元）	市场交易项数占全国技术成交总项数比重（%）	市场交易金额占全国技术成交总额比重（%）
2005	31211	240.33	11.77	15.50
2006	22327	408	10.83	22.44
2007	26287	439	11.90	19.72
2008	26179	488.27	11.59	18.32
2009	26104	574.78	12.20	18.91

注：科研计划项目指各级政府计划支持项目，包括国家和部门计划；省、自治区、直辖市及计划单列市计划；地市县计划。

资料来源：根据科学技术部发展计划司、中国技术市场管理促进中心编写的《全国技术市场统计年度报告》（2006~2009年）有关数据整理计算。

---

① 根据科学技术部发展计划司、中国技术市场管理促进中心编写的《全国技术市场统计年度报告》（2004年、2009年）有关数据计算。

② 林耕、陈靖、张若然. 北京专利技术转移现状、特点及对策. http://www.sts.org.cn/fxyj/dqyjbg/documents/2007122702.htm.

③ 科学技术部. 科学技术年度报告，2005~2008. http://www.sts.org.cn.

在各级政府计划项目中，只有12.2%的项目进入市场交易，交易金额占全国技术成交总额比重仅为18.91%。

国家科技计划项目的产业化率也较低。一项关于上海"863"计划项目绩效的研究报告显示，在450项"863"计划项目中，约14%的项目成果孵化为企业；约8%的项目研究人员利用项目成果进行创业；有300个项目对课题成果后续产业化阶段融资情况做了回答，其中仅约22%的项目获得了投资；有336个项目对课题成果形成产品应用于市场的情况做了回答：结题时有229个项目未形成产品，2007年减少为212个，即由17个项目结题后形成了产品。[①]

综上所述，近年来随着中国加大科研投入，科研成果的数量大幅度增加，但是，科研成果的转移水平还较低。从专利看，专利申请和授权量大幅度增加，但通过市场转移的专利技术还不到一成，占有效专利总量的比例仅为0.5%，成交金额占全国技术合同成交总金额的比例也只有10%。从技术转移形式看，近八成为技术开发、技术服务，而真正体现技术转移的技术转让还不到两成，并且，该比例近6年一直在下降。

目前，技术转移大多数发生在企业之间，企业间技术转移呈持续增长趋势。相反，大学和科研机构作为技术输出方的影响力在下降，大学和科研机构的技术合同成交金额占全国技术合同成交总金额的比重近6年已从约20%下降到约10%，就是一个明证。国家科研计划项目使用了大量的公共财政资金，但是，大多数科研成果未得到转化，形成产品并且投入市场的还较少。

由此可以看到，我国技术转移中存在的主要问题不在企业间技术转移方面，而在大学、科研机构与企业间的技术转移环节，如何促进大学、科研机构向企业转移技术，是需要重点解决的问题。另外，使用了大量公共资源的国家科研计划项目，其成果转化水平低，说明国家科研计划项目管理是我国技术转移中存在的薄弱环节。为了避免公共资源的浪费，需要提高国家科研计划项目的成果转化效率。

二、中国的技术转移政策

技术转移涉及技术供给和需求两方，交易对象是知识产品，并且知识产品的

---

① 许国放，胡鹏山. 上海"863"计划项目绩效分析. http://www.sts.org.cn/fxyj/dqyjbg/documents/2009/09051502.htm.

使用可带来收益。从技术供给方看，如果提供其发明的知识产品后，能够获得相应收益，就有动力提供其发明的知识产品。从技术需求方看，如果能够以合理的价格购买到自己需要的知识产品，就有动力以货币换取知识。只有技术供给和需求双方都有动机进行知识产品的交易，才有可能促成技术转移。

影响技术转移动机的有知识产品所有权、技术收益分配、技术转移风险、技术转移方式与机构等因素。我国已制定了一些法律规章，对知识产权归属、技术收益分配、技术转移责任、技术转移机构管理等做出了规定，奠定了我国技术转移的基本原则和机制。我国技术转移政策的主要内容包括：界定知识产权；明确收益分配；鼓励产权单位或个人积极参与技术转移；建立技术转移机构和机制；国家把科研计划项目的所有权授予项目承担单位，鼓励项目承担单位或科研人员个人积极参与技术转移。

（一）界定科研成果的知识产权

科技成果的知识产权归属是调整科技开发和成果转化中各方当事人技术、经济利益关系的重要杠杆。我国在《专利法》、《中华人民共和国促进科技成果转化法》、《高等学校知识产权保护管理规定》、《关于国家科研计划项目研究成果知识产权管理的若干规定》的相关条款中，对科技成果的知识产权归属进行了规定。其主要内容包括：界定职务发明与非职务发明；规定发明人对其发明持有所有和转化的权利。

《专利法》界定了职务发明与非职务发明的所有权，指出"执行本单位的任务或者主要是利用本单位的物质技术条件所完成的发明创造为职务发明创造。职务发明创造申请专利的权利属于该单位；申请被批准后，该单位为专利权人。非职务发明创造，申请专利的权利属于发明人或者设计人；申请被批准后，该发明人或者设计人为专利权人"。

《中华人民共和国促进科技成果转化法》第九条规定，科技成果持有人可采取自行投资实施转化、向他人转让该科技成果、许可他人使用该科研成果、以该科技成果作为合作条件与他人共同实施转化、以该科技成果作价投资折算股份或者出资比例的方式进行科技成果转化。

《高等学校知识产权保护管理规定》（教育部［1998］）规定，"执行本校及其所属单位任务，或主要利用本校及其所属单位的物质技术条件所完成的发明创造或者其他技术成果，是高等学校职务发明创造或职务技术成果。职务发明创造申请专利的权利属于高等学校。专利权被依法授予后由高等学校持有。职务技术成果的使用权、转让权由高等学校享有"。

我国还把国家科研项目研究成果的知识产权授予项目承担单位。《关于国家科研计划项目研究成果知识产权管理的若干规定》（国办发〔2002〕30号）明确规定，"除涉及国家安全、国家利益和重大社会公共利益的以外，科研项目研究成果形成的知识产权，国家授予项目承担单位；承担单位可以依法自主决定实施、许可他人实施、转让、作价入股等，并取得相应的收益"；"为了确保科研项目成果确实发挥应有的经济、社会效益，国家根据需要，保留对科研项目研究成果无偿使用、开发、试制有效利用和获取收益的权利"。

国家对政府资助项目的知识产权实行"放权让利"的做法，与美国、日本等发达国家的政策基本相同。实践证明该政策对调动大学、政府研究机构以及企业在申请专利、技术转化、产学研合作等方面的主动性起到了促进作用。我国以前一直强调国家科研项目为国家所有，但"在实践中形成了形式上国家所有，事实上单位所有，权力与义务、权限与职责不清的状况，一方面造成单位主动采取知识产权保护措施的积极性不高，另一方面国家对一些重要科研成果疏于管理，未能形成自主知识产权"。①为了加强我国科研计划项目知识产权保护和管理，促进我国科研计划项目实施中大幅度增加自主知识产权产出量，我国借鉴国际成功经验，调整了国家、单位和个人对科研计划项目研究成果的知识产权关系，明确了项目承担单位对科研计划项目对研究成果的所有权、专利申请权、转化权。

在多数情况下，科研人员的科研成果都属于职务科研成果。因此，科研成果的所有权归属于科研人员所在单位，该单位有权进行成果转化。但下列情况除外：第一，《中华人民共和国促进科技成果转化法》第十四条规定，"对于国家设立的研究开发机构、高等院校所取得的职务科技成果，本单位未能适时地实施转化的，科技成果完成人和参加人在不变更科技成果权属的前提下，可以根据与本单位的协议进行该项科研成果的转化，并享有协议规定的权益。该单位对上述科技成果转化活动予以支持"。因此，科研人员个人即使不是成果所有人，但也可以主持成果转化活动。第二，我国规定，国家科研计划项目承担单位作为科研计划项目成果的知识产权权利人，在其无正当理由不实施转化项目成果、影响公众对成果的应用时，政府有权予以干预。国务院有关部门根据需要，允许指定的单位实施，并区别不同情况，决定实施单位或无偿使用，或由实施单位按照国家有关规定向项目承担单位支付知识产权使用费。

（二）明确收益分配原则

为了鼓励科研人员积极参与技术创新和成果转化，我国还明确规定了技术权益和经济收益的分配原则。《中华人民共和国促进科技成果转化法》规定，"科技

---

① 科学技术部. 关于国家科研计划项目研究成果知识产权管理的若干规定. http://www.sts.org.cn.

成果完成单位将其职务科技成果转让给他人的，单位应当从转让该项职务科技成果所取得的净收入中，提取不低于20%的比例，对完成该项目科技成果及其转化做出重要贡献的人员给予奖励"。"企业、事业单位独立研究开发或者与其他单位合作研究的科技成果实施转化成功投产后，单位应该连续3~5年从实施该科技成果新增留利中提取不低于5%的比例，对完成该项科技成果及其转化做出重要贡献的人员给予奖励。采用股份形式的企业，可以对在科技成果的研究开发、实施转化中做出重要贡献的有关人员给予报酬或者奖励，按照国家有关规定将其折算为股份或者出资比例。该持股人依据所持股份或者出资比例分享收益"。

国家科研计划项目也执行上述原则。另外，《关于国家科研计划项目研究成果知识产权管理的若干规定》还进一步规定，项目承担单位转让科研项目研究成果知识产权时，成果完成人享有同等条件下优先受让的权利。

《高等学校知识产权保护管理规定》规定，"高等学校将其知识产权或职务发明创造、职务技术成果转让给他人或许可他人使用的，应当从转让或许可使用所取得的净收入中提取不低于20%的比例，对完成该项职务发明创造、职务技术成果及其转化做出重要贡献的人员给予奖励。为促进科技成果产业化，对经学校许可，由职务发明创造、职务技术成果完成人进行产业化的，可以从转化收入中提取不低于30%的比例给予奖酬"。"高等学校及其所属单位独立研究开发或者与其他单位合作研究开发的科技成果实施转化成功投产后，高等学校应当连续3~5年从实施该项科技成果所取得的收入中提取不低于5%的比例，对完成该项科技成果及其产业化做出重要贡献的人员给予奖酬。采用股份制形式的高等学校科技企业，或者主要以技术向其他股份制企业投资入股的高等学校，可以将在科技成果的研究开发、产业化中做出重要贡献的有关人员的报酬或者奖励，按照国家有关规定折算为相应的股份份额或者出资比例。该持股人依据其所持股份份额或出资比例分享收益"。

科技部《关于加强与科技有关的知识产权保护和管理工作的若干意见》（2003）还指出，要将知识产权拥有量及其保护和管理制度建设状况作为高新技术企业资格认定、科技人员职称评定、科技奖励评审等项工作的重要指标；要改变科技奖励以及科技人员职称、职务评定中重视论文发表数量、轻视知识产权的传统观念和模式。这表明我国还希望用职称评定这样的非物质奖励手段来调动科研人员的技术创新和成果转化积极性。

（三）鼓励大学、科研单位及科研人员参与技术转移全过程

我国鼓励高等学校、科研机构和科研人员参与技术转移的全过程。《中华人民共和国促进科技成果转化法》规定，科技成果持有人可采取六种形式实施科研

成果转化,包括自行实施转化、向他人转让成果、许可他人使用该成果、与他人共同实施转化、以该成果作价投资,折算股份或者出资比例。后五种方法均借助市场进行成果转化,"自行实施转化"则是以该成果为基础创办企业。

我国非常支持高等学校和科研人员创办高新技术企业,为此制定了多项优惠政策。例如,科技部、教育部等部门1999年联合发布《关于促进科技成果转化的若干规定》,指出"运用公司注册和税收等方面的优惠鼓励科研机构、高等学校及其科研人员采取多种方式转化高新技术成果,创办高新技术企业"。国家还允许高等学校及其科研人员以高新技术成果出资入股,高新技术成果的作价金额可达到公司或企业注册资本的35%。高等学校在高新技术成果转化中建立的公司,高等学校股权的所得利润享受校办企业的优惠政策。

国家不仅对科研人员参与技术转移进行物质奖励,还从时间上提供便利,允许兼职、甚至离职创办企业。对实行人员竞争上岗的科研机构、高等学校,允许离岗创办高新技术企业的人员在单位规定的期限内(一般为两年)回原单位竞争上岗,保障重新上岗者享受与连续工作的人员同等的福利待遇。

(四)在大学、科研机构建立技术转移机构和机制

科技成果的转化需要高度的专业知识和企业经营经验,应由技术转移机构来承担。《中华人民共和国促进科技成果转化法》对技术中介、技术咨询企业进行了简单的规定。2007年科技部制定了《国家技术转移示范管理办法》(简称《办法》),界定了技术转移机构的重要地位、职能、基本标准,进一步完善了技术转移机构的规章制度。

该《办法》要求大学和科研机构要建立技术转移机构或机制,整合大学和科研院所的内部资源,将其承担的国家重大科技计划、竞争前技术与共性关键技术研发、引导战略产业的原始创新和重点领域的集成创新所形成的成果,尽快转移和扩散到企业。

该《办法》指出,"技术转移机构是指为实现和加速技术转移提供各类服务的机构,包括技术经纪、技术集成与经营和技术投融资服务机构等,但单纯提供信息、法律、咨询、金融等服务的除外。技术转移机构可以是独立的法人机构、法人的内设机构"。"技术转移机构是以企业为主体、市场为导向、产学研相结合的技术创新体系的重要组成部分,是促进知识流动和技术转移的关键环节,是区域创新体系的重要内容。""技术转移机构的业务范围包括对技术信息的搜集、筛选、分析、加工;技术转让与技术代理;技术集成于二次开发;提供中试、工程化等设计服务、技术标准、测试分析服务等;技术咨询、技术评估等;提供技术交易信息服务平台、网络等。"

该《办法》还提出了国家技术转移示范机构的标准,主要包括:有两年以上从事技术转移业务的经验;有符合条件的经营场所;有符合规定的专职技术人员,综合性技术转移机构专职人员在20人以上;人员结构及部门设置合理,管理人员中具有大专以上学历的占80%以上;科技人员的比例不得低于本机构从业人员总数的60%;管理规章制度健全等。

此外,教育部也要求高等学校建立产权办公会议制度,逐步建立健全知识产权工作机构,包括设立知识产权保护与管理工作机构或相关管理部门,实行知识产权登记管理制度,负责本校科研项目的立项、成果和档案管理等。按照教育部规定,在科研活动中做出的职务发明创造或者形成的职务技术成果,课题负责人应当及时向本校知识产权管理机构或相关管理部门提出申请专利的建议,并提交相关资料。高等学校应当规范和加强有关知识产权合同的签订、审核和管理工作。

关于国家科研计划项目,科技部要求项目承担单位建立规范有效的知识产权管理制度,对项目执行过程中产生的研究成果及时采取知识产权保护措施,依法取得相关知识产权,并予以有效管理和充分使用。同时还要求科研计划归口管理部门要将知识产权管理制度是否健全作为确定项目承担单位的重要条件。在科研项目合同中须明确约定项目承担单位管理、保护研究成果知识产权的义务,并依据合同对履行义务情况组织检查和验收。对不履行义务或履行不当、造成重大损失的,依法追究项目承担单位和主要负责人的责任。同时,为解决项目承担单位支付知识产权申请、维持等费用的困难,经财政部门批准,在国家有关科研计划经费中可以开支知识产权事务费,用于补助负担上述费用却有困难的项目承担单位。

三、促进技术转移的思考与建议

上述考察表明,我国技术转移中存在的最大问题,是大学、科研机构的成果转化能力弱,其突出表现为国家科研计划项目产业化率低。我国为此采取了设置技术转移机构的措施,加大了对国家科研计划项目成果转化的管理力度。这对促进技术转移有着重要意义。但是,在如何确定技术转移机构的性质、如何成功地运营技术转移机构等细节方面尚需斟酌。另外,技术转移不畅的现象,既出现在研究开发的上游,也出现在研究开发的下游。设置技术转移机构,就是为消除发生在研究开发下游的技术转移不畅现象而采取的措施,可以说是事后措施。但是，能不能采取些事前措施，在研究开发的上游消除造成流通不畅的因素，免去些事后工作呢？选择课题重点投资、吸收企业参加国家项目就是较实用的做法。

（一）建立市场经济组织性质的技术转移机构

为了加快国家投资研究成果的产业化，我国2007年制定了《国家技术转移示范机构管理办法》（以下简称《管理办法》）、《国家技术转移促进行动实施方案》。除了区域技术转移及服务联盟、创新驿站工作网络、国家重大计划项目和行业共性技术、关键技术的转移和扩散等措施之外，技术转移机构被认为是推进科研成果产业化的重要手段。[①]

我国的技术转移机构有三种类型：①大学和科研机构建立的技术转移机构；②由原有的综合性技术交易服务机构改变而来的技术转移机构；③专业性技术转移机构。其中，大学和科研机构所建立的技术转移机构，是国家制定相关规章的主旨。大学和科研机构沉积有国家重大科技计划、竞争前技术与共性关键技术研发、引导战略产业的原始创新和重点领域的集成创新等项目所形成的众多成果，为了使这些成果对社会经济发展产生效益，必须有专业机构负责市场推广和后续开发。

为了规范技术转移机构管理，科技部在2008年8月评定了76家技术转移示范机构，之后又进行了第二次评定，[②]并在2009年进行了首批国家技术转移示范机构年度考核评价，[③]评出优秀机构36家，合格机构40家。据此看来，技术转移机构的基本框架已经建立，之后的问题就是如何使现有机构和今后成立的机构发挥作用。

我国对技术转移机构性质的规定相对宽松。《管理办法》称"技术转移机构可以是独立的法人机构、法人的内设机构"。这里没有明确法人的性质，实际上法人有企业法人、机关法人、事业单位法人、社会团体法人之分。技术转移机构的事业内容，实质上是经营活动，因而应该具有承担经营责任、有利益动机的组织框架，就是采取企业法人的形式。76家首批国家技术转移示范机构中，从名称上看冠有"有限公司"的企业法人仅有13家，其余的应是某些法人的下属机构，有的名称干脆就是"某某办公室"。

---

① 科学技术部，教育部，中国科学院.国家技术转移促进行动实施方案（国科发火字［2007］609号）.
② 科学技术部.关于公布首批国家技术转移示范机构的通知（国科发火［2008］466号）.
③ 科技部火炬高技术产业开发中心.关于公布首批国家技术转移示范机构2009年度考核评价结果的通知，http://www.fjzx.com.cn/html/5/317/4895_2010517247_1.html，2010-4-14.

之所以要以技术转移机构的方式推动技术转移，就是因为以前的政府机关式的做法没有起到应有的作用。而如果现今的技术转移机构也具有"准政府机关"的身份，很可能会影响工作效率，变成新开设的"吃财政饭"的机构，增大社会成本。因为《管理办法》第十五条称"国务院科技行政部门将技术转移机构的管理工作纳入国家创新环境与产业化建设的内容。在国家科技计划中安排技术转移经费，对国家技术转移示范机构的技术转移行为进行补助以支持其能力建设"。第十六条称，"地方和行业科技行政部门要将技术转移机构的管理工作纳入当地及本行业的科技发展计划，为技术转移机构的建设和发展提供必要的经费和条件支持"。

在市场经济条件下，企业在自身利益动机的驱动下，往往能创造出高效率。同时，在法制社会中，企业要承担经营责任，遵循公平竞争规则。因此，技术转移机构的组织性质应以企业法人为好。并且，由于能垄断性地使用国家投资形成的技术积累，技术转移机构完全有可能通过市场机制盈利。

现阶段，国家及地方政府对技术转移机构发放一定经费，但技术转移，尤其是为了发展产业技术、提高核心竞争力的技术转移，终究应该是市场行为。靠国家经费运营，存在着出现诚信危机的可能性。如买方和卖方合谋，将并不具有市场价值的技术转移，但因有国家经费支撑，就无市场惩罚之虞。因此，我国对技术转移机构的财政投入今后应该逐步减少，这样才能促使它们全力以赴地去寻找有市场价值的技术"种子"，寻找需求技术的企业，这样才能带来真正的社会技术创新。日本东京大学技术转移机构就不是财政出资的国家机构，而从一开始就是股份公司，在技术转移方面在日本取得了最好的业绩。该机构的股份总数为400股，东京大学用社会捐赠款认购230股（占全部股份的57.5%），公司监事持100股，总经理40股，个人股东20股，两个董事各持5股。①

（二）技术转移机构应多聘用有长期企业工作经验的人

《管理办法》要求技术转移机构配备不低于60%的有大学及以上学历的人员和科研人员，但对是否有长期企业工作经验没有要求。然而，技术转移机构成功的关键是"慧眼"与"铁腿铜嘴"，而具有如此"慧眼"与"铁腿铜嘴"的往往是有长期企业工作经验的人。

之所以说技术转移机构应是市场经济的组织，采取公司性质，而不是"办公室"，是因为技术转移机构的事业本身需要的不是坐办公室的各种能力，而是能识别具有社会经济价值的技术和企业需求的"慧眼"，需要能跑遍企业、市场和

---

① 资料来自东京大学TLO股份公司网页。

研究室并说服他们参与技术交易的"铁腿铜嘴"。

除了少部分人以外,大部分的研究人员对于本身研究的产品化、市场化是不太关注的。大学、研究机构的研究内容往往都限定在较小的范围,这样有利于集中资源得出具有突破性成果,发表出高水平的论文,获得晋升。由此产生出来的技术,有时尽管其学术水平很高,但很难直接形成产品,这就需要有人能识别它的潜在价值,发现有潜在需要的企业,使技术"种子"与市场需求结合起来。技术转移机构成功的关键之一,就是要有具有如此能力的人。考察国内外很多成功的技术转移企业,发现那里总有如此的"慧眼"存在。

技术转移机构成功的另一关键,就是要深入企业、研究的第一现场,去发现技术"种子"和市场需要。当技术成熟而企业不觉悟时,就要能像推销员一样软磨硬泡,向企业宣讲技术的优点,说服企业。当有市场需求但没有应用技术时,要像宣教士一样去苦口婆心地开导研究人员调整研究方向,加快研究进度。

具有如此"慧眼、铁腿、铜嘴"的人,往往都是有企业工作经验的人。日本有一个经营很成功的技术转移公司的董事长 I 氏,[①] 曾在一家大型电机企业做过30年研发工作,后来辞职开办了技术转移公司。该人有专业技术知识,在企业、大学的社交面很广,由于曾在原来的大公司做过研究所所长,善于做研发的组织工作。该公司的经营特点是将企业需求和大学的技术结合起来,开发新产品,通过这种方式促进技术转移。如该人从一个小企业董事长那里听到想研制测定垃圾焚烧排烟中的二恶英含量的装置。当时市面销售的测定装置价格是1亿日元,测定方法是提取气体样本进行培养化验,需要一个月的时间。这种装置价格高,使用起来也不方便,不可能让每个垃圾焚烧场都购买。而当时由于垃圾焚烧排烟问题引起了社会关注,每个垃圾焚烧场都有需求。那个小企业的董事长觉得如果能生产价格便宜、使用方便的装置,一定会有销路。I 氏发现这是个很有价值的想法,就联系大学研究人员,协调企业与研究人员共同开发,最后成功地研制出了使用微加工和生化技术的测定装置,价格是原来的1/10,即1000万日元,测定时间也只要1个小时。

我国的技术转移机构应该多聘用有长期企业经验的人,这样就能提高对技术和市场需求的鉴别能力,不仅等客上门、只卖成衣,也要有量身定制的能力,而这就需要既会裁衣又能说服顾客的好裁缝。

(三)选择最有转移可能性的项目进行投入

设置技术转移机构可以说是促进技术转移的一个事后措施,十分必要。但能

---

① 日本 TAMA TLO 公司,董事长为深井丹。

不能在事前即投资之前就对研究项目进行选择，把资金集中投在离市场距离较近的项目上，而免去些事后之劳呢？

日本近些年来认识到了这一点，在提倡设置大学及科研机构的技术转移机构的同时，实施了"选择重点、集中投入"的改革，该改革被称为"知识集群政策"。知识集群就是要使大学和科研机构的知识变成产品，形成产业集群。日本从 2002 年起实施"知识集群创成事业"。[①] 第一期（2002~2006）选择了 18 个项目，对每个项目每年提供 5 亿日元资助。第二期（2007~2011）选择了 9 个项目，对每个项目每年资助的金额为 3 亿~15 亿日元。这些项目都是经过严格挑选、具有较大产品化可能性的项目。因此，通过这些项目的实施，极大地推进了大学、企业间的技术转移，产生了不少新产品、新企业，带来了可观的社会经济效益。日本有数百家大学和科研机构，进行着数万个的科研项目，但日本重点选择了这 27 个项目，就是要集中资源推进技术转移，使大学的优秀科研成果尽快转化为产品，加强地区产业发展，巩固国家的技术竞争地位。

中国也可借鉴这个经验，对现有的研究成果进行一次"大搅拌"，发现最有市场可能性的项目，对其加大投资力度，促进向企业的技术转移。

要选择最有市场可能性的项目重点投资，如何选择就成为关键。如果不能准确地选择，就有可能造成资源浪费。选择首先要制定出明确的指标体系，至少应包括新颖性和优越性、计划性和战略性、产业化可能性三个方面：

新颖性和优越性指标主要考察项目的技术是否具有独创性，是否能在 5~10 年内不被其他技术所替代。计划性和战略性是要评价项目的目标和实施计划是否适当，是否按战略指针开展研究。产业化可能性要评价成果的市场优势、技术转移的范围、产品化的步骤和新产业的可能性等。

要请复数个专家进行评价，要求对每个指标写出具体意见，并给出评价分数。评价不仅要在批准项目时进行，还要有中期评价（如 5 年的项目，在第 3 年进行中间评价）、结项评价和追踪调查评价。对于技术转移项目，结束后 5 年的追踪调查很有必要，因为这可以看到技术转移的实际效果。

公开是保证选择的科学性、正确性的必要条件。评价指标和程序公开，可以使评审者和被评者用同样的尺度来考虑问题。评价专家也要公开，这会增进专家的责任感。评价意见（包括肯定和否定）和结果（包括合格和不合格）要以网页或纸质的形式公开，这可使包括被评者在内的所有研究人员得到技术信息，对促进技术交流、调节研究方向有着重要意义。

日本的"知识集群政策"就实行着严格、公开的评价。评价指标、专家姓

---

① 渡边阳平. 知识集群政策与区域发展. 第二届技术创新与技术管理国际研讨会，2010-08-21.

名、专家意见、评价分数全都以报告书的形式向社会公布,对否定意见也都照样登出。如在日本文部省科学技术学术政策局编写的《2007年知识集群项目终了评价报告书》中对某大学的"运用多点体表面电位测定法研制新心电测定仪"项目的新颖性、计划性、产业化可能性都提出了尖锐的否定意见,给了不到3分(5分为满分)的低分。

我国科研项目的审批、评价已经有了较完整的制度。但在信息公开方面,实际做的不仅不如国外,也没有达到自身制度的要求。公开项目评审标准、专家姓名、评价意见和结果,实际上也是一种技术的转移和传播。通过公布信息,可向社会全体研究人员传播国家科研项目的进度及水平、项目实施者和评审者的专业能力,这对减少重复研究、明确学习方向有着积极的意义。同时,也利于加强对国家科研项目的社会监督,及早发现造假徇私等浪费社会资源的问题。我国在项目结束后的追踪调查评价方面做得也不够,应该对全部大型项目在5年之后进行追踪调查评价。这样可以发现项目的实际社会经济意义,提高今后政策决定和项目审批的行政能力。

(四)吸收企业参加国家科研项目是技术转移的捷径

企业对市场需求有着敏锐的感知,当企业有了一定的技术积累之后,还可以对新产品的研发提出很具体的设想,尽管它也许不能独立地去完成从基础研究到应用研究的整个开发过程。在这种情况下,吸收企业与大学进行共同研究,可以把市场信息传达给大学研究者,加快产品化的研究进程。而通过共同研究的过程,企业已经掌握了产品化的基本技术,剩下的就是试制、批量生产了。因此,共同研究过程结束之时,也就是大学向企业转移技术完成之时,无需其他的技术转移措施了。

新技术的出现也有完全来自研究室的情况,而企业对此可能会毫无积累。而在这种情况下,吸引有制造、销售能力的企业参加到研究过程中,也能加快新技术的产品化。因为企业可以通过共同研究,与大学研究者一起摸索产品化的方向,在其中掌握新技术的知识与运用,逐渐形成产品化的具体方案。不论是哪种情况,吸收企业参加国家科研项目都可以加快技术转移的进度。

日本历来非常重视企业和大学的共同研究,制定了诸如"产学研究组合"、"产官学联合研究"、"知识集群"等政策,对企业和大学间合作研究提供特别的资金援助,极大地促进了整个社会的技术进步。实际上,至今为止的很长时期内,产学合作一直是日本技术转移的主要渠道,而技术转移机构不过是10年前才出现的。20世纪后期,信息、生化、纳米等技术的研究在大学和研究机构取得了飞跃的进展,而企业对这些全新的技术掌握甚少,所以才出现了从大学向企业转移技术的紧急需要。于是，日本便建立了一批大学和研究机构的技术转移机构，专门把本大学的研究成果向企业推广。然而，即使现在，日本也没有放弃原有的鼓励产学合作的做法，而且还加大了对其的政策力度。现在，这两种渠道相辅相成，使得技术转移进行得很顺利。

我国由于特殊的国情，现阶段的技术积累大都集中在大学和科研机构，因此强调技术转移机构十分必要。但同时应该认识到吸收企业参加国家项目对于技术转移的长处，要战略性地扩大企业参加国家科研项目的广度和深度，这样将会极大地促进技术转移的进度。

（五）国家部门在技术转移中的政策导向作用

对于为什么国家项目成果的产业化率低于社会期待的原因，有各种各样的分析和意见。其中有意见认为，这是因为科技管理部门缺少推进技术转移的动力（以下简称"部门动力论"）。该论认为，科技管理部门代表国家向大学发放了研究经费，但成果的转让收益却属于研究者和其所属单位，没有管理部门的份额，于是管理部门便没有了推进技术转移的动力了。该论主张，科技管理部门应该代替国家收取一部分收益。

实际上，国家的科研投资不是商业性投资，本来就没有期待靠出售研究成果来获取经济收益。当然，国家资金产生的经济收益被研究者和其所在单位所有，这不能说与社会主义全民所有制没有一点儿的矛盾。但是，如果科研管理部门收取技术转让收益，把它变成自己的单位所有，这也同样存在着矛盾。不过，在"小金库"存在的现阶段，这些收益有可能成为所谓的"动机"。所幸的是，现在看不到这种情况。并且，如此的"动机"终究不正常。正常的是，属于国家机关的科技管理部门即使拿到了技术转让收益，也要作为行政收入上缴国库，不能让单位自行分配。如果这样，也就成为不了什么"动机"了。

因此，科技管理部门在这个问题上应该拥有"让利于下、让利于民"的公仆胸怀。让利于下，就是让研究者得到些辛苦研究的回报，激励他们继续努力研究；让大学拿技术转让收益去提高教育、研究和生活水平。让利于民，就是不要再增加技术出让的成本，让以民营企业为主体的企业群体便宜、便利地拿到所需技术，早日制成产品，产生社会经济效益，提高国家整体的技术竞争力。

科技管理部门在技术转移中的动机，应该是制定出好政策之后的成就感。今后，科技管理部门应该多研究实际情况和国外经验，制定出更有效的政策，加快国家科研成果的技术转移，为创造创新型国家做出更大贡献。

主要参考文献

1. 科学技术部. 中国科技统计年度报告, 2005~2008, http://www.sts.org.cn.

2. 科学技术部发展计划司, 中国技术市场管理促进中心. 全国技术市场统计年度报告 2006~2009, http://www.sts.org.cn.

3. 国家知识产权局. 专利统计年报, 2005~2007, 国家知识产权局网站.

4. 国家知识产权局规划发展司. 专利统计简报, 2010（3）、（5）, 国家知识产权局网站.

5. 林耕, 陈靖, 张若然. 北京专利技术转移现状、特点及对策, http://www.sts.org.cn/fxyj/dqyjbg/documents/2007122702.htm.

6. 陈世明. 中西方科技管理制度比较及启示, http://www.sts.org.cn/fxyj/zcfx/documents/2008/09020612.htm.

7. 许国放, 胡鹏山. 上海"863"计划项目绩效分析, http://www.sts.org.cn/fxyj/dqyjbg/documents/2009/09051502.htm.

8. 渡边阳平. 知识集群政策与区域发展, 第二届技术创新与技术管理国际研讨会, 2010-08-21.

第十三章 战略性新兴技术商业化的配套政策研究

战略性新兴技术是提升我国整体创新能力、实现技术赶超的重要途径。2010年,国务院发布《国务院关于加快培育和发展战略性新兴产业的决定》之后,中国战略性新兴技术和新兴产业均取得了较快发展。然而,技术创新成果只有经过商业化过程,才能成功转化为创新收益。由于技术的复杂性、系统性和高度不确定性,战略性新兴技术的创新过程以及商业化过程具有特殊性,并且面临着更大的困难和风险。因此,迫切需要我国政府有针对性地选择正确、有效的政策工具及其组合,使技术的商业化过程更加顺畅和高效。针对我国现行战略性新兴技术商业化政策体系存在的不足,建议今后我国政府重点在以下方面做出改进,进一步完善政策体系,并优化政策执行效果:一是注重发挥和保持我国传统比较优势;二是加强战略性新兴技术基础设施建设;三是加快战略性新兴技术标准研究制定;四是建立面向全球的开放式创新体系;五是建立科学、有效的商业化经济效应评价体系。

一、战略性新兴技术商业化过程与挑战

(一) 战略性新兴技术的内涵与特征

1. 新兴技术的内涵与特点

(1) 新兴技术的内涵。"新兴技术"(emerging technology)一词是在20世纪末逐渐兴起的研究热点,各国学者从不同的视角对其展开研究,目前尚未形成统一的定义。其中,比较权威的是美国宾夕法尼亚大学沃顿商学院给出的定义,即"新兴技术是建立在科学基础上的革新,它们可能创立一个新行业或改变某个老行业,包括产生于激进革新的间断性技术以及通过集中多个过去的独立研究成果

而形成的更具创新性的技术"。① 这些新兴技术一般具备以下三个显著特征：第一，基础知识在扩展；第二，在现有市场中的应用在经历着革新；第三，新市场正在发展或形成。由此可见，与传统意义上的新技术、高技术、高新技术等概念相比，新兴技术的"新"更加强调技术的应用层面，重点体现为改变现有的市场或者创造新的市场。

国内也有一批学者针对新兴技术展开讨论，其中比较有代表性的定义是："新兴技术是建立在信息技术、生物技术和其他学科发展基础之上的，具有潜在产业前景，其发展、需求和管理具有高度不确定性，正在涌现并可能导致产业、企业、竞争以及管理思维、业务流程、组织结构、经营模式产生巨大变革的技术。"② 这一定义强调了新兴技术将会引发对于传统管理的挑战，同时促使企业采取新的经营模式和商业模式。

(2) 新兴技术的特点。与传统技术和其他新技术相比，新兴技术具有以下几个明显的特征：

第一，技术本身的系统性和复杂性。一般而言，新兴技术不只是某一个单项技术，而是一个由众多单项技术所构成的复杂的技术体系。每一项高新技术都可以分解为多个层次的技术体系，都是由多项关键核心技术构成的集合体。这种技术本身的系统性和复杂性，大大增加了技术创新和商业化过程的难度。

第二，技术和市场的高度不确定性。新兴技术的不确定性主要体现在两个方面：一是技术的高度不确定性。这主要是由于新兴技术一般都是处于萌芽状态的前沿技术，并且需要投入大量的资金、人才等创新资源，同时面临着较长的技术研发周期。二是市场的高度不确定性。新兴技术并不是面向既有的市场，而是要去改造原有的市场，甚至是去创造全新的市场。因此，新兴技术的市场需求和市场规模难以准确预测。

第三，改变技术轨道的创造性毁灭。"创造性毁灭"是新兴技术的一个核心特征，具体表现为：新兴技术的产生，将会改变原有的技术轨道，从而改变一个已有的行业，甚至创造一个全新的行业。更进一步，这种变化要求企业重新定位自己的战略和业务，在面临行业"洗牌"和重塑竞争规则的过程中，企业的价值创造过程和形式也会随之改变。

第四，更强调技术应用和商业属性。从新兴技术的定义可以看出，商业属性是新兴技术的根本属性。新兴技术更加强调技术应用才是技术创新的根本目的。

---

① [美] 乔治·戴，保罗·休梅克. 沃顿论新兴技术管理 [M]. 石莹等译. 北京：华夏出版社，2002.
② 赵振元，银路，成红. 新兴技术管理对传统管理的挑战和特殊的市场开拓思路 [J]. 中国软科学，2004(7).

一方面，必须能够为消费者带来效用并创造价值；另一方面，必须能够为企业创造利润并赢得竞争优势。一项技术只有在市场上成功实现商业化，才有可能得到真正的应用和发展。

第五，对管理水平提出更高的要求。由于新兴技术具有高度的复杂性和不确定性，因而也对传统的管理模式提出了挑战。管理新兴技术需要完全不同的思路、技巧和方法。在新兴技术的投资评价、战略规划、市场拓展、组织结构设计、学习方法等方面，都会对传统的管理提出严峻的挑战，相当大一部分传统管理的思路和方法在新兴技术管理中将不再适用，需要建立新的管理思路和管理方法（银路等，2005）。

2. 中国战略性新兴技术的界定与发展

（1）战略性新兴技术的界定。2010年正式发布的《国务院关于加快培育和发展战略性新兴产业的决定》认为，"战略性新兴产业是以重大技术突破和重大发展需求为基础，对经济社会全局和长远发展具有重大引领带动作用，知识技术密集、物质资源消耗少、成长潜力大、综合效益好的产业。"同时明确指出，现阶段重点培育和发展节能环保、新一代信息技术、生物、高端装备制造、新能源、新材料、新能源汽车七个战略性新兴产业。而背后支撑这些产业发展的技术体系是节能环保技术、新一代信息技术、生物技术、高端装备制造技术、新能源技术、新材料技术、新能源汽车技术七个战略性新兴技术领域。

战略性新兴技术的基本内涵可以从三个维度进行定位，即经济维度、科学技术维度和历史维度（王续琨等，2011）。首先，在经济维度上，战略性新兴技术是同战略性新兴产业一样不可缺少的技术集合体。战略性新兴技术是以战略性新兴产业为服务对象的技术，战略性新兴产业是以战略性新兴技术为根本依托的产业，两者之间存在唇齿相依的紧密联系。其次，在科学技术维度上，战略性新兴技术属于国家认定的高技术和前沿技术。目前国家认定的战略性新兴技术并没有超出国家认定的高技术领域和前沿技术领域，有的与高技术领域和前沿技术领域名称相同，有的则是高技术领域或前沿技术领域的组成部分。可以认为，战略性新兴技术是同产业发展关系最为密切、最为直接的那一部分高技术和前沿技术。最后，在历史维度上，战略性新兴技术是一个动态变化着的时空概念或历史范畴。国家对于战略性新兴产业的选择，既要看一个产业是否对经济社会全局和长远发展具有重大引领带动作用，满足知识技术密集、物质资源消耗少、成长潜力大、综合效益好等条件，还要看这个产业是否符合中国国情（资源环境条件、财力支撑限度、制度支持力度等），是否具备应有的人才基础、科学技术基础、产业发展基础。

（2）战略性新兴技术的发展。《国务院关于加快培育和发展战略性新兴产业的决定》颁布之后，中国战略性新兴技术和新兴产业均取得了较快发展。在一系列相关政策的鼓励和扶持下，我国战略性新兴产业呈现出良好发展态势，产业规模持续扩大，一批关键性技术取得突破。据工信部估算，2010年战略性新兴产业增加值占GDP的比重约为4%。战略性新兴技术和新兴产业对经济发展的拉动作用不断增强，在国民经济中的支柱地位日益凸显。

以新一代信息技术为例，近年来，我国形成了一批信息技术产业集群，聚集了大批研发机构与企业，在关键技术突破上取得了重大进展。其中，在新一代移动通信领域，TD-SCDMA无线通信标准成为以我国自主知识产权为主的第三代无线通信国际标准，2012年初，我国主导制定的TD-LTE-Advanced再次成为IMT-Advanced（即4G）国际标准；在高端芯片领域，"龙芯"系列高性能处理器研制成功，实现了高性能处理器从无到有的历史性跨越，打破了国外企业在高端处理器领域的垄断格局；在云计算领域，基础设施即服务（IaaS）、平台即服务（PaaS）、软件即服务（SaaS）三种服务形式均取得了一定进展，工信部也指定北京、上海、深圳、杭州、无锡五个城市先行开展云计算服务创新发展试点示范工作，其中包括北京的"祥云工程"、上海的"云海计划"等；在物联网领域，我国RFID研究已经进入第二阶段，主要工作是突破产业关键技术，形成中国RFID标准体系，拓展应用领域。随着RFID技术在我国的广泛应用，初步形成了传感器、传输、数据处理等较为完整的基础产业链。

2012年正式出台的《"十二五"国家战略性新兴产业发展规划》为战略性新兴技术和新兴产业的发展指明了方向，确立了目标，即到2015年，战略性新兴产业重要骨干企业研发投入占销售收入的比重达到5%以上，一批关键核心技术达到国际先进水平，战略性新兴产业增加值占国内生产总值比重达到8%左右；到2020年，力争使战略性新兴产业成为国民经济和社会发展的重要推动力量，增加值占国内生产总值比重达到15%，部分产业和关键技术跻身国际先进水平。据工信部估算，为了实现"十二五"发展目标，战略性新兴产业在2011~2015年要实现24.1%的年均增长速度，2016~2020年要实现21.3%的年增长速度。作为国民经济支柱产业的新一代信息技术、节能环保、生物、高端装备制造产业还将快于此增长速度。

（二）战略性新兴技术商业化的内涵与过程

1. 战略性新兴技术商业化的内涵

商业化是试验生产、产品销售并投放市场的一系列价值活动，具体涉及概念的提出，面向实际的应用及其评价，将技术成果向下游转移，并实现市场的应用和用户的扩散（Cooper和Kleinschmidt，1994）。

第十三章 战略性新兴技术商业化的配套政策研究

战略性新兴技术商业化的内涵可以从不同的视角进行理解。从创新过程的视角来看，战略性新兴技术商业化包括发明产生和推向市场的两个主要过程，始于新产品或新工艺设想经过研究、开发、工程化、商业生产和市场应用的一系列完整活动的总和（国家科委课题组，1994）。从商业价值的视角来看，战略性新兴技术商业化是对技术原型进行深入试验，生产出新产品推向市场或转化为成熟工艺进行实践应用的活动。这种新技术商业化会经历产品化阶段、商业化阶段和产业化扩大阶段，并最终获得预期的商业价值（眭振南、王贞萍，1998）。从技术扩散的视角来看，战略性新兴技术商业化是新技术采用者在扩散源处运用各种方法或途径获取技术，并经过技术消化、技术吸收以实现再创新的一系列过程（陈国宏、王吓忠，1995）。

2. 战略性新兴技术商业化的过程

战略性新兴技术商业化是一个复杂、连续和长期的过程，为了对这一过程及其作用机理进行深入研究，学者们将其划分成不同的阶段或层面，比较有代表性的观点包括三阶段论、四阶段论、五阶段论等。

（1）三阶段论。我国学者眭振南和王贞萍（1998）在进行科研成果转化评估研究时，将新兴技术商业化过程划分为三个阶段：实验室阶段、产品化阶段和商品化阶段。各阶段之间的关系和各阶段产生的结果如图13-1所示。

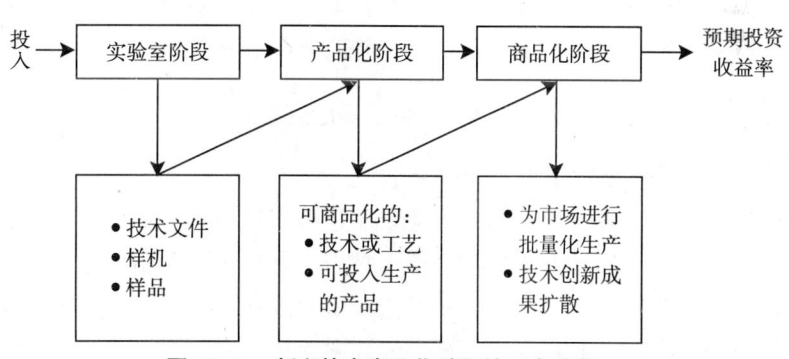

图13-1 新兴技术商业化过程的三个阶段

资料来源：眭振南，王贞萍. 科研成果转化评估［M］. 上海：上海财经大学出版社，1998.

（2）四阶段论。聂祖荣（2002）在研究技术成果转化模式中，提出了新兴技术商业化的四阶段论。他认为新兴技术商业化是一个纵向发展过程，从创新构想到完成规模商业化需要经过四个主要阶段，分别是创造发明和实验、产品原型和中试、试点生产和市场投放、大规模营销。具体而言：①创造发明与实验，即从实践问题和理论创新问题出发，通过广泛试验形成发明专利技术。②产品原型与中试，创新兴技术转化为商品的过程需要突破实验室封闭环境，完成产品原型并通过中试实现适应现有生产环境和工艺条件。新兴技术商业化的后续发展由中试结果决定，因此本阶段在整个新兴技术商业化过程中具有举足轻重的作用。③试点生产与市场投放。企业在新建或扩建生产线之前一定要参考产品中试的效果，一旦决定投放市场，就要投入大量资金和人力进行大规模生产的准备。不仅如此，市场需求评估和销售渠道建设也要同步进行。④大规模营销。此阶段是商业化的后期，主要完成市场销售网络的建设、物流系统的建立、生产管理体系的规范化以及品牌建设工作等。

（3）五阶段论。刘常勇和段樵（1991）在进行创业投资评估研究时，依照商业化的不同成熟度，将新兴技术商业化过程整体划分成概念、起步、成长、扩展和成熟五个阶段。具体而言：①概念阶段。此阶段尚未形成完整的产品原型，而是将产品构想作为主要对象。②起步阶段。此阶段涉及制作产品原型和准备商业经营计划。③成长阶段。此阶段完成第一批产品的市场投放，但并未形成稳定的市场基础，因此需要通过巩固和改进新产品相关技术和功能为下一步大规模占领市场打下基础。④扩张阶段。经过一段时间的经营发展，此阶段的产品已经取得一定市场占有率，投资回报收益增加，开发此产品的企业在整个行业发展中也占据了一定位置。⑤成熟阶段。此阶段新兴技术商业化项目的运营进入稳定发展时期。

综合上述几种观点，笔者认为，战略性新兴技术商业化过程主要包括技术研究阶段、产品开发阶段、市场化初期阶段和商业化成熟阶段。

（三）战略性新兴技术商业化面临的主要挑战

1. 人才和资金等关键技术创新资源匮乏

战略性新兴技术商业化过程需要大量的创新资源支持，其中，最关键的资源就是人才和资金。首先，人才是被公认为技术创新最重要的资源，尤其是对于高技术含量的战略性新兴技术而言，掌握大量默会知识的人才，其重要意义显得更为突出。但是，我国企业普遍面临核心人才匮乏的问题，尤其是作为新兴技术创新主体的大量科技型中小企业，人才流动性非常高，想要留住高素质的科技型人才非常困难。其次，资金也成为我国战略性新兴技术商业化过程的"短板"。企业必须预先投入巨额的资金开展技术研发和构建市场网络，一旦无法通过成功商业化收回资金，将会引起恶性循环，甚至导致技术创新过程的中断。为数众多的中小型企业并不具备如此强大的资金实力，必须依赖于外部的融资渠道和平台。目前，我国针对新兴技术的融资渠道并不畅通，资本市场的发展也不够完善，为企业融资造成了很大障碍，严重影响到战略性新兴技术和新兴产业的发展。

2. 要求技术供给与需求的高度协调统一

战略性新兴技术与传统技术或者一般高新技术的一个核心区别是：技术研发和商业化过程与市场需求形成过程是同时进行的，这就要求技术供给与需求的高度协调统一。对于技术推动型的创新而言，过于注重技术创新而忽视用户需求特征和对新知识的接受能力，或者在配套资源和条件不具备的时候推向市场，将会使新技术的商业化过程受到阻碍；对于需求拉动型的创新而言，过分依赖用户需求而产生的新技术，短期之内可能会赢得市场成功，但是长久来看，很容易造成技术发展缓慢，失去企业长期发展的动力。目前，我国在战略性新兴产业发展过程中，过于关注新技术的供给环节，对新技术、新产品的市场需求却重视不足，实际上是割裂了技术供求之间的内在联系，这大大降低了技术创新效率。

3. 新兴技术推动管理创新和商业模式创新

战略性新兴技术商业化过程，不仅是一个技术创新过程，还是一个管理创新过程，更是一个商业模式创新过程。一方面，战略性新兴技术商业化是一个高不确定性、高风险的过程。无论是新兴技术的科学基础，还是技术研发与应用，或是技术的市场需求状况，都会受到众多因素的影响而存在高度不确定性。战略性新兴技术的典型特征，要求企业改变传统的技术管理模式，实现与技术创新相匹配的管理创新，这就增加了新兴技术成功商业化的困难。另一方面，一项战略性新兴技术的产生，在催生一个新的市场的同时，也要求企业改变原有的商业模式，开发出一种适合于这项新兴技术的新的商业模式，这对于企业而言是一个相当大的挑战。

4. 新兴技术起步较晚，存在"后来者劣势"

有学者认为战略性新兴技术可以为发展中国家提供发展自主核心技术、实现技术赶超的机会。但是，我国企业作为"后来者"，相对于经济发达国家的企业，特别是跨国公司，在发展新兴技术上存在"后来者劣势"问题，这增加了我国企业发展新兴技术并成功进行商业化的困难（高旭东，2005）。造成这种"后发者劣势"的原因主要有：第一，相对于后来者，现有企业拥有先发优势，存在"学习曲线"以及在专利和R&D上的优势；第二，相对于后来者，现有企业可以先行占有各种稀缺资源，如优秀的人力资源等；第三，消费者转换成本的存在以及消费者在不确定状态下决策的特点，也可能导致"后发者劣势"（董书礼，2008）。

5. 科技成果转化率低，缺乏科技成果转化机构

一项新的科技成果，只有成功转化为新产品，并且实现产业化和商业化，才能真正为社会创造价值。目前，我国科技成果与产业发展之间的鸿沟还没有完全消除，科技成果的转化率还相当低。根据国家科委科技促进发展研究中心的抽样调查，我国高技术成果的商品化率为25%，产业化率仅为7%左右，远远落后于

发达国家。在国家"863"计划已通过鉴定的科技成果中,得到应用的成果仅占了 38.2%,真正形成产品的只有 10%,有较大经济效益的只有 2.5%。有近 90%的科研项目仅仅通过鉴定后便束之高阁,根本得不到转化,不能成为实实在在的生产力。①科技成果转化不能只依赖于高校、科研机构和企业等创新主体,而是要依靠大量专业的科技成果转化机构,包括科技咨询公司等中介组织。然而,这正是我国目前所欠缺的,也是造成科技成果转化率低的主要原因之一。

6. 知识产权保护不足,商业化收益无法保障

战略性新兴技术的创新过程投入大、周期长,企业只有成功实现新技术的商业化,从市场上获取相应的利润,才能弥补前期的高额投入,确保技术创新活动的可持续性。然而,技术创新过程具有明显的外部性,从新技术研发成功到新产品上市之间,要经历一个比较漫长的过程,其间有可能面临被其他企业仿冒的威胁,因而,需要有效的知识产权保护来确保自己的利益不受侵犯。但是,目前我国仍然存在知识产权保护水平较低的问题,一些企业自身也缺乏知识产权保护意识,从而造成其他企业采取仿冒的方式,导致知识产权所有者无法收回应得的创新收益,甚至无法保障后续的研发和经营活动的顺利进行。这种现象会严重降低企业的创新积极性,从而阻碍战略性新兴技术的发展,进而制约作为国家支柱产业的战略性新兴产业的发展。

二、战略性新兴技术商业化政策体系梳理

(一) 规划引导政策

近年来,我国先后发布了一系列战略性新兴产业发展规划和科技专项规划,为新兴技术和新兴产业的发展指明了方向和目标。

1. 明确重点发展领域

2010 年 10 月,国务院发布的《国务院关于加快培育和发展战略性新兴产业的决定》明确指出:"根据战略性新兴产业的特征,立足我国国情和科技、产业基础,现阶段重点培育和发展节能环保、新一代信息技术、生物、高端装备制造、新能源、新材料、新能源汽车等产业。"同时提出,我国战略性新兴产业的

---

① 郑雄伟. 2010 世界新兴产业发展报告 [N]. http://cn.chinagate.cn/reports/2010-11/12/content_21330754.htm.

发展目标是："到2015年，战略性新兴产业形成健康发展、协调推进的基本格局，对产业结构升级的推动作用显著增强，增加值占国内生产总值的比重力争达到8%左右；到2020年，战略性新兴产业增加值占国内生产总值的比重力争达到15%左右，吸纳、带动就业能力显著提高。节能环保、新一代信息技术、生物、高端装备制造产业成为国民经济的支柱产业，新能源、新材料、新能源汽车产业成为国民经济的先导产业；创新能力大幅提升，掌握一批关键核心技术，在局部领域达到世界领先水平；形成一批具有国际影响力的大企业和一批创新活力旺盛的中小企业；建成一批产业链完善、创新能力强、特色鲜明的战略性新兴产业集聚区；再经过十年左右的努力，战略性新兴产业的整体创新能力和产业发展水平达到世界先进水平，为经济社会可持续发展提供强有力的支撑。

2. 制定产业发展规划

2012年7月，国务院又发布了《"十二五"国家战略性新兴产业发展规划》，分别针对节能环保、新一代信息技术、生物、高端装备制造、新能源、新材料和新能源汽车七大产业的重点细分行业，制定了明确的产业发展路线图，包括时间节点、发展目标、重大行动和重大政策等内容。此外，我国各政府部门还分别针对每个产业出台了专门的产业发展规划和科技专项规划，具体包括：《环保装备"十二五"发展规划》、《洁净煤技术科技发展"十二五"专项规划》、《物联网"十二五"发展规划》、《关于下一代互联网"十二五"发展建设的意见》、《"十二五"生物技术发展规划》、《高端装备制造业"十二五"发展规划》、《可再生能源中长期发展规划》、《风力发电科技发展"十二五"专项规划》、《太阳能发电科技发展"十二五"专项规划》、《太阳能光伏产业"十二五"发展规划》、《页岩气发展规划（2011-2015年）》、《新材料产业"十二五"发展规划》、《节能与新能源汽车产业发展规划（2012-2020年）》以及《电动汽车科技发展"十二五"专项规划》等。

（二）载体建设政策

战略性新兴技术商业化需要多种载体建设作为支撑，具体形式包括高新技术开发区、高新技术产业基地、大学科技园、科技企业孵化器等。"十一五"以来，我国加强了新兴技术商业化和产业化载体建设，为此出台了多项促进政策。

1. 高新技术商业化载体建设

2007年3月，科技部等四部门印发了《关于促进国家高新技术产业开发区进一步发展 增强自主创新能力的若干意见》，其中提出的发展目标是："国家高新区应建设成为促进技术进步和增强自主创新能力的重要载体，成为带动区域经济结构调整和经济增长方式转变的强大引擎，成为高新技术企业'走出去'参与国际竞争的服务平台，成为抢占世界高新技术产业制高点的前沿阵地。"

2011年6月,科技部发布了《生产力促进中心"十二五"发展规划纲要》,提出"十二五"期间,生产力促进中心应发展成为服务产业、支持企业、促进创业就业的载体,发展成为促进传统优势产业、战略性新兴产业、现代服务业协调发展的载体,发展成为密切产学研用、衔接创新体系各主体、加快自主创新成果产业化的载体,促进提高全社会创新效率,促进知识成果传播、转化、应用。

同年7月,科技部发布了《关于进一步加强火炬工作,促进高新技术产业化的指导意见》,指出要提升国家高新区的发展水平,开展"国家高新区创新发展战略提升行动",进一步深化国家自主创新示范区、世界一流高科技园区、创新型科技园区和创新型特色园区的建设工作,加强对新升级国家高新区和省级高新区的指导。

同年8月,科技部下发了《关于进一步做好国家高新技术产业化基地工作的通知》,进一步厘清了发展定位和目标:"产业化基地要以增强自主创新能力为核心,以加快高新技术产业化为目标,着力培育和发展战略性新兴产业,努力推动产学研结合和创新要素优化配置,努力促进高新技术产业的集群化发展,努力服务区域经济的又好又快发展。"

2012年1月,科技部专门下发了《高新技术产业化及其环境建设"十二五"专项规划》,特别提出"十二五"时期要着力打造培育战略性新兴产业的核心载体:"将高新区打造成为培育战略性新兴产业的核心载体。发挥国家高新区创新要素集聚和体制机制方面的优势,继续加强国家自主创新示范区和'三类园区'建设,以高新区作为培育战略性新兴产业的核心载体,将核心技术突破与产业跨越式发展相结合,重点在国家高新区落实一批科技重点专项项目,调动地方政府资源,吸引社会力量加大投入,共同推动战略性新兴产业在高新区集聚发展。"

2. 国家大学科技园载体建设

2006年11月,科技部和教育部联合下发了《国家大学科技园认定和管理办法》,其中明确指出其功能与定位:"国家大学科技园是国家创新体系的重要组成部分和自主创新的重要基地,是高校实现产学研结合及社会服务功能的重要平台之一,是高校科技成果转化与产业化的重要通道,主要功能是充分利用高校的人才、学科和技术优势,孵化科技型中小企业,加速高校科技成果的转化与产业化,开展创业实践活动,培育高层次的技术、经营和管理人才。"同年12月,科技部和教育部又联合下发了《国家大学科技园"十一五"发展规划纲要》,提出了"十一五"期间的总体发展目标。

2011年8月,科技部和教育部再次联合下发了《国家大学科技园"十二五"发展规划纲要》,基于"十一五"期间取得的成绩和存在的不足,提出了"十二五"期间的发展目标:"国家大学科技园应以增强自主创新能力为核心,以促进高校科技成果转化、促进创新创业人才培养、促进区域经济发展为重点,努力建设成为高校科研成果转化与产业化的重要渠道,高新技术企业和战略性新兴产业培育的重要载体,促进区域经济实现创新驱动发展的重要支撑,高等学校创新创业教育和高层次创新创业人才培养的重要基地。"

3. 创新创业载体建设

2006年12月,科技部发布了《科技企业孵化器(高新技术创业服务中心)认定和管理办法》,其中明确指出:"科技企业孵化器(也称高新技术创业服务中心,以下简称'创业中心')是以促进科技成果转化、培养高新技术企业和企业家为宗旨的科技创业服务机构。创业中心是国家创新体系的重要组成部分,是区域创新体系的重要核心内容。"其主要功能是"以科技型中小企业为服务对象,为入孵企业提供研发、中试生产、经营的场地和办公方面的共享设施,提供政策、管理、法律、财务、融资、市场推广和培训等方面的服务,以降低企业的创业风险和创业成本,提高企业的成活率和成功率,为社会培养成功的科技企业和企业家"。

2011年7月,科技部发布了《关于进一步加强火炬工作,促进高新技术产业化的指导意见》,指出要加强创新创业载体建设:"鼓励高等院校和科研院所在国家高新区设立分支机构,建设一批产业技术研究院等新型公共技术服务平台,为提升产业发展水平提供技术源头。加强大学科技园、科技企业孵化器等科技创业服务机构建设,完善区域孵化服务网络,提升专业服务水平。加强科技企业加速器建设,探索依靠市场机制促进科技企业做强做大的新模式。加强特色产业园建设,形成集成优势,促进企业集群化发展。"

(三) 市场培育政策

市场需求是拉动战略性新兴技术和新兴产业发展的根本力量源泉,为此,我国相继出台了一系列市场培育政策,包括针对重点市场的财政补贴政策,以及针对创新产品的政府采购政策,极大地推动了战略性新兴产业及相关行业领域的快速发展。

1. 财政补贴

近年来,国务院相关部委针对战略性新兴产业的重点领域分别出台了一些市场培育政策,主要利用财政补贴手段,推动战略性新兴技术和新兴产业的发展。例如,针对节能环保领域,2009年出台了《关于开展"节能产品惠民工程"的通知》,中央财政安排专项资金,支持高效节能产品的推广使用,扩大高效节能产品市场份额,提高用能产品的能源效率水平。为加强高效节能产品推广财政补助资金管理，提高资金使用效益；针对新能源领域，2009年发布了《关于加快推进太阳能光电建筑应用的实施意见》，为有效缓解光电产品国内应用不足的问题，在发展初期采取示范工程的方式，实施我国"太阳能屋顶计划"，加快光电在城乡建设领域的推广应用。同时，注重发挥财政资金政策杠杆的引导作用，对光电建筑应用示范工程予以资金补助，形成政府引导、市场推进的机制和模式，加快光电商业化发展；针对新能源汽车领域，2009年出台了《节能与新能源汽车示范推广财政补助资金管理暂行办法》，在13个城市开展节能与新能源汽车示范推广试点工作，中央财政对试点城市相关公共服务领域示范推广单位购买和使用节能与新能源汽车给予一次性定额补助，地方财政要安排一定资金，对节能与新能源汽车购置、配套设施建设及维护保养等相关支出给予适当补助，示范推广补助资金专项用于购买节能与新能源汽车的相关支出。

2. 政府采购

为了拓展战略性新兴产业的市场空间，我国加大了政府采购力度。2006年2月，国务院在《实施〈国家中长期科学和技术发展规划纲要（2006~2020年）〉的若干配套政策》中明确要求，建立激励自主创新的政府首购和订购制度："国内企业或科研机构生产或开发的试制品和首次投向市场的产品，且符合国民经济发展要求和先进技术发展方向，具有较大市场潜力并需要重点扶持的，经认定，政府进行首购，由采购人直接购买或政府出资购买。政府对于需要研究开发的重大创新产品或技术，应当通过政府采购招标方式，面向全社会确定研究开发机构，签订政府订购合同，并建立相应的考核验收和研究开发成果推广机制。"

2006年6月，财政部下发了《关于实施促进自主创新政府采购政策的若干意见》，要求严格贯彻落实以上政策要求，并且做到政府采购政策与国家其他政策的协调统一。2007年12月，财政部又专门下发了《自主创新产品政府首购和订购管理办法》，要求发挥政府采购政策功能，鼓励、扶持自主创新产品的研究和应用。

2012年1月，工信部、科技部等四部门在《重大技术装备自主创新指导目录（2012年版）》中要求，凡列入目录的产品，可优先列入政府有关科技及产品开发计划，享受国家关于鼓励使用首台（套）政策；产品开发成功后，经认定为国家自主创新产品的，优先纳入《政府采购自主创新产品目录》，享受政府采购政策支持。这一系列政策的出台，对于市场前景不明朗的战略性新兴技术而言，无疑是打了一针强心剂，在一定程度上拓展了新产品的市场空间，保障企业从商业化过程中回收成本并获取利润。

（四）投融资政策

高额的资金投入和较长的投资回报期是阻碍企业成功实现战略性新兴技术商业化的重要要素。为了解决这一问题，近年来，我国先后出台了一系列培育战略性新兴产业的投融资政策，主要包括：加强对企业的信贷支持，发展创业风险投资，以及设立专项引导基金等。

1. 加强金融服务支持

2008年12月，国务院出台的《关于促进自主创新成果产业化的若干政策》中明确指出："商业银行要根据国家产业政策和信贷政策，结合自身特点和业务需要，按照信贷原则，加大对自主创新成果产业化项目的信贷支持力度。加强担保机构等融资支撑平台建设，为自主创新成果产业化项目融资提供服务。"

2009年11月，科技部和中国银行联合印发了《关于科技部与中国银行加强合作促进高新技术产业发展的通知》，双方确立的合作原则是："积极探索和实践国家科技政策引导与商业银行综合服务相结合的科技投融资体制，实现科技、银行、企业的共赢，破解科技型中小企业融资瓶颈，促进科技成果转化和产业化。"

2009年12月，我国四部门联合发布了《关于进一步做好金融服务支持重点产业调整振兴和抑制部分行业产能过剩的指导意见》，针对汽车、电子信息、装备制造等重点产业，着力调整和优化信贷结构，加快推进金融产品和服务方式创新，努力改进和加强对重点产业和新兴产业的金融服务，充分发挥资本市场的融资功能，多方面拓宽重点产业调整和振兴的融资渠道。中国人民银行在2010年工作会议上也特别指出，要求信贷加大对战略性新兴产业的支持力度。

2. 发展创业风险投资

2008年12月，《关于促进自主创新成果产业化的若干政策》提出，要加快发展创业风险投资："鼓励按照市场机制设立创业风险投资基金，引导社会资金流向创业风险投资领域，扶持承担自主创新成果产业化任务企业的设立与发展。发展改革和财政等部门要积极培育、发展创业风险投资，对高技术产业领域处于种子期、起步期的重点自主创新成果产业化项目予以支持。"

2009年10月，国家发展和改革委、财政部联合下发了《关于实施新兴产业创投计划、开展产业技术研究与开发资金参股设立创业投资基金试点工作的通知》，要求参股设立的基金符合国家鼓励发展的高新技术产业导向，具有鲜明的产业特点和区域优势。基金要以一定比例投资于早中期企业，鼓励参股设立主要投资于初创期企业的天使基金。基金的投资导向要在其章程或有限合伙协议中明确体现，并在运作过程中切实落实。

中国企业创新政策研究

2010年3月,中国证监会发布的《关于进一步做好创业板推荐工作的指引》明确指出:"保荐机构应重点推荐符合国家战略性新兴产业发展方向的企业,特别是新能源、新材料、信息、生物与新医药、节能环保、航空航天、海洋、先进制造、高技术服务等领域的企业,以及其他领域中具有自主创新能力、成长性强的企业。"

3. 设立专项引导基金

2011年7月,财政部、科技部印发了《国家科技成果转化引导基金管理暂行办法》,提出由中央财政设立国家科技成果转化引导基金,主要用于支持转化利用财政资金形成的科技成果,包括国家(行业、部门)科技计划(专项、项目)、地方科技计划(专项、项目)及其他由事业单位产生的新技术、新产品、新工艺、新材料、新装置及其系统等。

2011年,中央财政设立了战略性新兴产业发展专项资金,通过需求激励、商业模式创新等综合扶持方式,以组织实施参股创投基金、重大应用示范工程、重大产业创新发展工程等为载体,推动战略性新兴产业尽早形成国民经济的先导产业和支柱产业。据国家发展和改革委统计,截至2011年底,全国共有24个省、市设立了战略性新兴产业专项资金,进一步扩大了新兴产业创投计划实施规模,新批复了41只创投基金的设立方案,吸引社会资本70多亿元。同时,出台了《关于促进融资性担保行业规范发展的意见》、《银行业金融机构知识产权质押贷款业务指引》等一系列政策,促进有利于战略性新兴产业发展的金融产品创新。[1]

(五) 税收政策

税收政策是一种常用的政策工具,主要是通过减免企业所得税、进口税和增值税等税额,来降低企业技术创新和商业化的成本,激励企业积极从事创新活动。这一系列税收优惠政策的出台,对于推动战略性新兴技术和新兴产业加快发展起到了非常重要的积极作用。

1. 所得税优惠政策

2006年9月,财政部和国家税务总局出台了《关于企业技术创新有关企业所得税优惠政策的通知》,规定自2006年1月1日起,国家高新技术产业开发区内新创办的高新技术企业,自获利年度起两年内免征企业所得税,免税期满后减按15%的税率征收企业所得税。

同年12月,财政部和国家税务总局又出台了《关于纳税人向科技型中小企业

---

[1] 国家发展和改革委. 贯彻落实国务院决定 战略性新兴产业发展实现良好开局,http://www.ndrc.gov.cn/xwfb/t20120411_472586.htm.

第十三章 战略性新兴技术商业化的配套政策研究

技术创新基金捐赠有关所得税政策问题的通知》，规定对企事业单位、社会团体和个人等社会力量通过公益性的社会团体和国家机关向科技部科技型中小企业技术创新基金管理中心用于科技型中小企业技术创新基金的捐赠，企业在年度企业所得税应纳税所得额3%以内的部分，个人在申报个人所得税应纳税所得额30%以内的部分，准予在计算缴纳所得税税前扣除。

2008年12月，国务院出台的《关于促进自主创新成果产业化的若干政策》指出："切实落实促进自主创新成果产业化的税收扶持政策。鼓励企业加大对自主创新成果产业化的研发投入，对新技术、新产品、新工艺等研发费用，按照有关税收法律和政策规定，在计算应纳税所得额时加计扣除。"

2. 进口税优惠政策

2007年1月，财政部等四部门联合发布《关于落实国务院加快振兴装备制造业的若干意见有关进口税收政策的通知》，制定专项进口税收政策，对国内企业为开发、制造这些装备而进口的部分关键零部件和国内不能生产的原材料所缴纳的进口关税和进口环节增值税实行先征后退。所退税款一般作为国家投资处理，转作国家资本金，主要用于企业新产品的研制生产以及自主创新能力建设。

2008年4月，财政部发布《关于调整大功率风力发电机组及其关键零部件、原材料进口税收政策的通知》，规定自2008年1月1日（以进口申报时间为准）起，对国内企业为开发、制造大功率风力发电机组而进口的关键零部件、原材料所缴纳的进口关税和进口环节增值税实行先征后退，所退税款作为国家投资处理，转为国家资本金，主要用于企业新产品的研制生产以及自主创新能力建设。

2008年9月，财政部等四部门联合发布《关于调整超特高压输变电设备及其关键零部件进口税收政策的通知》，规定自2008年1月1日起（以海关接受企业申报的日期为准），对国内企业为开发、制造超、特高压输变电设备而进口部分关键零部件所缴纳的进口关税和进口环节增值税实行先征后退。

2008年12月，国务院出台的《关于促进自主创新成果产业化的若干政策》指出："企业按照《当前优先发展的高技术产业化重点领域指南》实施的自主创新成果产业化项目，符合《产业结构调整指导目录》鼓励类条件的，按相关规定享受进口税收优惠。"

2010年7月，财政部等五部门联合出台《关于科技重大专项进口税收政策的通知》，规定自2010年7月15日起，对重大科技项目所需的国内不能生产的关键设备（含软件工具及技术）、零部件、原材料，免征进口关税和进口环节增值税。上述重大科技项目包括核心电子器件、高端通用芯片及基础软件产品，极大规模集成电路制造装备及成套工艺、新一代宽带无线移动通信网、高档数控机床与基础制造装备等，大多数都属于战略性新兴技术领域。

3. 增值税优惠政策

2008年4月，财政部和国家税务总局发布《关于核电行业税收政策有关问题的通知》，其中规定核力发电企业生产销售电力产品，自核电机组正式商业投产次月起15个年度内，统一实行增值税先征后退政策，返还比例分三个阶段逐级递减。自2008年1月1日起，核力发电企业取得的增值税退税款，专项用于还本付息，不征收企业所得税。

此外，自2009年1月1日起，我国启动了增值税转型，将生产型增值税转为消费型增值税，其核心是允许企业购进机器设备等固定资产的进项税金可在销项税金中抵扣，这有利于资本有机构成较高的战略性新兴产业的发展。

（六）支撑环境政策

战略性新兴技术商业化需要良好的环境作支撑，主要体现在技术标准或行业标准，知识产权保护制度，中介服务体系建设以及创新人才储备等方面。

1. 推动技术标准形成

2008年12月，国务院出台的《关于促进自主创新成果产业化的若干政策》指出，积极推动自主创新成果转化为技术标准："国家标准化管理委员会要加强指导协调，加大对重大自主创新成果形成国家标准或行业标准的支持力度，建立完善技术标准转化机制。对具备条件的，要及时推进自主创新成果形成技术标准。"

2007年1月，科技部等四部门联合出台了《科技计划支持重要技术标准研究与应用的实施细则》，提出科技计划主管部门要将技术标准战略贯穿科技计划项目组织实施的全过程，通过科技计划项目的实施，带动相关重要技术标准的研究制定和试验验证，以及与重要技术标准研制相关的重要实验仪器设备、实验数据、计量、检验、检疫、检测设备与方法等的研究和改进。

2. 加强知识产权保护

2008年6月，国务院出台了《国家知识产权战略纲要》，提出的战略目标是："到2020年，把我国建设成为知识产权创造、运用、保护和管理水平较高的国家。知识产权法治环境进一步完善，市场主体创造、运用、保护和管理知识产权的能力显著增强，知识产权意识深入人心，自主知识产权的水平和拥有量能够有效支撑创新型国家建设，知识产权制度对经济发展、文化繁荣和社会建设的促进作用充分显现。"

2010年7月，科技部、国家发展和改革委等四部门下发了《国家科技重大专项知识产权管理暂行规定》，要求组织和参与重大专项实施的部门和单位应将知识产权管理纳入重大专项实施全过程，掌握知识产权动态，保护科技创新成果，明晰知识产权权利和义务，促进知识产权应用和扩散，全面提高知识产权创造、运用、保护和管理能力。

同年10月，国务院办公厅下发了《打击侵犯知识产权和制售假冒伪劣商品专项行动方案》，提出2010年10月至2011年3月在全国集中开展打击侵犯知识产权和制售假冒伪劣商品专项行动。同年12月，科技部下发了《关于贯彻落实全国知识产权保护与执法工作会议精神 进一步加强科技创新知识产权工作的通知》，要求充分发挥知识产权制度对科技创新的保护和激励作用，积极配合相关部门开展专项行动，进一步强化科技工作的知识产权导向，提高各类科技创新主体的知识产权管理能力，积极营造有利于知识产权发展的良好环境。

3. 强化人才队伍建设

2007年8月，教育部等七部门联合出台了《关于进一步加强国家重点领域紧缺人才培养工作的意见》，提出要优先支持农业、林业、水利、气象、地质、矿业、石油天然气、核工业、软件、微电子、动漫、现代服务业等重点公益、基础研究和前沿技术领域以及新兴产业的紧缺人才培养。其中，鼓励高等学校与企业开展合作办学，联合建设重点领域学科和专业，按照企业对人才的要求实行"订单式"培养。

2011年7月，科技部、人力资源和社会保障部等七部门联合发布了《国家中长期科技人才发展规划（2010~2020年）》，提出到2020年，我国科技人才发展的主要目标是："建设一支规模宏大、素质优良、结构合理、富有活力的创新型科技人才队伍，合理提高人力成本在研发经费中的比例，确立科技人才国际竞争优势，为实现我国进入创新型国家行列和全面建设小康社会的目标提供科技人才支撑。"

同时，大力加强对海外人才的引进，出台的主要政策包括：2006年12月，海关总署出台了《中华人民共和国海关对高层次留学人才回国和海外科技专家来华工作进出境物品管理办法》，鼓励高层次留学人才回国和海外科技专家来中国工作；2007年2月，原人事部、教育部等十六部门联合出台了《关于建立海外高层次留学人才回国工作绿色通道的意见》，积极为海外高层次留学人才回国创造良好条件以及积极为高层次留学人才提供出入境及居留便利；同年3月，教育部下发了《关于进一步加强引进海外优秀留学人才工作的若干意见》，进一步加强高等学校、科研机构和留学人员创业园等国内用人单位引进海外优秀留学人才工作。

三、战略性新兴技术商业化政策体系建构与政策建议

（一）战略性新兴技术商业化现有政策评价

1. 未能从整体上系统设计政策体系

总体而言，我国现有的创新激励政策过于分散，尚未形成系统性的政策体系架构，降低了政策的激励效果。目前，我国战略性新兴技术商业化政策主要来源于五个方面：一是促进战略性新兴产业发展的政策，包括产业发展规划、技术发展规划等；二是促进创新成果产业化的政策，包括提升企业产业化能力、加快成果转移、营造良好环境等；三是促进企业自主知识产权保护的政策，包括技术标准研究与应用、国际合作项目知识产权保护等；四是完善技术创新服务体系的政策，包括生产力促进中心、国家大学科技园、科技企业孵化器等；五是财政税收和政府采购政策，包括投融资支持、税收优惠、政府采购等。同时，这些政策又是由不同的政府部门分别发布或者联合发布，只有非常少数的整体性部署由国务院直接颁布。由于各个政府部门各司其职、各有侧重，这种分散制定和发布政策的局面，就造成了整个创新激励政策体系的混乱。具体到战略性新兴技术商业化政策体系而言，并没有站在整体目标层面的系统性思考和政策体系设计，不同部门发布的政策只是着眼于较低层面的具体目标，因而存在相互交叉、重叠的现象。此外，有关战略性新兴技术商业化的政策，也未能嵌入产业创新和区域创新的政策体系中，缺乏相互之间的协调与配合。在企业了解和争取这些政策时，也往往需要分别向多个部门进行咨询和申请，这造成了很大的不便。使得许多政策未能覆盖最大范围并发挥最佳效果。

2. 政策未能充分体现主体的特殊性

战略性新兴技术商业化政策服务的主体是从事战略性新兴技术研发并将新产品推向市场的企业，但是现有政策未能充分体现出该类创新主体的特殊性，因而造成政策力度不够或者执行效果不好。首先，由于战略性新兴技术的特殊性，这些作为创新主体的企业也具有一定的特殊性。它们既不同于一般的开展技术创新活动的企业，也不同于其他高新技术企业或者创新型企业。然而，现有的政策并没有清晰地界定几种创新主体之间的差异，很多激励政策都是针对高新技术企业的，并没有特别强调战略性新兴技术企业与它们之间的区别。其次，七大战略性新兴技术之间也存在一定差异性，对创新激励政策的需求也不同，包括产业化载

第十三章　战略性新兴技术商业化的配套政策研究

体建设、人才结构特征等，并不能一概而论。目前，只有针对特定战略性新兴产业的政策体现了这种差异，绝大部分的政策都未能考虑到这个问题，使得这些"一视同仁"的政策效果大打折扣。最后，即使是同一项新兴技术或者同一个新兴产业，在不同地区的发展状况不同，面临的发展环境也不同。地方政府在制定政策时也应当考虑这种差异性，将战略性新兴技术商业化政策嵌入区域创新体系中，根据当地的创新资源、创新主体和创新环境，制定与之相符合的发展规划和扶持政策。

3. 政策扶持力度还有待进一步加强

我国现行的投融资、税收优惠、市场培育等激励政策对战略性新兴技术商业化的扶持力度仍然不够，未能最大限度地激发企业的创新热情。一方面，投融资和税收优惠政策力度不够。目前，我国战略性新兴技术企业大多数都是中小企业。由于技术创新和商业化过程需要投入巨额的资金，并且面临巨大的商业化失败风险，这些中小企业遇到的最大阻碍就是资金不足问题。尽管我国已经出台了一些投融资和税收优惠政策，但是，由于覆盖面较窄、税收优惠方式单一、优惠期限不明确等问题，反而形成了保护落后的逆向作用。现行政策主要针对国家高新技术产业开发区内新创办的高新技术企业，而且相关项目和要求过于笼统，不利于政策的顺利执行。另一方面，市场培育政策扶持力度有待加强。战略性新兴技术发展最大的不确定性来自市场。与其他技术创新不同的是，战略性新兴技术不是占有原来的市场，而是要改造现有的市场，或者创造全新的市场。因此，市场培育政策对于战略性新兴技术而言显得尤为重要。目前，我国尽管也出台了一些相关政策，如促进新产品推广的财政补贴、政府采购等。但是，对于战略性新兴技术的特殊需求而言，这些政策的力度还远远不够，未能消除企业对于市场不确定性的担忧。

4. 政策执行效果缺乏有效监督机制

政策制定仅仅是一个开始，要想真正发挥政策的作用，关键在于政策的有效执行。从目前我国战略性新兴技术商业化政策的执行情况来看，已经出台的一些激励政策并没有真正落实到位，或者在执行过程中偏离了原定的政策目标，使得政策效果并不理想。以规划引导政策为例，尽管国家层面和地方层面均出台了一系列战略性新兴技术和新兴产业发展规划，为技术和产业发展指明了方向和目标。但是，由于战略性新兴技术的高度复杂性和系统性，技术研发过程中存在很多变化，而发展规划一般是5~10年才更新一次，无法及时反映新兴技术的动态变化趋势，也就无法有针对性地出台其他配套政策。比如，一些针对中小型民营企业的贷款和税收优惠政策，在执行过程中往往遇到较大阻力。占有比较强势地位的金融机构和税务部门在执行政策的时候，通常会在政策不够明确的问题上抬高门槛,或者在政策申请和审批过程中延长时间。这些问题的存在,在一定程度上削弱了政策执行效果。另外,在战略性新兴技术的国际技术转移中,国家的引进机制不健全,具体的引进环节中存在一定的漏洞,导致许多地方政府和企业存在重复、低水平引进状态,造成了巨大的资源浪费。以上这些问题的根源在于缺乏针对政策执行效果的有效监督和考核机制。

(二) 战略性新兴技术商业化政策体系建构

1. 政策体系整体定位

战略性新兴技术商业化政策体系应当首先从整体上进行科学定位和系统设计。笔者认为,战略性新兴技术商业化过程应当视为企业创新过程的一个重要环节,并且作为产业创新体系和区域创新体系的一个重要组成部分。因此,战略性新兴技术商业化政策体系也应嵌入企业创新激励政策体系、产业技术创新激励政策体系和区域技术创新激励政策体系当中,具体如图13-2所示。

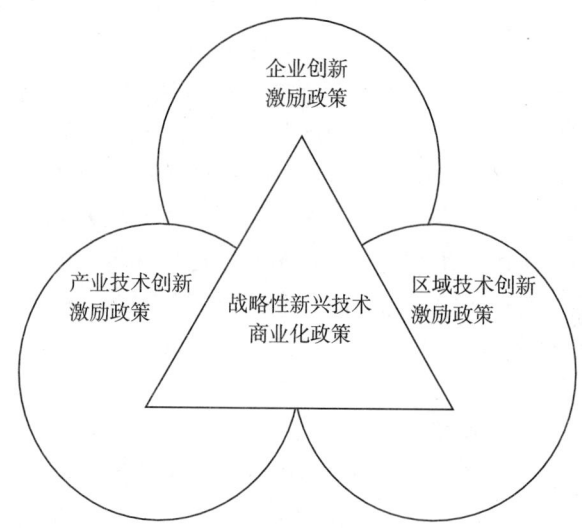

图 13-2 战略性新兴技术商业化政策体系定位

资料来源:笔者绘制。

2. 政策目标分类识别

一项政策的制定首先必须明确政策目标,然后才是选用合适的政策工具。战略性新兴技术商业化政策目标可以从两个层次进行分析(如图13-3所示)。从第一个层次来看,战略性新兴技术商业化政策目标可以分为两类:一类是增加企业对新技术和新产品的供给;另一类是增加消费者对新产品的需求。从第二个层次来看,供给目标和需求目标还可以进一步细分为四大目标:一是提升企业创新和商业化能力;二是增强创新要素的供给和支撑;三是营造良好的企业创新和商业化环境;四是培育和拓展战略性新兴产业的消费市场。其中,前三个目标主要是为了增加企业供给,而第四个目标则主要是为了增加市场需求。

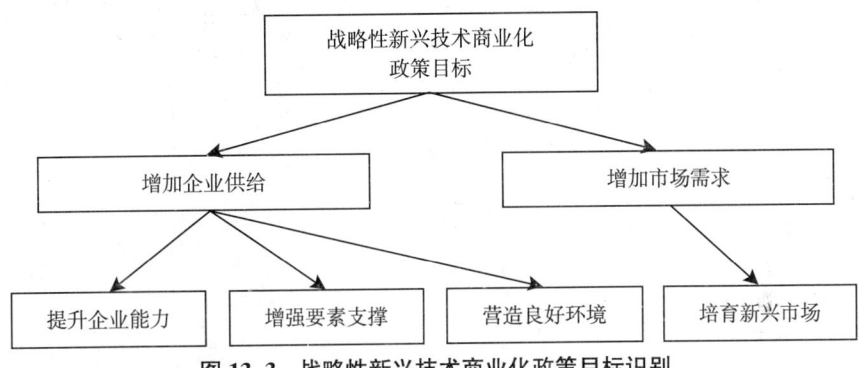

图 13-3 战略性新兴技术商业化政策目标识别

资料来源:笔者绘制。

3. 政策工具综合运用

在明确政策目标的基础上,应当针对每一个具体目标,寻找适合的政策工具加以实现。同时,某一项政策工具可能对多个政策目标都适用。因此,必须注重各种政策工具之间的综合运用和相互配合,才能发挥出最佳激励效果。具体而言,第一,为了提升企业创新和商业化能力,可以选用多种政策工具,包括:制定战略性新兴产业发展规划,吸引海外人才回国创业或就业,加强生产力促进中心、大学科技园、科技企业孵化器等产业化载体建设,给予战略性新兴技术企业贷款优惠,拓宽企业融资渠道,对符合条件的企业给予所得税、进口税优惠,等等。第二,为了增强创新要素的供给和支撑作用,可以运用以下政策工具:吸引海外人才回国发展,增加高端技术人才和管理人才支撑,利用投融资制度和税收优惠政策,为企业拓宽融资渠道,降低融资成本,增加资金供给,通过财政补贴或进口税收优惠,增加核心技术和设备的供给。第三,为了营造良好的创新和商业化环境,应当主要从以下方面做出努力:吸引海外人才回国,并引导其积极开展创新创业,加强产业化载体建设,促进科技成果转移和转化,加快技术标准制定,抢占全球战略新兴技术竞争制高点,加强对创新成果的知识产权保护,维护企业应得的技术创新和商业化收益。第四,为了培育战略性新兴技术的消费市场,一方面,可以采取财政补贴的方式,例如对于购买新能源汽车的消费者给予一定补贴;另一方面,也可以通过加大政府采购的力度,来拓展新产品的市场空间。

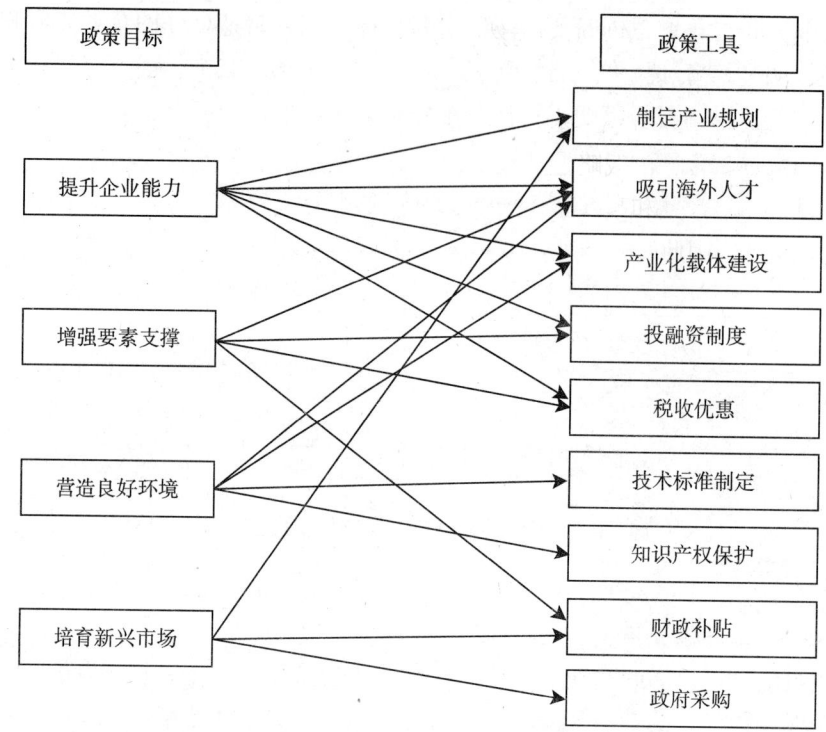

图 13-4 战略性新兴技术商业化政策工具选择
资料来源：笔者绘制。

（三）完善战略性新兴技术商业化配套政策的几点建议

1. 注重发挥和保持我国传统比较优势

推进战略性新兴产业的发展不能脱离我国的传统比较优势（李晓华、吕铁，2010）。与发达国家相比，我国拥有比较低廉的劳动力价格，在劳动密集型产业具有很强的低成本优势，并且成为全球性的"制造平台"。同时，我国也拥有数量庞大的科研人员、工程技术人员，每年有大批理工科毕业生走向社会。"十一五"以来，中国企业的研发人员在数量和质量上均有所提升。2011年《中国科技统计年鉴》显示，2010年，我国研发人员总量已经达到354.2万人，研发人员全时当量达到255.38万人，几乎是2005年的2倍；理工科大学、大专毕业生将近300万人，研究生毕业人数超过17万人。此外，我国还有大量的海外留学人员，如果能够吸引他们回国创新创业，就能在很大程度上提升我国科技人才的综合素质。由于我国研发人员的工资水平偏低，在一定程度上减轻了战略性新兴技术企业的成本压力，与发达国家的企业相比，具有一定的低成本研发优势。同时，战略性新兴技术的产业化过程也要充分发挥我国的低成本制造优势。在一段时

第十三章 战略性新兴技术商业化的配套政策研究

间内,中国企业的低成本优势仍然比较明显,有利于战略性新兴产业的培育和发展。

2. 加强战略性新兴技术基础设施建设

与传统技术相比,战略性新兴技术基础设施建设面临更大的挑战,主要来源于新兴技术的复杂性和高度不确定性。而科技基础设施建设又是技术创新和商业化的重要基础。因此,必须加强适合战略性新兴技术的科技基础设施建设。《国家科技计划 2011 年度报告》显示,"十一五"期间,中央财政累计投入科技平台建设专项经费约为 14.84 亿元,地方、部门配套经费约为 3.75 亿元。我国新建了 44 个院校国家重点实验室。截至 2010 年,正在运行的院校国家重点实验室有 212 个,试点国家实验室有 6 个,分布在全国 22 个省、市、自治区。院校国家重点实验室固定人员达到 1.4 万余人,约占全国基础研究人员总数的 9.4%。与此同时,我国还新建了 120 个工程技术研究中心。截至 2010 年底,我国共有国家工程技术研究中心 264 个,包含分中心在内为 277 个,分布在全国 29 个省、市、自治区。国家工程技术研究中心拥有固定人员近 5 万人。今后,一方面要加大对战略性新兴技术基础设施的投入力度,包括资金、设备、人才等资源的投入;另一方面要注重提高科技基础设施的共享程度,加强产学研之间的合作创新,提高科技资源利用效率。

3. 加快战略性新兴技术标准研究制定

在当今的信息化和全球化时代,技术更新速度明显加快,技术标准的重要性更加凸显。技术标准已经成为企业技术竞争的制高点。谁先控制技术标准,谁就掌握了竞争主动权。然而,目前我国企业对于技术标准的重视程度不够,参与国际技术标准制定的实力也明显不足,导致我国企业严重依赖国外企业,并且必须支付高昂的注册费。近年来,技术标准已经引起了各发达国家政府的高度重视。美国、日本等发达国家都已经制定了标准化发展战略,力图抢占国际技术标准竞争的制高点。无论是国际市场竞争的压力,还是国内战略性新兴技术发展的需要,中国政府都必须加大战略性新兴技术领域的标准化研究,并将其作为基础设施建设的一项核心内容。一方面,政府应尽快制定国家整体技术标准战略,以及战略性新兴技术标准战略,引导企业重视技术标准研究与制定;另一方面,政府应加强科技项目的国际合作,重视企业行为与国际规则的接轨,力争参与国际技术标准的制定,确保我国技术标准的先进性和国际性。

4. 建立面向全球的开放式创新体系

在全球生产网络和全球创新网络中发展战略性新兴产业,必须要充分利用全球范围内的创新资源和生产资源,通过利用外部的创新资源快速提高自己的创新能力和开发能力,通过在全球采购而实现最优的生产力配置(李晓华、吕铁,

2010)。目前,从全球的技术创新趋势来看,开放式创新模式已经逐渐成为主流。尤其是复杂性、系统性更高的战略性新兴技术,仅仅依靠一家企业的力量,几乎不可能完成从技术研发到商业化的全过程。许多大型跨国公司的成功经验表明,建立面向全球的开放式创新体系,构建利用全球创新资源和生产资源的合作创新网络,才能在战略性新兴技术领域取得突破。然而,我国产学研合作创新以及企业创新联盟仍然存在很多问题,合作机制不健全,大大削弱了企业合作创新的积极性。与此同时,由于我国企业在核心技术领域缺乏自主知识产权,造成我国企业在与国外企业的合作过程中处于被动地位。为了扭转这种局面,一方面,我国政府应当引导企业加强自主技术研发,提高知识产权保护意识,争取在国际合作中的主动权;另一方面,我国政府还应当促进战略性新兴产业技术创新联盟的发展,加强产业链上下游的紧密合作,拓展战略性新兴技术的市场需求。

5. 建立科学、有效的商业化经济效应评价体系

由于战略性新兴技术及市场具有高度的不确定性,其商业化前景往往难以准确预测。因此,如何科学评估战略性新兴技术商业化的经济效应,为企业做出正确的决策提供重要依据,成为一个迫切需要研究和解决的问题。近年来,许多国内外学者纷纷对此展开研究,但是仍未取得显著进展。目前,由于缺乏对科技资源有效配置和新兴技术经济效应的评估,在一定程度上阻碍了战略性新兴产业的竞争力提升和可持续发展。因此,我们亟待探索一套科学、有效的战略性新兴技术商业化经济效应评价体系。在企业层面,可以帮助企业更加准确地选择技术突破方向,提高通过新兴技术商业化获取利润的成功率;在国家层面,也可以优化整体科技资源配置,最大限度地利用新兴技术的发展带动经济的发展。为此,我国政府应当设立专项研究计划,促进企业与高校和科研机构开展联合研究,针对战略性新兴技术的典型特征,综合考虑新兴技术的商业化可行性、技术扩散效应和产业带动作用,建立一套科学、有效、可操作性强的战略性新兴技术商业化经济效应评价体系。在此基础上,推动评价体系应用到企业的技术创新决策过程以及战略性新兴产业的发展规划制定过程中。

主要参考文献

1. [美] 乔治·戴,保罗·休梅克. 沃顿论新兴技术管理 [M]. 石莹等译. 北京:华夏出版社,2002.

2. Cooper, A. C. Gimeno-gascon, F. J. Woo, C. Y.. Initial Human and Financial Capital as Predictors of New Venture Performance [J]. Journal of Business Venturing, 1994, 9 (5).

3. 陈国宏,王吓忠. 技术创新、技术扩散与技术进步关系新论 [J]. 科学学研究,1995 (4).

4. 董书礼. 新兴技术商业化与政府作用 [J]. 中国科技论坛,2008 (5).

5. 高旭东. "后来者劣势"与我国企业发展新兴技术的对策 [J]. 管理学报,2005 (3).

6. 国家科委课题组. 科技成果转化的问题与对策 [M]. 北京：中国经济出版社，1994.

7. 李晓华，吕铁. 战略性新兴产业的特征与政策导向研究 [J]. 宏观经济研究，2010（9）.

8. 刘常勇，段樵. 创业投资评估决策程序 [J]. 中外科技与管理，1996（12）.

9. 卢文光，黄鲁成. 基于产业化潜力评价的新兴技术特征研究 [J]. 科技进步与对策，2011（22）.

10. 孟蕾. 新兴技术商业化绩效影响因素实证研究 [D]. 西安电子科技大学硕士学位论文，2011.

11. 聂祖荣. 高校成果转化模式 [J]. 中国高校科技与产业化，2002（11）.

12. 眭振南，王贞萍. 科研成果转化评估 [M]. 上海：上海财经大学出版社，1998.

13. 王续琨，刘洋，侯剑华. 论战略性新兴技术 [J]. 科学学研究，2011（11）.

14. 银路等. 新兴技术：概念、特点和管理新思维 [J]. 现代管理科学，2005（4）.

15. 张嵋喆，王俊沣. 培育战略性新兴产业的政策述评 [J]. 科学管理研究，2011（2）.

16. 赵振元，银路，成红. 新兴技术管理对传统管理的挑战和特殊的市场开拓思路 [J]. 中国软科学，2004（7）.

17. 郑雄伟. 2010 世界新兴产业发展报告 [N]. http：//cn.chinagate.cn/reports/2010-11/12/content_21330754.htm.

后 记

《中国企业创新政策研究》一书是中国社会科学院工业经济研究所黄速建研究员承担的中国社会科学院院重大课题的最终研究成果。经过课题组11位成员3年多的思考、讨论、调研和写作，今天终于付梓。

与国内同类研究成果相比，本书的特点在于：首先，本书对中国企业创新激励问题进行了一次系统、全面的探讨，内容结构安排合理、完整。其次，课题组从创新生态系统视角出发，从平台、主体和商业化三个方面对相关创新政策进行了深入研究。最后，在研究方法方面，我们坚持"大胆假设、小心求证"的原则，力求研究的规范化。

全书由黄速建研究员和王钦研究员提出中心思想和写作规范，由课题组成员提出相应章节的写作提纲并执笔完成。全书的写作分工如下：黄速建和王钦负责总论；肖红军负责第一章；贺俊负责第二章和第五章；刘建丽和刘湘丽负责第三章；张小宁负责第四章；王欣负责第六章和第十三章；余菁负责第七章；邓洲负责第八章和第十章；刘建丽负责第九章；胡文龙负责第十一章；刘湘丽负责第十二章。初稿形成后，由黄速建和王钦同志进行了统稿和修订。

中国社会科学院为本书的课题研究和出版提供了资助，特此感谢；中国社会科学院工业经济研究所为研究项目的顺利开展提供了诸多便利，谨此致谢；我们也要对经济管理出版社沈志渔总编和张永美编辑为本书付出的辛勤工作表示由衷的谢意。

本书是课题组对中国企业创新政策问题所做出的初步探索，书中难免有疏漏和不尽完美的地方，希望学界同仁和所有关心中国企业创新问题的读者们不吝指正，以便在今后的研究中加以充实和提高。

黄速建 王 钦

2013年5月28日

图书在版编目（CIP）数据

中国企业创新政策研究/黄速建，王钦等著. —北京：经济管理出版社，2013.9
ISBN 978-7-5096-2600-9

Ⅰ.①中… Ⅱ.①黄… ②王… Ⅲ.①企业创新—经济政策—研究—中国 Ⅳ.①F279.2

中国版本图书馆 CIP 数据核字（2013）第 188305 号

组稿编辑：张永美
责任编辑：张永美
责任印制：杨国强
责任校对：陈　颖

出版发行：经济管理出版社
（北京市海淀区北蜂窝 8 号中雅大厦 A 座 11 层　100038）

网	址：	www.E-mp.com.cn
电	话：	(010) 51915602
印	刷：	三河市延风印装厂
经	销：	新华书店
开	本：	720mm×1000mm/16
印	张：	17.25
字	数：	328 千字
版	次：	2013 年 11 月第 1 版　2013 年 11 月第 1 次印刷
书	号：	ISBN 978-7-5096-2600-9
定	价：	58.00 元

·版权所有　翻印必究·

凡购本社图书，如有印装错误，由本社读者服务部负责调换。
联系地址：北京阜外月坛北小街 2 号
电话：(010) 68022974　邮编：100836